江苏省社会科学基金项目成果

新发展阶段江苏体育文化高质量发展的理论与实践

康晓磊 著

东南大学出版社
·南京·

图书在版编目(CIP)数据

新发展阶段江苏体育文化高质量发展的理论与实践 / 康晓磊著. --南京:东南大学出版社,2025.3.
ISBN 978-7-5766-1310-0

Ⅰ.G812.753

中国国家版本馆 CIP 数据核字第 2025LM1197 号

策划编辑:张丽萍　责任编辑:陈　佳　责任校对:子雪莲　封面设计:王　玥　责任印制:周荣虎

新发展阶段江苏体育文化高质量发展的理论与实践
XIN FAZHAN JIEDUAN JIANGSU TIYU WENHUA GAOZHILIANG FAZHAN DE LILUN YU SHIJIAN

著　　者:康晓磊
出版发行:东南大学出版社
社　　址:南京市四牌楼2号　邮编:210096　电话:025-83795842
出 版 人:白云飞
网　　址:http://www.seupress.com
电子邮箱:press@seupress.com
经　　销:全国各地新华书店
印　　刷:苏州市古得堡数码印刷有限公司
开　　本:787 mm×1092 mm　1/16
印　　张:13.75
字　　数:361 千
版　　次:2025 年 3 月第 1 版
印　　次:2025 年 3 月第 1 次印刷
书　　号:ISBN 978-7-5766-1310-0
定　　价:58.00 元

本社图书若有印装质量问题,请直接与营销部调换。电话(传真):025-83791830

前 言

以习近平同志为核心的党中央统筹中华民族伟大复兴战略全局和世界百年未有之大变局,作出国家进入新发展阶段的重大战略判断。习近平总书记强调:"进入新发展阶段、贯彻新发展理念、构建新发展格局,是由我国经济社会发展的理论逻辑、历史逻辑、现实逻辑决定的。"这是事关我国发展历史方位以及社会主义现代化建设的指导原则。《体育强国建设纲要》则将"促进体育文化繁荣发展,弘扬中华体育精神"列为我国体育强国建设的战略任务之一,从而形成了对我国体育文化改革发展和未来发展目标的集成性概括。因此,立于新发展阶段,明确新发展阶段下体育文化发展的方向与中心任务,能够为不断优化我国体育强国的路径选择提供基本依据和重要遵循。

习近平总书记同时也强调,站在新的历史起点上,要根据新发展阶段的新要求,坚持问题导向,更加精准地贯彻新发展理念,切实解决好发展不平衡不充分的问题,推动高质量发展。而高质量发展,就是能够很好满足人民日益增长的美好生活需要的发展,是体现新发展理念的发展,是创新成为第一动力、协调成为内生特点、绿色成为普遍形态、开放成为必由之路、共享成为根本目的的发展。因此,高质量发展也必然是我国体育文化改革发展所必须明确的目标。

当前关于体育文化发展的研究,国内研究呈现出"两多两少"的情况:对体育文化的理论性研究较多,对具体建设思路的实践性研究较少;对体育文化发展与传播的宏观性研究较多,对体育文化的发展与建设,尤其是着力于某一区域体育文化发展的具体操作性对策研究较少。因此,本研究在新发展理念之下,立足于高质量发展,试图从理论与实践的双重角度探索江苏体育文化可持续发展的有效路径。

本研究共分为两个主要篇章。第一篇章为理论篇,重点对体育文化的高质量发展进行阐释。通过分析新发展阶段的背景、高质量发展的要求、体育文化的内涵与发展,探讨高质量发展与体育文化的关系,总结体育文化高质量发展的特征,以完善相关理论框架,探究新发展阶段江苏体育文化高质量发展的应然与实然;构建体育文化高质量发展的评价指标体系,以政策引领与创新驱动,提出多维度、系统化的体系,包含制度文化、物质文化、行为文化、精神文化四个维度,涵盖创新、协调、绿色、共享、开放五个方面,细化成多个具体指标。第二篇章为实践篇,重点对江苏体育文化的高质量发展路径进行论述。通过梳理江苏体育文化的发展脉络,回溯江苏体育文化的历史,简述江苏体育文化的发展情况,对江苏体育文化高质量发展的方式和路径进行探索。通过深入分析江苏竞技体育文化、江苏群众体育文化、江苏学校体育文化、江苏民族传统体育文化、江苏体育文化产业五个领域的发展规律,对江苏体育文化建设的组织机构、法规政策、设施资金、人力资源、赛事活动、宣传服务、民传项目、精神价值、教育科研等方面进行具体研究,充分发挥江苏地域特色优势,借鉴国内外优秀体育文化发展经验,以探寻新发展阶段江苏体育文化高质量发展的对策路径。

  阐释江苏体育文化发展的理论逻辑、历史逻辑和现实逻辑,能够为江苏体育文化的高质量发展提供新的理论框架参考。探索江苏体育文化如何转变和创新发展模式,能够为寻求新发展阶段体育文化高质量发展的有效途径提供新的思路经验参考。本研究希望能够通过对体育文化高质量发展道路的探讨,为树立江苏乃至中国体育文化品牌标杆赋能,助力体育强国和文化强国的建设。

目 录

上篇　理论篇

第一章　新发展阶段江苏体育文化高质量发展的概述 ……… 003
　一、新发展阶段江苏体育文化高质量发展的背景 ……… 003
　　（一）政策引领与战略规划 ……… 003
　　（二）经济基础与市场需要 ……… 005
　　（三）文化背景与社会变迁 ……… 006
　　（四）资源禀赋与区域特色 ……… 008
　二、体育文化的嬗变 ……… 008
　　（一）体育文化的概念内涵 ……… 009
　　（二）体育文化的性质与功能 ……… 011
　　（三）体育文化国内外发展历程 ……… 015
　　（四）体育文化国内外发展现状与趋势 ……… 024
　三、高质量发展的新要求 ……… 029
　　（一）人类发展观的历史演变 ……… 029
　　（二）高质量发展的含义 ……… 031
　　（三）新时代高质量发展的主要特征 ……… 032
　　（四）高质量发展的重大意义 ……… 034
　四、体育文化高质量发展的理念 ……… 036
　　（一）质量导向的发展战略 ……… 036
　　（二）创新驱动的发展模式 ……… 037
　　（三）绿色可持续的生态环境 ……… 038
　　（四）全面协调的发展布局 ……… 040
　　（五）开放包容的发展格局 ……… 041
　　（六）人才引领的发展动力 ……… 042

第二章　新发展阶段体育文化高质量发展的特征 ……… 044
　一、体育文化的特征 ……… 044

  （一）多样性 044
  （二）包容性 045
  （三）具身性 046
  （四）精神性 047
 二、高质量发展与体育文化的关系 049
  （一）高质量发展指引体育文化建设 049
  （二）体育文化有效支撑高质量发展 051
 三、体育文化高质量发展的特征 053
  （一）创新：创新力足 053
  （二）协调：包容性大 055
  （三）绿色：生态性好 057
  （四）共享：联结性强 058
  （五）开放：融合度高 060

第三章　新发展阶段体育文化高质量发展的评价 062
 一、高质量发展的评价 062
  （一）体育高质量发展的评价 062
  （二）文化高质量发展的评价 064
  （三）体育文化高质量发展的评价 066
 二、体育文化高质量发展指标体系的构建功能与原则 068
  （一）构建功能 068
  （二）构建原则 070
 三、体育文化高质量发展指标体系的构建 071
  （一）评价指标及相应数据来源 071
  （二）体育文化高质量发展评价指标体系的确立 072
  （三）体育文化高质量发展综合评价指标权重的确定 073
 四、体育文化高质量发展指标的解释说明 075
  （一）体育文化高质量发展的四个维度及其内涵 075
  （二）体育文化高质量发展具体指标的内涵 076

下篇　实践篇

第四章　江苏体育文化发展的简述 081
 一、江苏体育发展的概览 081
  （一）江苏体育历史的发展 081
  （二）江苏体育的重要事件 084
  （三）江苏体育的特色项目 086
 二、江苏体育文化的回溯 091

（一）江苏体育文化发展的动因 ·· 091
　　（二）江苏体育文化的分类及特征 ·· 094
　　（三）江苏体育文化的社会影响 ·· 098
　　（四）江苏体育文化的发展目标 ·· 100

第五章　新发展阶段江苏体育文化发展的概况 ························ 103
　一、江苏竞技体育文化发展的概况 ·· 103
　　（一）江苏竞技体育构成要素 ·· 103
　　（二）江苏大型赛事备战项目的发展情况 ································· 109
　二、江苏群众体育文化发展的概况 ·· 117
　　（一）江苏体育公共服务体系建设 ·· 117
　　（二）江苏群众参与体育的情况 ·· 120
　三、江苏学校体育文化发展的概况 ·· 121
　　（一）江苏学校体育场馆、场地 ·· 121
　　（二）江苏学校体育认识观 ··· 122
　四、江苏民族传统体育文化发展的概况 ·· 123
　　（一）江苏民族传统体育活动的组织情况 ································· 123
　　（二）江苏民族传统体育文化的传承与发展 ····························· 126

第六章　新发展阶段江苏竞技体育文化高质量发展路径 ············ 128
　一、江苏竞技体育文化高质量发展的目标描述 ····························· 128
　二、江苏竞技体育文化高质量发展的建设路径 ····························· 129
　　（一）政策引领，构建竞技体育文化发展新格局 ····················· 129
　　（二）文化共享，剖析和发展江苏竞技体育竞争优势 ·············· 132
　　（三）媒体融合，拓宽竞技体育文化传播渠道 ························ 135
　　（四）开放共融，共筑竞技体育文化国际交流新桥梁 ·············· 137
　　（五）创新驱动，打造竞技体育文化高质量发展新引擎 ··········· 139

第七章　新发展阶段江苏群众体育文化高质量发展路径 ············ 141
　一、江苏群众体育文化高质量发展的目标描述 ····························· 141
　二、江苏群众体育文化高质量发展的建设路径 ····························· 142
　　（一）以协调发展为基石，加强政策保障与监管力度 ·············· 142
　　（二）以共享发展为核心，完善群众体育服务设施建设 ··········· 145
　　（三）以持续发展为目标，提升群众体育健身指导服务水平 ····· 149
　　（四）以开放发展为方向，深化群众体育文化宣传推广 ··········· 151
　　（五）以创新发展为导向，深度挖掘与融合江苏群众体育文化特色 ··· 153

第八章　新发展阶段江苏学校体育文化高质量发展路径 ············ 157
　一、江苏学校体育文化高质量发展的目标描述 ····························· 157
　　（一）全面深化体教融合 ·· 157

（二）健全多元化后备人才培养体系 ………………………………… 158
　　（三）完善青少年体育竞赛体系 …………………………………… 158
二、江苏学校体育文化高质量发展的建设路径 ……………………………… 159
　　（一）以开放多元为指向，加强学校体育文化发展建设 ……………… 159
　　（二）以质量创新为前提，促进学校体育文化的人才培养 …………… 163
　　（三）以媒体矩阵为载体，加大学校体育文化的宣传力度 …………… 166
　　（四）以协同发展为指引，推动体教融合新局面 ……………………… 168

第九章　新发展阶段江苏民族传统体育文化高质量发展路径 …………… 171
一、江苏民族传统体育文化高质量发展的目标描述 ……………………… 171
二、江苏民族传统体育文化高质量发展的建设路径 ……………………… 172
　　（一）政策驱动，促进民族传统体育文化发展支持 …………………… 172
　　（二）特色创新，推广民族传统体育文化与品牌传播 ………………… 175
　　（三）协调共享，探索民族传统体育资源整合新路径 ………………… 177
　　（四）对外开放，提升民族传统体育文化国际影响力 ………………… 180

第十章　新发展阶段体育文化产业助推江苏体育文化高质量发展 ……… 183
一、创新体育文化产业结构布局，筑牢江苏体育文化发展基石 ………… 184
　　（一）以供给侧结构性改革为主线 ……………………………………… 184
　　（二）体育赛事运营的现代化转型 ……………………………………… 187
二、扩大体育文化产业规模，拓宽江苏体育文化发展空间 ……………… 190
　　（一）推动"体文旅"产业的高质量绿色融合发展 ……………………… 190
　　（二）促进各地区体育文化产业协调发展 ……………………………… 192
三、以体育文化产业的数字化推动江苏体育文化的创造性转化 ………… 193
　　（一）数字技术催生体育文化发展新形态新场景 ……………………… 194
　　（二）媒介融合开创江苏体育文化传播新局面 ………………………… 194
　　（三）复合型人才培养为江苏体育文化发展注入新动力 ……………… 195
四、体育文化产业塑造江苏体育文化品牌对外传播形象 ………………… 196
　　（一）提升体育文化传播的硬实力和软实力 …………………………… 197
　　（二）打造江苏体育对外人文交流新品牌 ……………………………… 197
　　（三）彰显江苏体育文化的人文底蕴，营造浓厚体育文化氛围 ……… 198

结语 ………………………………………………………………………………… 200

参考文献 …………………………………………………………………………… 202

上篇　理论篇

第一章
新发展阶段江苏体育文化高质量发展的概述

一、新发展阶段江苏体育文化高质量发展的背景

随着中国经济社会的快速发展和人民生活水平的持续提高,体育文化作为现代社会文明进步的重要标志,其高质量发展已成为推动社会全面发展的重要力量。特别是在新发展阶段,江苏作为中国经济繁荣与文化底蕴交相辉映的典范地区,其体育文化的高质量发展更是具有举足轻重的意义。立足新发展阶段、贯彻新发展理念、构建新发展格局,江苏体育肩负着为"强富美高"新江苏建设的深化与拓展贡献力量和为全面建设体育强国探索新路径的先锋使命[1]。

当前,江苏体育仍然处于重要的战略机遇期,并且这一时期的机遇与挑战均呈现出新的面貌与复杂性。因此,必须胸怀"两个大局",精准把握新发展阶段的核心特征与时代要求,深刻理解体育事业发展的宏伟蓝图与深远意义,同时清醒认识江苏体育在新时代背景下所面临的新机遇与新挑战,力求在危机中孕育新机遇、在变局中开辟新局面,不断提升体育工作水平,充分挖掘并展现体育的多元价值功能,奋力夺取"十四五"发展新胜利,推动体育强省建设走在全国前列,为体育强国梦的实现贡献江苏力量。

(一)政策引领与战略规划

1. 国家层面

2019年8月,国务院办公厅正式颁布《体育强国建设纲要》,其中着重强调了大力弘扬中华体育精神、传承中华传统体育文化、推动运动项目文化建设、丰富体育文化产品。体育文化作为体育强国战略的重要组成部分,不仅驱动了中国体育事业发展向前的价值指南与精神动力,而且对中国体育强国建设的成功起到了决定性的支撑作用,是提升建设成效的关键所在。党的十九大报告明确提出"加快推进体育强国建设"战略目标,习近平

---
[1] 江苏省体育局.《江苏体育发展"十四五"规划》解读[EB/OL].(2021-12-22). https://jsstyj.jiangsu.gov.cn/art/2021/12/22/art_79908_10222143.html.

总书记亦强调需"精心谋划,狠抓落实,不断开创我国体育事业发展新局面,加快把我国建设成为体育强国"。

2021年10月25日,国家体育总局印发的《"十四五"体育发展规划》(简称《规划》)将"加强体育领域思想引领"和"落实意识形态工作责任制"列为"十四五"时期体育文化建设的先导性任务,提出要坚持马克思主义在意识形态领域的核心指导地位,全面排查体育领域内可能存在的政治安全及意识形态风险,同时加强对运动员、教练员等体育从业者的思想政治教育,强化思想引领。在此基础上,融入时代内涵,推动新时代中华体育精神与社会主义核心价值观的深度融合,并加大对中华体育精神与奥林匹克精神的宣传与教育力度,为中国体育事业发展和社会主义现代化强国建设汇聚强大的精神力量。此外,《规划》还提出,在"十四五"时期要持续推动运动项目文化建设深入,打造重点运动项目文化建设示范工程,充分发挥有良好社会形象、广泛社会影响的明星型运动员在运动项目文化建设中的榜样作用。同时,实施"体育文化创作精品工程",发展现代体育新视听,推出一批体现核心价值观,并且更具吸引力和感召力的体育文化精品,丰富民众的精神文化生活,促进体育文化的广泛传播与深入影响[①]。

在2024年全国两会上,体育议题受到高度重视。一方面,国家体育总局局长高志丹呼吁深化体育供给侧改革,培育新质生产力。另一方面,青少年体育与体教融合仍成为热点。会后,国家体育总局体育文化中心召开会议,强调将体育工作融入国家经济社会发展大局,紧密对接体育强国建设目标,并特别关注体育文化工作的部署。会议还倡导树立全球视野,传播中国体育故事,弘扬中华体育精神,为强国复兴贡献力量。

2. 地方层面

在《体育强国建设纲要》起草过程中,中央各部委深入地方开展广泛调研,其中,国家体育总局特别针对江苏省进行了专项考察。经与江苏省政府协商,双方达成共识,决定以江苏为试点,率先开展体育强省建设工作,从省级层面为体育强国战略的实施探索经验并提供示范,2018年末,双方正式签署了共建新时代体育强省的战略协议,标志着这一创新实践的正式启动[②]。

2020年6月24日,江苏省政府常务会议讨论并通过了《江苏省贯彻体育强国建设纲要实施方案》(简称《方案》)。6月底,《方案》由江苏省人民政府办公厅正式印发,强调以习近平新时代中国特色社会主义思想为指导,秉持以人民为中心的发展思想,聚焦增强国民体质、完善全民健身制度框架,为"五位一体"总体布局及"强富美高"新江苏建设贡献力量。《方案》明确指出,弘扬中华体育精神、挖掘传承传统体育文化、推动运动项目文化建设、加强体育文化创新交流等是繁荣体育文化的重要任务,要深入挖掘体育文化价值,引领健康生活方式新风尚,扩大体育文化影响力,为推动体育强国建设、让体育成为中华民

---

① 孙淑慧.为筑牢体育强国根基凝心聚力:《"十四五"体育发展规划》体育文化内容解读[EB/OL].(2021-11-08). https://www.sport.gov.cn/n315/n331/n405/c23705368/content.html.
② 江苏省体育局.《江苏省贯彻体育强国建设纲要实施方案》解读[EB/OL].(2020-07-16). https://jsstyj.jiangsu.gov.cn/art/2020/7/16/art_79908_9559771.html.

族伟大复兴的标志性事业作出江苏贡献①。

步入"十四五"时期,江苏省体育局发布了《江苏体育发展"十四五"规划》,明确了体育事业发展的新蓝图,江苏体育发展将努力实现公共体育服务质量的大步飞跃、竞技体育综合实力的显著增强、青少年体育工作的全面进步、体育产业规模与效益的双重提升、体育文化宣传的广泛深入以及体育治理效能的全新突破,力求在推动体育高质量发展上争当表率。

为深入践行党中央与国务院关于构建体育强国战略的总体指导方针,并切实执行《江苏省贯彻体育强国建设纲要实施方案》,江苏省体育局于2023年9月5日正式发布了《体育强省建设三年行动计划(2023—2025年)》(简称《计划》),《计划》明确了全民健身、竞技体育、青少年体育及体育产业等多个核心领域的关键任务,通过一系列战略举措,加速推动江苏向体育强省目标的全面迈进。《计划》提出,到2025年,江苏体育产业总体规模将突破7 200亿元,服务业增加值占体育产业增加值的比重超过70%,体育竞赛表演业将迎来蓬勃发展,带动相关消费持续扩大。同时,推动农文体旅深度融合,创新体育消费场景,预计全省城乡居民体育消费总额将超过3 000亿元,为体育强省建设注入强劲动力②。

(二) 经济基础与市场需要

1. 江苏经济发展

江苏,位于中国东部沿海的中部地带,是长江三角洲区域的重要构成部分。江苏地理优势得天独厚,以平原为主,跨江滨海,湖泊众多,水网密布,海陆相邻,是全国唯一拥有大江大河大湖大海的省份。作为文化底蕴积淀深厚的省份,江苏历史遗迹星罗棋布,其中南京、苏州、无锡等13座国家历史文化名城尤为突出,它们不仅是历史的见证者,也是文化传承的重要载体。特别是省会南京,其"六朝古都""十朝都会"的美誉,更是彰显了这座城市在中华文明史上的重要地位。自南宋起,"苏湖熟,天下足"的谚语便是对江苏农业发达、物产丰饶的生动描绘,其养殖业、手工业更是历史悠久,享誉中外③。

在经济领域,江苏作为中国经济强省之一,其经济总量连续多年稳居全国前列,为体育文化的高质量发展奠定了坚实的物质基础。江苏省统计局发布的《2023年江苏省国民经济和社会发展统计公报》显示,该年度全省地区生产总值达到12.82万亿元,同比增长5.8%,地区生产总值万亿之城增至5座,彰显了江苏经济的均衡发展。财政方面,一般公共预算收入9 930亿元,同比增长7.3%。农业领域,粮食总产量达到759.5亿斤,夯实了粮食安全的坚实基础。在对外贸易与外资利用方面,江苏进出口总额达到5.25万亿元,继续引领全国,实际使用外资规模稳居全国榜首。制造业作为江苏经济的支柱,其增加值高达4.66万亿元,占地区生产总值的比重达到36.3%,制造业高质量发展指数以91.9的

---

① 国家体育总局.发展体育文化助推江苏体育事业迈上新台阶[EB/OL].(2020-07-28). https://www.sport.gov.cn/n14471/n14481/n14518/c957800/content.html.

② 中华人民共和国中央人民政府.江苏:到2025年城乡居民体育消费总规模超3 000亿元[EB/OL].(2023-09-05). https://www.gov.cn/lianbo/difang/202309/content_6902242.htm

③ 王成.江苏体育文化发展探析[J].体育文化导刊,2012(10):5-8,37.

高分位居全国第一。工业结构持续优化,工业战略性新兴产业、高新技术产业产值占规模以上工业比重分别为41.3%、49.9%,全省13个设区市全部入选国家先进制造业百强市行列,服务业亦呈现出强劲的增长态势,规模以上服务业营业收入增长9.2%,为江苏经济的全面发展注入了新的活力[①]。

2. 消费结构升级

随着中国经济体制的转型深化与体育领域改革的不断加速,一个基于公有制框架,涵盖体育健身休闲、竞技赛事运营等多领域、多层级、多元化所有制结构的体育市场体系正在中国迅速崛起[②]。新经济常态下,体育消费升级的态势日益显著,与整体的消费趋势逐步升级具有一定关联。现阶段国民经济收入水平正在不断提升,消费者的购买力随之不断增强,对高品质生活的追求亦水涨船高,体育消费作为提升生活品质的重要组成部分,备受消费者青睐。体育消费升级的动力源泉广泛,涵盖从基础体育用品购置到深入参与体育培训、赛事体验、健身活动的全过程。此外,这一趋势还促进了体育消费结构的优化升级,从传统的实物型体育用品消费向专业化体育服务需求过渡,提升了消费层次,并挖掘了体育产业的潜在附加值,对体育消费市场的多元发展具有深远影响,为体育文化的高质量发展提供了广阔的市场空间。

2021年12月31日上午,江苏省政府召开新闻发布会,公布《江苏省"十四五"消费促进规划》,提出了江苏首个消费专项规划,即到2025年江苏基本形成消费主导型社会。在"十三五"的基础上,为实现消费结构的全面升级,该规划设定了具体量化指标,提出消费结构全面升级,包括恩格尔系数进一步降低至22%左右,发展型、享受型消费支出占比稳步提高,特别是服务消费在居民消费中的占比预期达到45%左右,新型消费、绿色消费及中高端消费将成为主流趋势[③]。江苏省城乡居民体育消费统计,2022年江苏省城乡居民体育消费总规模达2 271亿元,人均体育消费支出达2 667元。消费结构分析显示,体育用品支出虽仍占主导(人均支出907.0元,占比34.0%),但健身休闲(人均支出555.1元,占比20.8%)、体育培训与教育服务(人均支出322.5元,占比12.1%)、体育旅游(人均支出182.9元,占比6.9%)等新兴消费形式正快速崛起,体育观赛消费(人均支出64.2元,占比2.4%)亦有所增长,加之其他体育相关消费(人均支出635.6元,占比22.8%),共同构成了高质量的体育消费生态,为体育文化产业的繁荣发展开辟了广阔空间。

(三) 文化背景与社会变迁

1. 体育文化积淀

江苏文化根植于以江浙为核心的江南文化土壤之中,其基底深厚而独特。秦汉时期,

---

① 江苏省人民政府.江苏省政府2024年政府工作报告[EB/OL].(2024-01-29). https://www.js.gov.cn/art/2024/1/29/art_33720_11138104.html.
② 刘志强.我国体育消费者的需要、动机和行为的研究[J].西安体育学院学报,2000,17(2):10-12.
③ 江苏省人民政府.我省"十四五"消费促进规划出炉 2025年基本形成消费主导型社会[EB/OL].(2022-01-01). https://www.jiangsu.gov.cn/art/2022/1/1/art_60096_10276199.html.

江南属社会、经济、文化边缘地带,后来因长江天堑构筑的自然屏障,成为乱世中的避风港湾,吸引了众多北方士族纷至沓来,这一迁徙潮流加速了当地的经济腾飞与文化勃兴。时至唐末,凭借东临大海的地理优势,江南开启了海上丝绸之路的辉煌篇章,拓宽了对外交流的广度与深度。及至明代,郑和七度远航西洋,横跨半个地球,足迹遍布三十多个国家和地区,不仅促进了大规模的国际贸易与文化交流,更进一步加速了江苏文化的国际化进程与多元化发展①。此外,江南地区的士大夫阶层,深受儒家思想精髓的熏陶,崇尚文雅之风,洋溢书卷气息,追求细腻精致的生活情趣,这一独特风貌,构成了江南文化中另一道独特的风景线②。

在近代化的浪潮席卷之下,江苏作为率先拥抱西方文化影响的先锋地区之一,其体育文化的发展历程同样源远流长。自19世纪末至20世纪初的转折时期,随着西方近代体育理念的引入,江苏勇立潮头,引领全国体育文化创新的潮流。1910年10月,在江苏南京举办的"全国学校区分队第一次体育同盟会",被体育史学界称为旧中国第一届全运会,由美国基督教青年会传教士倡导并组织,标志着江苏乃至中国体育事业的新篇章③。历史建筑也是江苏体育发展历程的见证,是城市记忆与文化传承的重要载体,彰显着江苏独特的体育文化魅力与地域特色。

2. 健康意识提升

随着人们物质生活水平的不断提升,消费者对于自身健康状况的关注度显著增强,体育运动的价值被重新审视。体育运动不仅被视为增强体质的有效途径,更是提升生活品质、抵御疾病侵袭的关键手段。因此,越来越多的消费者愿意将时间和金钱投入在体育消费领域,以便稳定并优化个人的健康状态。此外,社会环境的变迁也加速了公众健康意识的觉醒④。在快节奏、高压力的现代生活模式下,当代人尤其是青年群体,正面临身心健康的严峻挑战,这进一步激发了他们对体育运动在缓解压力、释放情绪方面功能的迫切需求。

习近平总书记在教育文化卫生体育领域专家代表座谈会上指出:"人民健康是社会文明进步的基础,是民族昌盛和国家富强的重要标志,也是广大人民群众的共同追求。"提升健康素养,是提高全民健康水平最根本、最经济、最高效的措施之一⑤。2016年颁布的《"健康中国2030"规划纲要》明确将健康视为个人全面发展、经济社会发展的基石及国家强盛的重要标志,同时强调这是全民的共同追求。

江苏全面落实《健康中国行动(2019—2030年)》,加快实施《"健康江苏2030"规划纲要》,致力于提升全民健康素养、提高全民身体素质,引导个人与群体树立积极的健康观念,掌握必要的健康知识,并养成良好的健康行为习惯。《全民健身计划纲要(2021—

---

① 张森材,马砺.江苏区域文化研究[M].南京:江苏古籍出版社,2002:9.
② 王成.江苏体育文化发展探析[J].体育文化导刊,2012(10):5-8,37.
③ 罗时铭,谭华.奥林匹克学[M].北京:高等教育出版社,2007:304.
④ 程俊彰.新经济背景下体育消费升级制约因素与发展路径研究[J].文体用品与科技,2024(13):67-69.
⑤ 曾君玲,杨春,杨培喜,等.2017年广州市黄埔区居民健康素养现状及影响因素分析[J].华南预防医学,2020,47(4):430-434.

2025年)》在江苏全省范围内有计划、有步骤地组织实施，人民提高了健康意识，也积极参与健身运动，以此作为疾病预防、健康促进及生活质量提升的关键。

（四）资源禀赋与区域特色

1. 江苏体育资源整合

江苏注重体育资源的整合和优化配置，在体教融合、体卫融合和体旅融合方面采取了多种措施，推动了体育文化的均衡与深度发展。为了提升青少年的体育素养和健康水平，江苏推进青少年体育"5621"计划，要求学校保障学生体育锻炼时间，推动体教融合活动。江苏在体卫融合方面建设功能完善的体卫融合服务载体，将运动医学指导纳入医疗服务收费项目，以提升全民健康水平。在体旅融合方面，江苏突破传统体育旅游观光模式的束缚，开发多元化体育旅游市场，并不断加大优质体育赛事旅游产品供给，定期发布体育赛事清单，发放体育消费券，提升了全民健康水平和经济发展活力。

2. 江苏体育品牌打造

江苏聚焦发展定位，结合优越的地理环境、独特的地域风貌、深厚的文化底蕴，针对竞技体育、群众体育、学校体育、民族传统体育、体育产业，打造富有江苏特色的体育品牌。

江苏根据优势项目打造具有地域特色、竞技体育与群众体育相结合的赛事，不仅促进体育人才培养，推动地方体育产业的发展，还紧跟国际潮流，提升国际竞争力与影响力。江苏深入贯彻全民健身国家战略，普及推广全民健身赛事活动，发展适应广大群众品质生活需要、根植于城市文化底蕴与自然禀赋的大众品牌赛事。江苏学校推动青少年体育教育，保障校内体育锻炼时间，开展多项体育活动，激发学生的运动兴趣，提升学生的健康意识。江苏蕴藏着地方特色浓厚的民俗体育项目，是江苏文化软实力不可或缺的一环。

江苏推动体育文化与各领域的融合发展，推出"四个一"品牌，全面宣传江苏体育发展成果，倡导群众积极参与体育运动。利用新媒体渠道，发布科学健身指导意见与方法，形成江苏特色体育品牌效应。通过编印出版"江苏体育记忆"系列丛书，深入挖掘江苏体育精神的时代内涵，传递体育拼搏奋进的正能量。江苏发放体育消费券，开设全民健身中心，打造"体育+"的多种模式项目，带动全民健身的热情。打造多元化、立体化的江苏体育品牌，提升江苏体育的整体影响力与竞争力。

二、体育文化的嬗变

体育文化作为人类社会活动及体育实践活动中积淀形成的一套系统化规范与价值体系，涵盖了体育活动的形式、设施等多元要素，核心在于满足个体身心发展的全面需求，是一种自我改造的文化形态。随着现代社会的不断发展，体育文化的内涵日益丰富，在竞技体育蓬勃发展的引领、全民健身浪潮的推动下，已广泛渗透至社会各个层面，深深影响着人们的日常生活与价值观念。本节重点讲解体育文化的概念、性质、功能及国内外体育文化的发展历程与趋势,以深刻认识与了解体育文化。

(一) 体育文化的概念内涵

1. 文化的概念

文化现象作为人类社会这一庞大而复杂系统的多维度构成要素,其形态与内涵随着时代的变迁而不断丰富与深化,成为连接过去与未来、个体与社会的桥梁。东西方学者对"文化"一词在各自语境下的演变历程及其多元理解有着深刻的探讨与解读。

在西方语境中,"文化"一词历经演化,从德语"Kultur"、英法文"Culture",再到拉丁语的"Cultura",均蕴含了"耕耘、培育、发展"的意蕴①。1871年,英国文化人类学家爱德华·泰勒在《原始文化》一书中,为文化提供了一个里程碑式的定义:"文化,就其在民族志中的广义而言,是个复合的整体,它包括知识、信仰、艺术、道德、法律、习俗和个人作为社会成员所必需的其他能力及习惯。"这一定义至今仍被文化学领域广泛采纳。

反观中国,"文化"一词源远流长,最早可追溯至《易经》中的"观乎天文以察时变,观乎人文以化成天下",讲的是欲对人民进行教化,应先观察和研究人类社会创造的文明礼仪,洞悉其内在规律与精髓,然后才能制定正确的措施和办法,实现教化天下的目标。《现代汉语词典》将文化界定为"人类在社会历史发展过程中所创造的物质财富和精神财富的总和,特指精神财富,如文学、艺术、教育、科学等"②。文化,作为社会学与人文科学研究的基石,其重要性不言而喻。

文化的存续与演进,与人类的生存与发展息息相关,文化概念的形成,源于人类对自我存在意义与价值的自觉认识。文化概念的演变,既是对文化自身发展变化的反映,也是人类认知深化与拓展的结果。文化是人类在改造自然、认识社会、实践活动中所形成的一切创造与思想的总和,它既是外在世界的物化展现,也是内在精神的深刻烙印③。

2. 体育文化的内涵

"体育文化"这一术语,源自西方的"身体文化"(Physical Culture),最早由德国学者G. A. 菲特在1818年的《体育史》中提及。此后,众多学者从不同角度对其进行了阐释。现代奥林匹克之父顾拜旦认为,体育文化是旨在促进健康和增强体力的身体运动体系,是与自然的运动形式相对应的人为的体育形式。在《苏联体育教育理论》中,凯里舍夫对身体文化的定义是"改善人民健康、全面发展其体能、提高运动技巧以及创造体育教育专有的精神和物质财富等方面获得的成就的总合"。

随着研究的深入,体育文化被更加全面地定义。1983年,卢先吾与熊斗寅联合翻译了源自国际体育名词术语委员会主席尼古·阿莱克塞博士等人于1974年编纂的《体育运动词汇》中第218条详细阐述的"体育文化"的定义——"广义文化的一个组成部分,它综合各种利用身体锻炼来提高人的生物学和精神潜力的范畴、规律、制度和物质设施"。易

---

① 孙志伟.多元体育文化的重塑与发展审视[M].北京:中国书籍出版社,2021:1-24.
② 刘亦武.论当代中国体育文化发展的主要方向[D].上海:华东师范大学,2007.
③ 孙立红.体育文化创新发展研究[M].长春:吉林出版集团股份有限公司,2023:1-8.

剑东在《体育文化学》中认为,"体育文化是指以人的身心健康和全面发展为目的的身体运动及其相关文化体系"[①]。杨文轩在《体育原理》中进一步指出,"体育文化是在增进健康、提高人们生活质量的过程中创造和形成的一切物质的和精神的财富,包括与之相适应的社会组织及其规范体育活动的各种思想、制度、伦理道德、审美观念,还包含为达成体育目标的各种改革措施及其相应的成果"[②]。

虽然体育文化至今尚未形成一个统一且明确的定义,但作为文化大系统中的一个重要分支,体育文化无疑是人类文化中不可或缺的组成部分。体育文化涵盖了体育认知、情感、价值、道德、制度、产业、物质条件等多个维度,核心在于体育观念、意识、思想及价值观等精神层面的内容[③]。体育文化展现的社会功能已深刻融入人类社会,形成了独特的文化内涵,极大地丰富了社会文化的内容,对社会的文明进步产生了积极的推动作用,彰显出鲜明的民族特色、时代风貌与开放包容的特性[④]。

3. 体育物质文化

体育物质文化作为体育文化体系中的基础层面,涵盖了人类在体育实践中所创造及利用的一切物质形态与活动机制,比如体育竞赛体系的建构、裁判规则的制定以及体育比赛记录媒介等。其独特性在于功能的基础支撑性、形态的直观物质性,以及表现形式的显著易见性。体育物质文化的具体表现形式丰富多样,包括运动装备、体育建筑、艺术化体育元素等。体育物质文化可大致分为三个部分:一是为促进体育发展而创造出来的各类体育用品;二是以改造人的身心为目标的体育活动方式;三是为满足体育需求而创设的体育器材、场地设施[⑤]。其中,为促进体育发展而创造出的各类体育用品是体育物质文化中层次最高的内容。

4. 体育制度文化

体育制度文化,是体育社会结构与运行机制的集中体现,它发端于人类对体育运动的不断改造与规范过程之中。作为调控体育活动的社会规范集合,体育制度文化涵盖了社会关系网络、规章制度体系、组织机构框架等多元要素,展现了人类在体育领域内的自我组织与调控能力。动态稳定性特质意味着体育制度文化既随着时代变迁而发展,又保持着相对稳定的结构与功能。体育制度文化主要由三部分构成:一是推动体育事业发展的各类组织机构;二是体育活动中个体与集体的角色定位、地位关系及活动组织形式;三是围绕体育组织制定的,对体育活动具有直接导向作用的原则、规章与制度[⑤]。

5. 体育精神文化

体育精神文化,又称为体育意识文化,是体育文化系统中以精神价值为核心的深层次构成。体育精神文化覆盖的范围极广,包括但不限于在体育文化中传承下来的文学艺术、

---

① 易剑东.体育文化学[M].北京:北京体育大学出版社,2006:6.
② 杨文轩,陈琦.体育原理[M].北京:高等教育出版社,2004.
③ 郭春阳,张志国,郭耿阳.体育文化理论发展研究[M].北京:新华出版社,2017:1-35.
④ 黄世钧.论体育文化的教育功能[J].安徽体育科技,1999,20(2):37-39.
⑤ 周冰.多元视域下的体育文化发展研究[M].长春:吉林大学出版社,2022:1-16.

社会心理、道德规范、宗教信仰、审美评价等⑤。竞技体育的文化价值作为体育精神文化的核心体现，不仅承载了竞争精神、民主意识、主体性等人类普遍价值观念，还深刻体现了如拼搏进取、团结协作、求真务实等中华体育精神的独特魅力，是体育精神文化精髓之所在。

6. 体育行为文化

体育行为文化的界定，依据易剑东教授在《体育文化学》中的阐释，是指人们参与体育活动过程中所表现出来的行为方式与文化的关联①。综合"文化"和"行为文化"的概念，学者认为体育行为文化即人们在一定环境条件下，参与体育实践活动过程中所表象出来的锻炼习惯、锻炼方式、情趣爱好以及体育生活方式、体育人际关系的总和②。它不仅反映了人们对体育活动的实践参与程度，还深刻揭示了体育行为背后的文化动因、价值取向与社会影响。

（二）体育文化的性质与功能

1. 体育文化的性质

（1）普遍性

作为一种核心且广泛的文化现象，体育文化深刻体现了人类社会的广泛共通性。普遍性体现在各阶层对体育文化的多元诠释中，即便受历史社会条件限制，仍能形成独特的体育文化形态与思想体系。在原始社会中，社会结构的平等性赋予了每个人共享体育活动的平等机会。而阶级社会中，虽然统治阶级在体育文化领域占据了主导地位，对其发展轨迹产生深远影响，但并未完全剥夺其他阶层形成自身独特体育生活方式的能力。事实上，不同阶级与地位的人们依旧能够发展出各自偏好的体育实践模式，体育已成为当代社会不可或缺的生活元素之一，凸显了体育文化跨越界限、普遍存在的本质特征。

（2）阶级性

马克思在《德意志意识形态》中指出，一个阶级是社会上占统治地位的物质力量，同时也是社会上占统治地位的精神力量。占统治地位的思想不过是占统治地位的物质关系在观念上的表现，不过是以思想的形式表现出来的占统治地位的物质关系③。在人类历史的长河中，体育文化的掌控权经历了从奴隶主、封建贵族至近现代资产阶级的逐步演变，每一历史阶段的更迭都深刻映射出当时统治阶级的意识形态与偏好倾向。

（3）科学性

作为自然界的存在物，人类个体发展是有规律的，发展轨迹深受自然法则的约束，偏离这些规律往往会导向偏颇。同样，体育文化的演进亦需遵循既定规律。任何运动项目的兴起至其达到高度成熟阶段，若忽视人体运动学的内在逻辑，缺乏坚实理论支撑作为发展基石，将难以维系其长期且可持续的增长态势。竞技体育的高度繁荣，正是体育文化科

---

① 易剑东.体育文化学[M].北京：北京体育大学出版社，2006：6.
② 刘长春.大学生体育行为文化现状及影响因素研究[D].南宁：广西师范学院，2014.
③ 马克思，恩格斯.马克思恩格斯全集(第3卷)[M].北京：人民出版社，1960：52.

学性本质的鲜明体现。它不仅引领了运动技能边界的拓展,还激发了训练策略与方法的创新浪潮,彰显了科学理论在指导体育文化实践中的导向价值。

(4) 竞争性

竞争性,是体育文化不可或缺的核心特质,影响力远远超越了竞技体育的范畴。在体育竞技的广阔舞台上,较量不仅局限于身体素质、技艺动作与经验积累,更是一场意志品质、道德品质等多维度的综合比拼。全方位的竞争性不仅强化了体育文化对公平、公正原则的坚守,还随着竞争意识的日渐深化,逐渐孕育出独树一帜的体育价值观念,成为竞技体育活动中不可或缺的精神支柱。体育文化的竞争精神还促进了同一体育项目跨越地域、民族的界限,实现了广泛的传播与交流,触发了不同体育文化之间的交融共生,展现了体育文化的包容性。

(5) 民族性

体育文化的民族性,扎根于各民族独特的生存地域、生产方式、生活习俗以及文化积淀与传播历程之中,形成了与其他民族迥异的体育文化风貌。从文化发生学的视角来看,任何体育文化均是民族性的体现。体育文化的民族性构筑于深厚的社会历史土壤之上,相同的地域空间可能孕育相似的体育文化现象,而不同的地理环境对民族体育文化的影响是间接且复杂的。

(6) 继承性

体育文化的继承性彰显为跨越时间与空间的壁垒,持续保有并传递其核心精髓的能力。体育文化通过多样化的媒介,在意识形态领域及社会价值体系中得到绵延不绝的传递。体育文化的本质根植于身体实践之中,使身体动作本身成为传承的核心载体,而与之相辅相成的语言符号系统与文字记载,坚实地稳固了这一传承的链条。继承性不仅保障了体育文化传统的连贯性与完整性,更为其在历史长河中不断创新与演进奠定了坚实的基石。

(7) 地域性

体育文化的地域性特质,源于地理环境对体育文化发展的制约与塑造,赋予了体育文化多样化的风貌。不同国家或地区的体育文化各具特色,形成各自的发展体系。在历史的演进过程中,特定地理环境下的地域体育文化孕育了各异的体育运动形态。尽管当代体育文化已具备跨越地域界限的广泛传播力,呈现出一定的世界共通性,但地理环境的差异性依旧在发展脉络中留下深刻烙印,促使体育文化保持地域性色彩的多样性。无论是远古原始社会、封建社会的古老传承,还是当代资本主义与社会主义社会的崭新面貌,地域性始终是各国各地区体育文化不可或缺的标志性特征。

(8) 世界性

体育文化的世界性是指体育文化跨越地域与民族界限,展现出一种整体的、趋同的发展趋势。世界性强调了各国家或地区体育文化的相互关联与融合,而非孤立发展。随着全球一体化进程的加速,体育文化的国际交流与互动日益频繁,促进了全球体育共同体的形成。这一过程中,体育的竞技化、市场化及产业化趋势成为各国普遍追求的方向,不仅彰显了体育文化的全球影响力,也进一步强化了其世界性的本质。因此,体育文化的发展不仅是地区性的繁荣,更是世界文化交融与共享的结果。

(9) 时代性

体育文化的时代性,即指随着时代变迁而不断演进与革新的特性,这一特性的根源在于生产力发展的阶段性规律。它映射出世界各民族在同一历史时期或社会发展阶段上,对于健康、竞技、娱乐等体育文化所共有的需求与追求①。在体育文化的物质形态、制度架构及精神行为三个维度上,时代性均得以鲜明体现,遵循着由初级至高级、由单一至多元的发展路径。

(10) 永恒性

体育文化的永恒性,是人类文化现象持续演进与跨时代发展的重要表征。在人类社会发展的历史脉络中,体育活动的萌芽与成长,标志着人类对体质强健、技能提升及精神追求的早期觉醒。在漫长的历史演进中,体育文化通过不断吸收时代精华、融合多元文化元素,实现了从单一形式向多元体系的转变,展现了强大的自我更新与创新能力。体育文化的永恒性体现在对社会变迁的敏锐感知与积极回应上,面对不同历史时期的社会需求与价值观念的变化,体育文化能够灵活调整自身内容与形式,以适应新的社会环境与发展要求。

2. 体育文化的功能

(1) 教育功能

在体育文化的演进历程中,体育文化对人类整体社会文化格局产生了深远且关键的影响。作为聚焦于人体活动的社会文化形态,体育不仅促进了人类身心的全面发展,还彰显出独特的教育价值,成为现代教育架构中的核心要素。体育教育不仅强化体质、传授技能,更致力于激发运动兴趣、塑造运动习惯,并培育积极的竞争意识,从而全面提升个体的综合素养。体育文化以润物细无声的方式,塑造着人们的体魄与性格,引导人们拥抱健康的生活模式与良好的心理状态。

现代体育文化的教育维度不断拓展,宗旨已超越简单的体能锻炼,转而聚焦于终身体育意识的培育、生活方式的优化及生活品质的飞跃。体育竞赛作为这一理念的生动实践,不仅磨砺了参与者的意志,激发了竞争意识与团队协作能力,更深刻激发了责任感、使命感及深厚的爱国情怀,展现出强大的精神感召力与集体凝聚力。

(2) 凝聚功能

体育文化的凝聚效能,是社会功能体系中的关键一环。它依托体育这一媒介,映射并广泛传播社会文化的精髓,展现出无形的感召力与凝聚力。在体育文化的浸润下,跨越年龄与身份界限的人们,往往能培育出共通的历史使命感、社会责任感、道德观念与行为范式。体育竞技场,不论是集体协作的赛事还是个人技艺的展现,均深深植根于团队协作与集体荣誉。共同的奋斗目标与不懈追求,促进了人与人之间的紧密联结与和谐共生。

体育文化的凝聚力量,跨越国界、民族与文化隔阂的特性尤为显著,成为联结全球不同群体的独特纽带。一方面,体育活动能够超越思维范式、观念差异与价值分歧,将来自

---

① 孙洁.体育文化研究的多向度审视[M].天津:天津科学技术出版社,2020:1-23.

五湖四海、拥有不同文化背景与政治立场的个体汇聚一堂。另一方面,体育文化在历史长河中屡次扮演民族团结象征的角色,从反侵略的奥运抵制行动,到彰显国家实力的竞技辉煌,都彰显了强大的凝聚作用。体育文化所蕴含的正能量,激励着人们追求卓越、全面发展,促进了社会整体的团结与高度凝聚。

(3) 调节功能

体育文化现今已经融入民众的日常,成为人们生活中不可或缺的一隅,其调节功能尤为显著。在心理学研究中,定期参与体育运动的个体被证实具有更低的抑郁和焦虑水平,这得益于运动过程中内啡肽等"快乐激素"的释放,有效缓解了工作与生活带来的心理压力。在竞技体育的赛场上,参赛者通过挑战自我极限,不仅释放了累积的负面情绪,还培养了坚韧不拔的意志力。

体育文化在促进社会交往与理解方面发挥着重要作用。在多元价值体系共存的社会背景下,体育文化以独有的魅力,成为连接不同思想观念的桥梁,促使拥有各异价值观的个体汇聚于体育活动中,通过共同参与增进理解与信任。跨文化的互动与融合,不仅有助于缓解社会冲突,还促进了社会的整体和谐与稳定。同时,体育文化的调节机制还能够有效遏制不良社会行为的滋生,传播公平公正的体育精神。

(4) 传播功能

体育文化的独特文化特质,鲜明地展现在强烈的象征意味、深厚的艺术底蕴以及广博的内涵之中。最具代表性的奥运五环标志,不仅代表着五大洲的团结与友谊,更象征着全球体育精神的凝聚与传承。

体育文化的持续繁荣,离不开扩展与传承的双重驱动:二者不仅是核心策略,更通过文化传播的功能实现价值传递。当代传媒技术的飞跃为此提供了强有力的支持,通过互联网的实时传播技术,全球观众可以跨越时空界限,仿佛身临其境地观看世界顶级赛事,感受现场的激情与氛围。体育报刊广泛发行,不仅报道赛事的最新动态,还深入挖掘背后的故事与人物,让读者对体育文化有全面的认知。中国图书分类体系对体育类书籍的精细分类,映射出体育文化的多元面貌,也深刻揭示了体育与教育、训练、伦理道德、美学探讨及科学研究等领域的深度交织。各种传播媒介正以空前的力度和范围,推动着体育知识与文化的广泛传播。

(5) 创新功能

体育文化的内涵体系伴随着时代的不断扩展与深化,凸显出开放性与包容性的特质,强调了跨文化的沟通与交流是实现健康、可持续发展的关键路径。创新不仅是体育文化内在活力的源泉,更是推动发展的重要引擎。

在创新的维度上,体育文化的进步体现在对创新型人才的高度重视与培养上。优秀人才以独特的创意与视角,为体育文化的传承与发展开辟新的道路,赋予更加蓬勃的生命力。体育文化作为文化领域中的先锋力量,正逐步承担起引领社会整体文化进步的重任,创新实践对于促进社会文化的多元化与繁荣具有深远的意义。通过体育文化的创新,可以看到不同文化间的相互借鉴与融合,促进了社会文化的多元化与繁荣。

(三) 体育文化国内外发展历程

体育文化作为人类文化的重要分支,其发展历程与人类文明的进步紧密相连。它不仅是身体能力的展现,更蕴含了社会观念、审美追求和精神价值。探究体育文化,需置于不同历史阶段的文化背景中,通过历时性视角,观察各时期的独特形态与变迁,不仅可以使大众客观地认识到体育文化在人类文化体系中的重要地位与价值,还能够为人类提供更丰富、多元的视角来审视当代体育文化的发展现状与未来趋势。

1. 全球视野下的体育文化起源与演变

体育在产生与发展的过程中,逐步构筑起独特的体育文化体系。这一体系的建立不仅为体育的持续繁荣注入了鲜活的生命力,还伴随着体育实践的深化。体育及其文化的诞生与演变,与人类社会发展有着密切的关系,背后蕴含着多元的动力机制与深远的社会根源。

(1) 早期体育文化的起源

距今约 300 万至 20 万年的时间里,人类开始涉足工具制造的领域,利用石块、木棍与骨骼等自然材料,创造出辅助生存与防御的初步工具,极大地拓宽了活动边界。这一时期,人类群体中开始显现出有意识的群体性身体活动迹象,伴随着生产劳动技能的分化,初步出现了提升身体适应性的非直接劳动性练习,基于本能需求的嬉戏活动也悄然兴起,这构成了体育娱乐性与休闲性特质的原始雏形。火的掌握与应用更是体质与智力发展的催化剂,身体运动技巧在劳动中锤炼,原始娱乐活动应时而生,标志着体育文化的初步形成[①]。

进入旧石器时代中晚期,即距今 20 万至 1.2 万年间,人类进化至智人阶段,工具制造技艺飞跃,身体活动独立成体系。氏族社会的稳固结构为群体活动赋予了更强的规律性和组织性,身体活动作为原始教育的重要内容逐渐稳定下来。生产分工的细化不仅促进了劳动技能的专门化,也带动了身体活动技能的多样化发展。在这一时期,中国象征性身体娱乐形式的涌现以及原始骨针疗法等自我保健手段的出现,反映了自我养护意识的提升。

人类体质的成熟、大脑思维的进化以及社会结构的稳定三大因素,在晚期智人时期(约 5 万年前)交汇,共同构成了原始体育文化萌芽的坚实基石。这一时期是体育文化萌芽的关键与高潮,劳动分工的深化、氏族社会的稳固、身体活动技能的丰富以及体育教育活动的规范化,合力推动了体育文化的初步形成[②]。

(2) 古希腊罗马时期的体育文化

古希腊,坐落于地中海东部沿岸,独特的地理位置成为孕育体育文化的沃土。以"荷马史诗"命名的历史时期,标志着从原始社会向奴隶社会的过渡,体育活动带有浓厚的原始色彩。彼时,教育主要依托家庭和氏族长老的传承,体育活动被视为全体成员不可或缺

---

① 李浩朱. 现代体育文化传播与发展的再审视[M]. 北京:九州出版社,2016:47-57.
② 童昭岗. 人文体育:体育演绎的文化[M]. 北京:中国海关出版社,2002:28-50.

的生活组成,涵盖了战车竞赛、拳斗、摔跤、短跑、格斗、铁饼投掷、箭术及标枪投掷等多种项目,优胜者往往获得丰厚的物质奖赏。这些项目与竞技者深深烙印着军事训练的痕迹,预示了奴隶制下希腊体育的发展方向,奠定了欧洲体育先驱的地位。

斯巴达的社会状况铸就了尚武之魂,教育体系紧密围绕战争需求构建,着眼于培育出体力强健、意志坚定、服从命令的战士。雅典则以商业的兴盛与文化的开放著称,教育体系倡导体育、道德、智慧与美学并重,致力于培养身心和谐、全面发展的公民。雅典的体育教育不仅包含军事技能的训练,还强调身体的匀称美与健康美。

罗马,从原始村落崛起为强大的帝国,军事训练始终占据核心地位。在王政与共和的动荡时期,频繁的战争促使体育成为军事准备的关键环节,塑造了罗马人坚韧不拔、纪律严明的品格。奥林匹克运动会的摇篮——古希腊伊利斯城邦的奥林匹亚村,紧邻阿尔甫河畔,是古代奥运会起源的圣地。根据"荷马史诗"所映射的体育风貌推断,古代奥运会的萌芽可追溯至荷马时代初期,其成型大约在该时代的末期,这一历程见证了体育从原始形态向规范化赛事的演变[①]。

(3) 中世纪体育文化的停滞与变革

自公元 476 年西罗马帝国覆灭,至 1453 年东罗马帝国灭亡,这段历史时期在世界史上被界定为中古时代,社会形态表现为封建社会。在这一时期,欧洲文化深受宗教影响,教育大权多由神职人员掌控,导致体育遭受排斥,卫生教育也被边缘化,极大地限制了体育活动的自由发展。骑士教育作为教会与王权共谋的产物,以军事训练为核心,间接促使古希腊罗马时期的体育竞技精神与活动形式得以部分延续和演进。

尽管基督教对体育的开展设置了重重限制,但民间依旧保留着游戏与竞技的传统,这些活动往往与农闲时光及宗教庆典紧密相连。赛马冠军、投掷高手、耐力舞者、狩猎能手及摔跤健将等在乡间备受推崇,并享有物质奖励与社会地位的双重提升。舞蹈源自古代多神教仪式的艺术形式,在中世纪受基督教严格规范,仅限于圣诞节、受洗节等特殊场合,却也在特定时期,比如瘟疫肆虐时,以鞭身教徒游行的形式,融入了民众对抗疾病的集体行动之中。滑雪、滑冰、掷竿、链球、投石等地域性体育活动在欧洲各地广泛流行,摔跤更是西欧乡村的常见娱乐。伦敦城外定期举办的马术赛事,包括赛马与障碍赛,展现了农民体育活动的勃勃生机。

进入中世纪晚期,随着"文艺复兴"运动的兴起,封建神权的束缚被逐渐打破,资产阶级吸收改造骑士体育与民间体育,为近代体育的萌芽打下了牢固的基础[①]。

(4) 工业革命与体育文化的现代转型

工业革命标志着资本主义的飞跃,不仅彻底改造了生产关系与社会结构,更引领人类社会从悠久的农业文明时代跨越至现代工业社会的新纪元。进入 20 世纪 40 年代,随着发达国家逐步迈入后工业时代,城市经济结构经历了重组[②]。大型体育赛事、大型博览会等具有强大影响力的文化盛事,逐渐成为西方国家推动城市转型与实现跨越式发展的重

---

① 牛亚莉. 体育文化论[M]. 兰州:甘肃人民出版社,2005:71-150.
② 李宝芳. 英国城市复兴中的文化因素及其对我国的启示[J]. 生产力研究,2010(2):168-169.

要手段。自20世纪70年代末期至80年代初期,伯明翰、谢菲尔德、曼彻斯特、格拉斯哥等一批英国老牌工业城市率先实施了以体育为引领的城市复兴之路,将体育赛事与重大发展项目无缝对接,深度融入城市的长远规划中,成功实现了从传统工业经济向现代服务业的华丽转身[①]。

工业革命的浪潮不仅极大地促进了生产力的飞跃与社会财富的积累,还深远地影响了产业结构的优化升级与消费模式的深刻变革。现代化生产方式与生活方式为城市的复兴奠定基石,为体育文化的发展创造条件。

2. 中国古代体育文化的传承与创新

中国作为文明古国,体育文化底蕴深厚,经历了漫长岁月的洗礼与独立演化,展现出独特的轨迹。与古希腊强调竞技与身体训练的体育理念不同,中国古代体育注重武艺修炼、休闲娱乐及养生保健,形成独特的民族风格。这是华夏民族智慧与汗水的结晶,通过不断实践与创新,体育文化体系得以动态发展。

（1）先秦时期的体育雏形

夏商之际,教育体系中兴起了专注于射箭技艺教授的场所——"序",它作为射箭训练的中心,凸显了射箭在古代社会中举足轻重的地位——不仅是男子勇猛与礼仪风范的体现,更是社会生活中不可或缺的重要元素。进入西周时期,尚武之风与严密的等级制度并行不悖,射艺进一步融入了礼仪的精髓,形成了独具特色的射礼文化,这一创新实践开创了体育与礼仪紧密结合的先河[②]。

与此同时,出现了另一项历史悠久的体育活动——蹴鞠,又称蹋鞠。战国时期,蹴鞠活动在齐楚之地风靡一时,成为民众休闲娱乐的热门项目,从西汉刘向《别录》中的记载,到临淄城内的盛况空前,再到刘邦之父在沛县与少年们共娱斗鸡蹴鞠的逸事,皆印证了蹴鞠在民间深厚的群众基础与广泛的传播。

从西周流传下来的《周易》是古代智慧的结晶,其哲学思想深刻影响了中国传统体育的发展。"天人合一"的宇宙观,倡导人与自然和谐共存的理念,为太极拳、八卦掌等武术流派的诞生奠定了思想基础;"刚柔并济""自强不息"的哲学要义,激励着历代中华儿女在体育竞技场上追求卓越,勇于挑战自我,铸就了中国传统体育精神的不朽灵魂。

夏商西周时期,体育活动多围绕军事技能训练展开。至春秋战国时期,体育活动形式日益丰富,射箭、武艺、搏击、赛车、游泳、奔跑、摔跤、技巧、球类游戏及棋类活动等多种项目初步成型,标志着古代体育文化的初步构建。

（2）秦汉至唐宋的体育发展

秦汉三国时期,封建社会的蓬勃发展为体育的兴起创造了条件。在继承先秦体育精髓的基础上,体育活动的规模空前壮大,新颖形式层出不穷,竞技性和娱乐性并重。随后的两晋南北朝至隋唐宋三朝,经济的空前繁荣与文化的高度发达相互促进,为体育领域带来了前所未有的辉煌。

---

① 王成,张鸿雁.英国体育城市创建的实践、成因与启示[J].武汉体育学院学报,2015,49(6):24-30.
② 牛亚莉.体育文化论[M].兰州:甘肃人民出版社,2005:71-150.

隋唐时期，特别是唐代，封建经济的兴旺为文化的巨大发展提供了物质条件。城市的繁荣与宫廷文化的兴盛，为各类文化活动搭建了广阔的舞台。中外文化的深入交流，进一步丰富了体育活动的内涵与外延。武则天在长安二年（702年）所创立的武举制，是历史上的一大创举，它标志着武艺正式纳入科举体系，极大地提升了体育的社会地位与价值。唐太宗李世民亲自创作的"秦王破阵乐"，将武舞艺术推向了新的高度，展现了武术与艺术的完美融合。唐代举办的规模宏大的拔河比赛，以及皇帝们对马球的热爱与推崇，都生动体现了大唐帝国的雄浑气魄与体育精神的繁荣[①]。

宋代政权的平稳过渡，加之经济文化的鼎盛，为以休闲娱乐、舒缓身心为目的的休闲体育提供了发展机遇。市民阶层兴起，体育活动跨越阶层界限，成为全民共享的乐趣。蹴鞠作为球类运动代表，深受皇室喜爱。相扑在民间富人中尤为流行，成为民间体育活动中不可或缺的一部分，涌现出众多技艺高超的职业选手，甚至包括儿童与女性相扑，彰显了其广泛的群众基础与深厚的文化底蕴[②]。

（3）元明清时期的体育传承与变革

《明太祖实录》详尽记载元代初步建立针对边疆土官的教育体系，明太祖朱元璋于云南、四川等边陲之地广设儒学，精选土官家族中的才俊子弟入学受教。其中，"六艺"之"射"艺作为一项体育技能，承载着儒家礼仪之重，被誉为"礼射"[③]。

清代，满族文化以独特的魅力融入中原，努尔哈赤在浑河举办的跑冰嬉、跑"形头"比赛，便是这一文化交融的生动体现[④]。清王朝定鼎北京后，滑冰运动成为皇家盛典的一部分。皇帝每年农历十月都要在北京北海冰面上对八旗子弟滑冰进行检阅，场面宏大，热闹非凡。不仅成人选手竞相展示技艺，连幼童也参与其中，身着马褂，背负小旗，按八旗序列依次滑行，射箭比赛更是将活动推向高潮，展现了清代体育文化的繁荣与多元。

中国武术也在清朝时期迎来了巅峰时刻，众多历史名将，比如薛仁贵、郭子仪、赵匡胤、戚继光、甘凤池等，成为中国古代体育文学中的重要人物。

（4）古代体育文化的现代价值与创新

鸦片战争之后，西方体育的浪潮席卷而入，彻底打破了中国古代传统体育独占鳌头的局面。然而，得益于中华民族与中华文化的深厚底蕴与坚韧传承，古代传统体育非但未遭摒弃，反而以其独特的魅力，继续在中华大地上璀璨生辉。这份文化遗产承载着历史的重量，更孕育了众多举世无双的民族体育瑰宝，至今仍惠及广大民众，滋养着现代社会的体育生活。

儒家思想作为中华文化的精髓，其"自然人化"的哲学理念与对人文价值的崇尚，深刻影响了体育领域的发展轨迹。在这一思想框架下，中国古代体育被赋予了独特的东方人文气质，成为一种提升精神境界、愉悦身心、促进形神和谐统一的教育手段。儒家体育观

[①] 项红军,刘英林,刘芦萍.论中国古代体育文化的发展历程[J].西安体育学院学报,2004,21(5):42-44,62.
[②] 范靖秋,李君灵.宋朝休闲体育的繁荣及对当代体育发展的启示[J].忻州师范学院学报,2020,36(5):104-107.
[③] 李莹,李雨衡.元明清时期西南土司府衙中的贵族体育研究[J].山东体育科技,2016,38(5):17-23.
[④] 王志彦,杨怀宇.金元明清时期女真、满族体育项目及对东北体育文化的影响[J].牡丹江师范学院学报（自然科学版）,2023(2):50-55.

倡导身心合一,强调道德修养与体育实践的紧密结合,使得体育不仅仅是一项身体活动,更成为塑造健全人格、实现精神超越的重要途径。在体育思想层面,追求身心和谐,注重道德情操的培育;在体育作用与形式上,实现了道德性与艺术性的巧妙融合,既体现了体育的社会价值,又彰显了独特的阶级性特征;在体育发展的方向上,蕴含了深厚的行气理论与精神追求,引领着人类不断向更高层次的精神境界迈进[①]。

3. 近现代西方体育文化的传入与影响

随着资本主义的萌芽与扩张,近代体育在中国得到了广泛的传播与推广。公众对近代体育的认知逐步深化,一系列近代体育项目及竞赛活动随之兴起,标志着中国近代体育迈入了初具规模的成长阶段。起源于欧洲文艺复兴时期的反封建思想文化浪潮,不仅预示了资产阶级全球革命新时代的曙光,也为体育领域带来了革新,以崭新的姿态跃上世界历史舞台,展现了体育与社会变革的深刻联系及相互促进的态势。

(1)西方体育文化在中国的早期传入

清末民初,是中华封建社会经济逐渐式微的时期,大清帝国因闭关锁国政策而与世隔绝,导致社会政治、经济及文化发展步履维艰,国家综合实力显著下滑。与此同时,西方国家正凭借工业革命浪潮,率先迈入了资本主义新时代。随着殖民势力的扩张,1840年鸦片战争爆发,迫使中国打开了国门,与中国本土、根植于农耕文明的传统体育文化发生了激烈的碰撞与交融。

此时的西方体育文化,已深深打上工业革命的烙印,特别是现代奥林匹克运动的兴起,更是产生了强大的文化影响力和传播力。这种蕴含现代精神的体育文化遭遇风雨飘摇的中国时,不仅深刻影响了中国近现代体育文化的走向,还激发了中华民族内心深处的爱国主义精神与自强不息的奋斗精神。面对外侮,一批有识之士挺身而出,致力于探索国家富强之路,推动中国社会向西方学习先进科技与文化,包括竞技体育在内的西方体育理念也随之被引入。在民族危亡之际,国人更多地将体育视为救亡图存、强民强国的工具,体育的本质与真谛在实用主义的浪潮中略显模糊。

随着中华民国的建立,国人的体育观念逐渐发生转变,由单一的强国强种目的,向更加多元的健身、娱乐、竞技观念过渡,体育回归促进身心健康的本质属性。历经20世纪30年代的"土洋体育"之争,中国人对体育的理解与认知逐渐成熟,形成了较为系统的近代体育观念,标志着中国体育文化在吸收与融合中迈出了坚实的一步[②]。

(2)近代学校体育的兴起与发展

近代中国体育项目的引进与发展,首先是体操,其规范化的动作与严格的训练体系,为后来的体育项目发展奠定了基础。随后田径与游泳项目逐渐兴起,球类运动也展现出独特的团队协作与个人技巧,迅速赢得了广大群众的喜爱与追捧。由于历史、文化及生理等多方面原因,男子项目先于女子项目得到了广泛发展,地域上呈现出沿海地区快于内地

---

① 单清华,王振涛,刘莹,等.儒家文化对中国古代体育发展的影响以及现代价值探究[J].体育与科学,2007,28(4):60-61,81.

② 郭春阳,张志国,郭耿阳.体育文化理论发展研究[M].北京:新华出版社,2017:1-35.

的趋势。核心运动项目的推广轨迹,大致遵循了从洋务运动背景下的军队与学堂、教会学校、基督教青年会渗透至普通学校的路径,最终融入社会大众。同时,近代中国政治经济的非均衡性也映射在体育运动的发展上,导致各项运动的发展步伐不一。

田径运动作为近代体育的重要组成部分,在中国的发展始于洋务派兴办的军事教育机构,随后教会学校作为西方文化的传播者,也将田径运动引入其教育体系。进入20世纪,随着新式学堂的兴起,田径运动逐渐成为学校体育教育的重要组成部分,并在各类学校运动会中占据核心地位。例如,1902年天津地区各学堂联合举办的田径运动会与1903年山东举办的烟台阍滩运动会,均设有包括短跑、跳高、跳远、投掷项目在内的多项田径赛事。1906年京师大学堂举办的第二次运动会中,田径项目已相当丰富,涵盖了从100米至800米不等的短跑与中长跑、跨栏、障碍跑、跳高、跳远及投掷项目,还创新性地引入了诸如二人三足竞走、越脊竞走、算学竞走等趣味项目[1]。此外,国内举办的各类大型体育赛事中,田径亦占据举足轻重的地位,成为展示体育精神与竞技水平的重要舞台。

(3)西方竞技体育对中国的影响

西方体育的内容及形式丰富多彩,注重竞技性,强调在相应的规则体系之下开展竞争,逐步形成了西方体育的平等、竞争、拼搏、挑战、冒险等特点。20世纪初期,西方体育大量传入中国,使中国传统体育受到了剧烈的冲击。中国传统体育非常注重人和自然、人和人之间的和谐境界,具有民俗性、娱乐性功能,而具有显著竞技性的运动在中国较为缺乏。

竞技体育精神的注入,缓解了全球化背景下中国社会急剧变迁所带来的文化断层问题。面对快速变迁的社会环境,传统价值观的稳固性受到冲击,新兴价值观虽初露端倪却尚未构筑起完整体系,这使得文化发展的连续性面临挑战。竞技体育弘扬的平等竞争、公正无私以及社会契约精神,犹如一股清流,为现代人心灵提供了休憩之地与道德实践的典范,成为新时代中国传统文化不可或缺的补充,有效缝合了文化发展的裂痕。

竞技体育不仅促进了中国传统文化的现代化转型,还增添了生机与活力。传统中国文化带来庄重肃穆之感,过分强调道德责任的绝对性,显得沉闷压抑,忽略了人性的多样与丰富。竞技体育则以规则为基石,构建了既严谨又充满个性的竞技舞台,这里的规则不仅是行为的界限,更是道德评判的标尺。它鼓励个人潜能的极致发挥,追求自我实现的巅峰体验,巧妙融合了天理与人欲,让中国传统文化在保持深厚底蕴的同时,也能展现出开放、包容的一面。

竞技体育精神还挑战了中国传统文化中过度强调实用理性的倾向,唤醒了人类对独立思考与批判精神的重视[2]。长期以来,对权威的盲目崇拜抑制了个人思想的自由发展,削弱了社会的创新能力。竞技体育作为古希腊理性精神的现代传承载体,鼓励个体勇于质疑、敢于突破,追求真理与卓越,正是当前中国社会所急需的精神。它促使大众重新审

---

[1] 牛亚莉.体育文化论[M].兰州:甘肃人民出版社,2005:71-150.
[2] 朱镜松.竞技体育精神对中国传统文化的影响研究[C]//第十一届全国体育科学大会论文摘要汇编.上海体育学院,2019:4114-4115.

视知识的价值,不仅满足于实用,更要追求智慧的深度与广度,实现思辨与实证的和谐统一。

(4) 西方体育思想与中国体育文化的融合

体育文化的孕育与演变历经漫长岁月,其发展是积累、筛选、变异、冲突、融合直至定型的复杂过程[1]。鉴于体育文化的动态社会属性,中国民族传统体育文化与西方竞技体育文化在交流互动中,互相吸纳了对方文化中的精髓,体现了文化内在的无意识统一性[2]。

随着市场经济的蓬勃发展和对外开放政策的深入实施,中国经济、政治及文化领域迎来了前所未有的繁荣景象。在新的时代背景下,民族传统体育文化亟须注入新鲜活力,西方的竞争意识与自我价值实现观念逐渐成为发展新动力。西方部分知识分子开始将目光投向东方体育文化,探求其蕴含的哲学思想与养生之道,以求在忙碌与压力之中寻求心灵的慰藉与身体的解放。中国传统养生理念被西方世界所接纳,身心和谐、内外兼修、动静相宜的辩证思想,不仅丰富了人体科学的内涵,更对现代社会的健康保健活动产生了深远的指导意义。西方竞技体育崇尚的自由平等、公平竞争精神,则与当代社会的价值观念相吻合,正逐渐被中国民族传统体育文化所接纳并融合。

文化的诞生本质上是交流的产物,任何一个民族的文化都难以游离于世界文化的相互交流之外。西方竞技体育文化在中国内地的深入传播,不仅让众多体育项目深受各族群喜爱,还激发了全国范围内的全民健身热潮,促进了体育文化的全球化进程。

4. 改革开放后中国体育文化的转型与发展

体育文化的繁荣发展在加速体育强国战略实施、满足民众日益增长的美好生活需要、深化社会主义核心价值观的实践,以及拓宽中国文化国际传播渠道等方面,均具有极为重要的战略意义[3]。自改革开放以来,中国体育文化管理体系与运作机制不断优化升级,文化内容的供给丰富多元,体育文化的自信心显著提升。这一系列发展影响了国民体育观念与参与度,展现了中国体育文化事业蓬勃发展的良好态势。

(1) 改革开放对体育文化的冲击

1978年,党的十一届三中全会胜利召开,标志着中国历史性转折的实现,为濒临困境的经济、文化及教育事业注入了新的活力与希望。全国各级体育管理机构得以重建,中国体育总会及中国奥委会等体育行政机构恢复运作,预示着中国体育将迈入崭新的发展阶段。

1979年2月,全国体育工作会议明确将工作重心转向体育业务本身,确立了"普及和提高相结合的前提下,侧重抓提高"的方针政策,初步勾勒出奥运战略的蓝图。会议拟定了"本世纪内拥有世界第一流的体育队伍、世界第一流的运动技术水平,成为世界上体育

---

[1] 卢元镇. 中国体育社会学[M]. 北京:北京体育大学出版社,1996:194-198.
[2] 白晋湘. 论中国民族传统体育文化与西方竞技体育文化的冲突与互补[J]. 北京体育大学学报,2003,26(3):295-296.
[3] 田野. 改革开放以来中国体育文化成就与发展战略[J]. 体育文化导刊,2019(3):1-5.

最发达的国家之一"的目标①。这一系列举措,既是对过往体育发展路径的深刻剖析与调整,也是对改革开放时代精神的积极实践。同年,中国奥委会在国际奥委会中的合法席位得以恢复,标志着中国体育重返国际舞台,也为中国运动员在国际赛事中摘金夺银开辟了广阔天地。教育部门相继颁布了《全国学生体育运动竞赛制度》《中小学卫生工作暂行规定(草案)》等规范性文件,尽管在"侧重提高"的方针导向下,群众体育与学校体育的发展步伐略显缓慢,但这些举措却为后来体育文化的全面繁荣奠定了重要的制度基础②。

1980年,国家体委主任王猛在全国体育工作会议上强调,新时期体育事业应紧密服务国家"四个现代化"建设的宏伟目标,将体育事业的发展、运动水平的提升以及为国争光视为一项重要的政治使命③。在党和国家的坚强领导下,借助计划经济体制下的高效管理优势,20世纪80年代初尚显薄弱的竞技体育体系迅速崛起,不仅在国际舞台上屡获佳绩,也为后续国内体育文化的繁荣兴盛奠定了坚实基础。

(2)体育产业化与市场化的发展

在当今全球竞争格局的广阔舞台上,国家的强盛不仅依赖于军事力量的坚实后盾,更多地体现在综合国力的全方位展现上。经济,作为这场竞赛中的核心引擎,影响着包括体育在内的各个领域。在此背景下,体育产业作为新兴的经济增长点,重要性日益凸显。

自20世纪90年代以来,体育与经济逐渐融合,体育产业成本低、启动迅速、安全性高、渗透力强、辐射面广的独特优势日益凸显,成为多国经济增长的亮点。例如,美国职业篮球联赛NBA不仅是精彩绝伦的篮球盛宴,更是庞大的商业帝国。通过赛事转播、广告赞助、球队周边商品销售等多种渠道,产生了巨大的经济效益,同时促进了篮球文化在全球范围内的传播与普及。中国体育产业尽管起步较晚,但凭借庞大的市场需求、丰富的资源禀赋以及政府的积极扶持,其发展速度令人瞩目。体育产业规模持续扩张,在国民经济体系中的地位显著提升,不仅直接促进了体育消费的增长,还有效提升了就业率。通过产业链的延伸与拓展,带动了相关行业如传媒、广告、旅游、制造等的协同发展,成为推动经济多元化发展的重要力量。为加速体育产业的规范化与系统化发展,1995年6月国家体委颁布了《体育产业发展纲要》,明确提出了在未来十五年内逐步构建起适应社会主义市场经济体制、门类齐全、结构优化、规范有序的体育产业体系的宏伟目标④。

(3)群众体育与全民健身的兴起

随着经济社会的快速发展,健康问题成为全民焦点,提升国民体质成为国家重要议题。民众对于体育的认知与态度发生转变。体育文化日益普及,国家体育管理部门的工作重心也从竞技体育转向全民体质健康。回溯历史,自1952年毛泽东同志提出"发展体育运动,增强人民体质"方针以来,全民健身理念逐步制度化。1995年国务院正式批准《全民健身计划纲要》,标志着全民健身理念的国家化、制度化进程。进入新世纪,《2001—

---

① 谭华. 新中国体育的重大转折:1978年以后体育战线的三年调整[J]. 体育文史,1999(5):12-14.
② 王丽娟,周波. 中国体育管理体制改革二十年[J]. 福建体育科技,2002,21(6):4-6.
③ 哈斯图雅,周庆柱,青格勒图. 改革开放三十年的中国体育文化发展和研究[J]. 内蒙古师范大学学报(哲学社会科学版),2008,37(6):24-28.
④ 陶华滨,刘中革,王春. 体育文化研究[M]. 北京:中国社会出版社,2002:134-151.

2010年体育改革与发展纲要》进一步强化了这一导向,明确将普及群众体育、增强国民体质、强化学校体育作为核心任务,这一转变对推动中国体育文化的深刻变革起到了关键作用[①]。

"十二五"期间,中国体育发展进入新阶段,习近平总书记多次就体育事业发展发表重要论述,将其置于国家发展全局的战略高度,特别是从全面建成小康社会、推进中华民族伟大复兴的宏伟蓝图中审视体育的价值。2014年,《国务院关于加快发展体育产业促进体育消费的若干意见》里程碑式地将全民健身提升至国家战略层面,标志着体育事业的全新发展阶段。2015年,《中共中央关于制定国民经济和社会发展第十三个五年规划的建议》明确提出建设"健康中国"的国家战略,特别强调"发展体育事业,推广全民健身,增强人民体质"[②]。国家"十三五"规划确立了全面建成小康社会的总体目标,"健康中国"建设是其中的关键一环,提出要构建以人民健康为中心的社会环境,倡导全民参与,提升全民健康与生活质量,力求全民健身与全民健康指标达到并超越中高收入国家水平,实现全民身体素质与生活质量的双重飞跃。

(4) 中国体育在国际舞台上的崛起

中国竞技体育早期奋斗目标之一是进军奥运会,经过长达21载的不懈努力,终于在1979年迎来了历史性转折——中国奥林匹克委员会在国际奥委会中的合法席位得以恢复,此举标志着中国全面融入国际体育大家庭。1980年,中国体育代表团首次踏上冬季奥运会的征程,亮相美国普莱西德湖举办的第十三届冬奥会,这是中国冬季项目在国际舞台上的初次亮相。1984年第二十三届夏季奥运会,中国代表团全面参与并大放异彩,共获15金、8银、9铜,金牌总数跃居第四,奖牌总数名列第六,打破中国奥运史上的"零"金牌纪录,成为中国体育发展史上的重要里程碑[③]。

进入21世纪,中国体育在奥运舞台上的表现持续攀升。在第二十七届奥运会上,中国代表团凭借强劲实力获得28枚金牌,稳居世界前三甲之列。第二十八届奥运会,中国奥运军团以32金、17银、14铜的辉煌战绩,坐上了金牌榜第二的位置,影响了全球竞技体育的格局。

自2000年起,中国便紧锣密鼓地筹备着北京奥运会这一世纪盛事。从奥运场馆的精心构建到市场开发的全面拓展,从竞赛组织的周密安排到运动会服务与文化活动的精心策划,各项准备工作有条不紊地推进。终于,在2008年8月8日至24日,第二十九届奥林匹克运动会在北京成功举办,中国体育代表团勇夺91枚奖牌,以40枚金牌、27枚银牌、24枚铜牌的辉煌成绩,首次登顶奥运会金牌榜,创造了前所未有的历史最佳战绩,成为奥运历史上首个登上金牌榜首的亚洲国家,向世界展示了中国体育的非凡实力与卓越成就。

---

① 哈斯图雅,周庆柱,青格勒图.改革开放三十年的中国体育文化发展和研究[J].内蒙古师范大学学报(哲学社会科学版),2008,37(6):24-28.
② 胡鞍钢,方旭东.全民健身国家战略:内涵与发展思路[J].体育科学,2016,36(3):3-9.
③ 牛亚莉.体育文化论[M].兰州:甘肃人民出版社,2005:71-150.

(四) 体育文化国内外发展现状与趋势

自第二次世界大战结束之后,随着人们对战争破坏性的深刻认识及国际组织的推动,国际战争与军事对抗显著减少。苏联解体、德国统一及发展中国家崛起,打破了美苏两极格局,促进了政治多极化、经济全球化和文化多元化。这一变化有利于全球稳定、国家间合作与发展,为各国提升国力提供了广阔机遇。和平与发展已成为时代主流,深刻影响了体育文化的发展现状与未来走向。

1. 全球化背景下体育文化的交流与融合

自 20 世纪 90 年代以来,随着互联网技术的迅猛扩展,全球化浪潮席卷全球,人类社会愈发紧密相连,形成了名副其实的"地球村"。跨国贸易体系不断深化,全球化趋势不仅深刻影响着经济、政治等领域,更广泛渗透到文化领域,体育文化的交流与融合成为一道亮丽的风景线。体育文化的国际传播不仅体现了文化多样性的价值,也促进了技术、规则的相互借鉴与创新。东西方体育文化的对话与合作,是全球化时代文化交流的显著特征。

(1) 跨文化体育交流的现状与意义

全球化时代,多元共存与和平发展成为世界主旋律,强力推动了全球文化交流,以体育文化融合最为显著。在国际奥林匹克委员会、联合国教科文组织等机构的推动下,竞技体育与群众体育深度融合,构建了紧密的国际联系。

东西方体育文化历经冲突与交融,展现出文化演进的自觉与不自觉。西方体育的代表性项目田径、游泳等融入东方,倡导的平等竞争理念深刻影响着东方体育。中国武术借鉴西方竞赛模式发展散手竞技,龙舟、风筝等传统项目也焕发新生,成为跨越文化的共享活动,受到西方世界的青睐,这标志着东西方体育文化正逐步走向融合共生。以奥林匹克精神为核心的西方体育观念,比如"和平与友谊""公平竞争""重在参与"等原则,逐渐被东方体育体系所接纳并内化。东方体育的伦理道德、养生哲学、天人合一等观念亦被西方体育不同程度地接受。双方在运动形式、训练方法与技术手段上的相互借鉴与融合,进一步印证了东西方体育文化融合的趋势。

从全球文化发展趋势的宏观视角审视,东西方体育文化的契合不仅体现在具体项目与理念的交流上,更触及生命哲学与健康理念。中国传统"性命双修"的生命智慧与养生之道,其独特价值与优势正逐步被国际社会所认识和接受。西方社会兴起的对气功、武术等东方养生文化的热情,正是文化契合现象的有力证明。这一趋势不仅丰富了体育内涵,也促进了全球文化的和谐共生[①]。

(2) 奥林匹克运动与全球体育文化的融合

文化现象作为社会性交往的产物,其繁荣与发展深刻依赖文化传播与互动的广度与深度。随着社会信息渠道的日益拓宽及对外交流层次的深化,文化发展进程显著加速。奥林匹克运动作为促进全球文化交流的典范,展现了文化传递的力量。它通过选取具有普遍认同价值的体育运动作为媒介,精心策划并实施策略,有效强化了和平、友谊与进步

---

① 郭春阳,张志国,郭耿阳.体育文化理论发展研究[M].北京:新华出版社,2017:1-35.

的全球价值观,从而缓解了文化间的张力,确保了文化交流渠道的畅通与高效。

奥林匹克运动的传播机制展现出高度的跨界性与渗透性,不仅跨越国界,实现了全球范围内的横向连接,还深入各国内部,促进了文化的纵向整合与融合,构建了一个错综复杂却又和谐共生的全球文化交流网络①。奥林匹克运动从萌芽至强盛的快速发展历程,不仅为其他文化的传播形式设立了标杆,更为国际文化的深度交融奠定了坚实的心理认知与思想共识基础,显著提升了人类对多元文化的理解与接纳能力,加速了文化融合的步伐。

从体育实践的视角来看,奥林匹克运动不仅推动了现代体育的全球化交流与普及,还确立了具有国际公认性的体育标准与典范。众多体育项目因奥林匹克平台的加持,获得了国际曝光与认可,迎来了发展的黄金机遇期,诸如柔道、跆拳道等民族体育项目的国际化转型便是鲜明例证。从体育管理与组织结构的层面分析,奥林匹克运动亦促进了国家间在体育管理体制、学校体育实践等方面的相互学习与借鉴。深度的文化交流与融合,进一步凸显了奥林匹克运动在推动全球文化交融方面的深远影响。

(3) 各国体育文化间的互动与借鉴

党的十八大以来,体育对外工作主动配合国家外交大局,积极推动"一带一路"体育交流。2014年2月,习近平主席出席了俄罗斯索契冬奥会开幕式,这是中国国家元首首次出席在境外举办的大型国际体育赛事。此后的南京青奥会、武汉世界军人运动会、北京冬奥会、北京冬残奥会等也都成为"元首外交"和"主场外交"的重要平台。中外体育文化之间存在着鲜明的差异性,根植于各自独特的民族性格与文化氛围中。面对全球化浪潮,外国文化的冲击促使传统体育文化面临转型,预示着世界体育文化正朝向一体化的方向发展。

奥运会是最能体现各国体育文化交流的世界级综合体育赛事。奥运会吸引了超过200个国家和地区的运动员参赛,覆盖了全球各大洲,代表着不同的民族、文化和历史背景。这种多样性不仅体现在运动员的国籍上,更体现在他们所带来的不同体育文化和传统之中。各国代表团通过开幕式上的文艺表演、运动员的入场仪式以及场馆内外的文化展览等多种方式,向全世界展示自己国家的文化特色。这些展示不仅让观众领略到不同文化的独特魅力,也为运动员和观众之间提供了宝贵的文化交流机会。来自不同国家和地区的运动员、教练员、裁判员和志愿者等,在比赛和日常生活中需要使用多种语言进行沟通。这种跨语言交流不仅考验人的语言能力,更促进了不同文化之间的理解和尊重。

2. 当代体育文化的多元表现与发展趋势

新中国成立以来,历经半个多世纪的辉煌历程,中国体育事业实现了跨越式发展,成就斐然,深刻融入了当代体育文化的发展浪潮。群众体育蓬勃发展,国民健康稳步提升,竞技体育成绩卓越,体育产业蒸蒸日上。新中国体育事业的欣欣向荣,不仅是中国综合实力提升的重要体现,更是当代体育文化多元化发展的生动写照。

(1) 体育文化的多元化特点

经济全球化的浪潮不仅加速了世界经济的繁荣,也为文化、体育等领域的合作开辟了

---

① 陶华滨,刘中革,王春.体育文化研究[M].北京:中国社会出版社,2002:134-151.

广阔空间,促使体育日益成为公众关注的焦点,大众参与体育运动的热情持续高涨。体育多元文化体系构建要依据普遍性、阶级性、科学性、竞争性、民族性、继承性、地域性、世界性、时代性、永恒性的特征,注重体育文化与体育环境的建设,加强体育文化和体育意识的宣传。体育文化的多元化趋势不断增强,不同国家和地区的体育文化在保持独特性的同时,积极促进跨文化的交流与融合。体育文化多元化的特性还体现在体育项目的丰富多样上,深刻反映在体育文化表达形式的创新、价值观的丰富性以及传播手段的日新月异之中。

(2) 电子竞技与虚拟体育的兴起

2017年10月,国际奥委会于第六届峰会里程碑式地宣布,电子竞技被正式认定为一项"体育活动",这一举措基于电子竞技在全球青年群体中的迅猛增长态势。电子竞技的竞技性、运动员的专业训练与高强度准备,已足以与传统体育项目相媲美,此举标志着电子竞技长达近二十年的国际学术争议告一段落,加速了其向正规体育项目迈进的步伐[①]。相较于国际体育组织的行动,中国在此领域展现出了前瞻性与行动力。早在2003年11月18日,中国国家体育总局便将电子竞技纳入第99个(后调整为第78个)正式体育竞赛项目之列,体现了对电子竞技发展潜力的高度认可。2022年杭州亚运会,电子竞技项目首次作为亚运会正式竞赛项目亮相,共有《英雄联盟》《王者荣耀》《炉石传说》《和平精英》等8个小项,项目所获得的奖牌计入国家奖牌榜。

从产业视角审视,电子竞技产业已跨越1998年开始的初创期,迈入第二轮发展周期,全球产业中心也由韩国转移至中国,为中国体育产业的多元化发展开辟了新路径。《2023年度中国电子竞技产业报告》显示,至2023年,中国电子竞技产业实际收入为263.5亿元,电子竞技用户规模为4.88亿人。这一数据不仅远超众多传统体育项目,更预示着电子竞技产业在未来仍拥有巨大的增长潜力与市场前景。

(3) 体育旅游与休闲体育的发展

体育旅游作为一种独特的旅行方式自古便存在,可追溯至古希腊与古罗马的典籍之中,彼时人们已踏上旅程,前往各地参与盛大的运动会,预示着体育旅游作为一种文化现象的萌芽[②]。随着全球旅游业发展,特别是20世纪下半叶,体育旅游的概念得以明确。1967年至1989年间,全球体育旅游市场实现了惊人的13倍增长。市场营销机构Technavio发布《全球体育旅游市场报告》,预测到2027年全球体育旅游市场规模将达到5 597.5亿美元,复合年增长率达到12.88%。

体育旅游的繁荣是体育产业与旅游产业融合的必然结果,尤其在旅游发达国家,体育旅游成为经济与文化交流的重要动力。2001年,国家旅游局将全年定为"中国体育健身游"主题年,推动了60项大型地方特色体育健身旅游活动及80个专项体育健身旅游产品和线路的实施,极大提升了中国体育旅游的国际影响力和市场竞争力[②]。随着"五一""十一"等长假制度的实施,中国体育旅游发展迅猛。各地依托自然资源与文化底蕴,开发出

---

① 杨越.新时代电子竞技和电子竞技产业研究[J].体育科学,2018,38(4):8-21.
② 谭白英,邹蓉.体育旅游在中国的发展[J].体育学刊,2002,9(3):22-25.

多种特色体育旅游产品,例如海南雨林穿越、甘肃戈壁徒步、广西阳朔攀岩、陕北沙漠拉力赛等,通过鲜明的地域特色和深厚的文化内涵,吸引了无数国内外游客的目光。这一举措不仅展现了中国体育旅游的独特魅力和市场潜力,更为其可持续发展奠定了坚实基础。

3. 体育文化发展面临的问题与困境

体育文化作为社会文化版图中重要的组成部分,不仅肩负着促进健康、提供娱乐休闲及展现竞技风采等多重使命,还潜移默化地塑造着大众的生活方式、价值导向及审美情趣。全球化与市场经济虽然带来机遇,但也伴随着挑战,束缚了体育产业的稳健前行与体育文化在全球范围内的有效传播。

(1) 体育产业质量效益有待提高

在中国体育产业的深层剖析中,内部结构的不均衡性愈发明晰,成为制约行业整体迈向高质量发展的关键瓶颈。新兴体育服务业,作为体育产业中极具活力与潜力的板块,其供给不足的问题尤为突出。作为全球制造业的领军国家,体育用品制造业面临着产能过剩的困境,这一现状明显制约了中国体育经济向高质量发展目标的迈进。2021年,中国体育用品制造业的总产值高达3 433亿元,高端核心技术产品与优质体育服务的供给明显不足,中低端体育产品的供给则显得过剩,凸显出供给质量基础薄弱、服务质量保障缺失的严峻问题①。

提升供给质量、优化产业结构,已成为推动中国体育产业高质量发展的迫切需求。但产业内部对于供给质量提升的重视程度尚显不足,尚未将其置于战略核心地位,导致转型升级的步伐缓慢。此外,中国缺乏能够引领行业、促进中小企业协同发展的体育类瞪羚企业,以及高效、专业、具有公信力的体育资源交易平台,这些因素共同制约了体育资源的高效配置与消费者多元化需求的满足②。

面对新的发展理念,创新被视为推动体育产业转型升级的第一动力,能够显著提升产业科技含量,是支撑体育产业高质量发展的核心要素。在开放合作的背景下,中国体育产业尚未构建起有效的内外联动机制与创新模式。体育产业的深化改革是通往高质量发展的必由之路,自体育协会与行政机构脱钩以来,体育协会在改革进程中扮演着关键角色。然而,如何高效实施体育改革措施、探索符合中国国情的体育产业发展路径及运动员管理制度,仍面临政策缺失与创新动力不足的挑战③。

(2) 体育赛事的伦理与道德挑战

在竞技赛事的激烈对抗中,不时涌现出违背体育竞技精神与道德准则的行为,这些行为主要源自运动员与裁判员两大主体。一方面,运动员层面的不端行为包括危险动作伤人、报复性攻击、故意输赛及不敬言行等,严重破坏了比赛的公正性。针对此类行为,竞赛规则已设立详尽的处罚条款,包括警告、判罚对手得分、取消参赛资格乃至比赛资格等,以

---

① 高贺,付志华,陈颐,等.我国体育用品制造业转型升级与服务业发展的关系研究[J].体育学研究,2019,33(6):64-70.
② 沈克印,吕万刚.体育产业供给侧改革:投入要素、行动逻辑与实施路径:基于社会主要矛盾转化研究视角[J].中国体育科技,2020,56(4):44-51,81.
③ 王戬勋,沈克印.新时代体育产业高质量发展的困境与实现路径[J].体育文化导刊,2020(6):7-13.

维护比赛的公正性。另一方面,作为比赛的仲裁者,裁判员不道德行为亦不容忽视,主要表现为故意误判、漏判或反向判决等。然而,相较于运动员行为的明确规制,裁判员不端行为的处理机制则显得较为模糊,通常依赖于受损方提出的申诉或抗议来寻求解决①。

此外,兴奋剂问题已成为体育界乃至社会广泛关注的顽疾。运动员为追求成绩而违规使用兴奋剂严重违背了公平竞争的体育原则与崇高的体育道德,是对奥林匹克精神的亵渎,也是对体育"纯净竞技"理念的严重侵蚀。兴奋剂的使用,不仅危及运动员的生命健康,更是对体育本质的背离与扭曲。若不能有效遏制兴奋剂泛滥的趋势,任由"化学运动员"充斥赛场,竞技体育或将异化为药物与科技的较量,从而偏离其应有的发展轨道②。因此,加强反兴奋剂工作,维护体育的纯洁性与公平性,是当下及未来体育界不可推卸的责任与使命。

(3) 青少年体育教育的缺失与不足

自古以来,儒家文化的熏陶以及"学而优则仕"传统观念的根深蒂固,导致了社会上普遍存在"重文轻武"偏见。时至今日,在应试教育与高考压力下,学校与家庭对体育教育的忽视现象愈发严重,学校体育被边缘化,影响了国家政策对学校体育工作的有效贯彻③。2005年,中国有近两成中小学未能开设体育课程,超过两成的学校难以遵循体育教学大纲,近半数学校未能实现学生每日一小时的体育锻炼目标。体育课常被文化科目挤占,这明显违背了中共中央国务院7号文件倡导的精神,加剧青少年体质下降④。

学校体育的众多参与渠道,均面临着公共供给匮乏与效率瓶颈的双重挑战,成为制约青少年体育发展的关键因素。资金短缺尤为突出,无论是体育设施的完善、阳光体育计划的实施、校际运动会的举办,还是学生体质的跟踪监测,均面临专项经费不足的问题。特别是高等教育领域,招生规模不断扩张和学生体育需求激增,多数高校体育经费占比却远低于教育部建议的1%标准,徘徊在0.3%至0.5%,难以支撑体育基础设施达到国家标准⑤。

此外,安全责任问题也严重影响了学校体育活动正常开展。出于安全顾虑,部分学校不惜缩减体育课时及课外体育活动时间。中国至今尚未出台针对青少年体育活动的全面安全预防与伤害赔偿政策,保险市场上也鲜有针对此类意外事件的专项保险产品,即便是竞技体育领域内的有限运动伤害保险,其覆盖范围与适用性也难以直接移植至学校体育领域,从而在一定程度上抑制了青少年参与体育的积极性与安全性保障⑥。

---

① 刘建.竞赛规则演变的外部动因与发展趋势[J].成都体育学院学报,2002,28(2):63-66.
② 王革,魏源,卓莉,等.竞技体育运动面临的兴奋剂问题及对策[J].上海体育学院学报,2003,27(5):80-82.
③ 章茹.青少年体育发展困境与可持续发展研究[J].江苏理工学院学报,2017,23(4):67-71.
④ 章茹.南京青奥会的价值体现:体育强国进程中我国青少年体育的发展[J].南京体育学院学报(社会科学版),2012,26(3):48-52.
⑤ 张金标,姜同仁,钱杰.高校体育教育经费投入问题研究[J].北京体育大学学报,2004,27(12):1667-1669.
⑥ 张洪振,张瑞林,梁枢.我国青少年体育发展的困境及对策[J].体育学刊,2015,22(3):59-62.

三、高质量发展的新要求

随着时代的变迁,发展观的内涵与外延不断丰富与深化,从单一的经济增长追求,逐步过渡到对社会结构、生态环境、人类全面发展等多维度的综合考量。这一历史性的演变,不仅反映了人类对发展本质认识的不断深化,也昭示着发展路径与模式的不断创新与升级。本节旨在深入探讨人类发展观的历史演变,阐述高质量发展的深刻内涵与主要特征,并揭示在新时代背景下所承载的重大意义。

（一）人类发展观的历史演变

"发展"一词频繁出现于全球语境之中,映射出人类与自然界共生共荣、持续前行的悠久历史。人类的存续历程,实质上是一部不断追寻与发展的史诗。发展观作为对社会发展本质的深刻认识,跨越经济、社会、生态及思维等多领域,涵盖认识论、方法论与价值观,构建多维理论框架①。

1. 发展观的兴起

第二次世界大战后的全球政治经济版图经历了翻天覆地的变化,这一转型不仅激发了发展中国家对经济增长的迫切需求,也促使发达国家致力于战后经济的复苏与重建,共同推动了一场世界范围的发展浪潮。在此背景下,发展议题跃升为全球瞩目的焦点,吸引了跨学科领域的广泛研究与探讨。发展经济学、发展社会学、发展伦理学等新兴学科顺势而生,它们虽各自聚焦于不同维度与侧重点,但核心汇聚于对发展问题的深入剖析与理论构建。这一系列学术探索与理论创新,标志着发展理论体系的逐步成型与完善,为理解并指导全球及各国的发展实践提供了重要的理论支撑与指导框架。

2. 发展观的演进

发展观,即关于发展的核心理念与视角,体现了对社会发展普遍历程及内在规律的洞悉与把握。一个科学且正确的发展观,是对社会发展客观法则的精准理解与把握,在实际应用中能够引领经济、社会走向不同的成长轨迹,产生截然不同的导向效应②。伴随着人类社会实践的不断演进与创新,大众对于发展的认知边界持续拓宽,理解深度日益加强。发展观也历经了从萌芽到成熟的蜕变过程,在理论与实践双重维度上均实现了显著的升华与拓展,持续孕育出新的发展理论体系。这一讨论与转变的实质,是生产方式变革在思想观念层面的深刻映射与提升。

（1）经济增长论

20世纪50年代左右,是发展理论的形成与兴盛阶段,亦是早期发展观念构建的黄金时期。二战后的全球格局下,众多国家,尤其是欠发达国家,将经济增长置于国家发展的

---

① 朱茜. 当代中国发展观的历史演变及哲学分析[D]. 镇江:江苏大学,2016.
② 王胜,徐四强. 发展观的历史演变[J]. 云南科技管理,2008,21(1):27-29.

核心议程。彼时,发展经济学界尚未对"经济增长"与"经济发展"两个概念进行明确界分,导致两者常被混为一谈,普遍认为经济增长即等同于经济发展,核心在于追求速度的最大化[①]。

众多发展中国家在经历经济高速增长的同时,遭遇了诸多严峻的社会挑战,未能如愿达成预期的发展愿景。面对生产力提升、经济水平增强及消除贫困的迫切需求,这些国家普遍将发展路径简化为工业化与技术进步的单一进程,过度聚焦于经济增长与物质财富的累积,将国内生产总值(GDP)视为衡量发展成效的主要乃至唯一标尺[②]。20世纪60年代,"GDP至上"的发展观念盛行,本质是将发展狭隘地视为经济领域的单一扩张,忽视了社会、环境及人的全面发展,体现了对现代化进程片面、历史局限的理解,忽视了多维度的综合进步。

(2) 强调社会变革的发展

20世纪60年代的全球经济实践,深刻揭示了单一经济增长模式的局限性。经济发展实践的多维探索表明,真正的发展应是经济结构优化的持续进步,而非缺乏结构性调整的短暂繁荣,后者难以支撑长远且可持续的增长。在此背景下,一种强调社会转型与变革的发展观念应运而生。此观念视发展为经济增长与社会结构深刻变迁的并行过程,是发展中国家从传统向现代跨越的全方位转型,能够实现社会制度、经济体制及社会组织形式的和谐演变。

相较于单纯经济增长导向的发展观,这一新视角显著进步,将关注点从单一的经济增速扩展至社会的全面变革,但也存在历史局限性,主要体现为对自然资源约束的忽视。在追求经济发展的同时,必须强调资源的节约与环境的保护,确保经济增长与资源环境承载能力相协调,以减轻资源环境极限对人类长远发展的制约。尽管在资源环境认知上有所突破,但此发展观仍有所不足,它未能充分认识到科学技术在推动发展中的关键作用,以及人类作为行动主体在塑造自身命运中的主观能动性,一定程度上将人类置于被动地位。

尽管该发展观在代际公平与未来发展空间方面尚存盲点,但无疑是对单一经济增长观的超越,展现了发展观念由片面趋向全面、由单一迈向多元的深刻转变,标志着人类对于发展路径理解的又一次成熟与深化。

(3) 可持续发展观

20世纪70年代初,随着全球环境污染的急剧恶化、自然资源的日渐枯竭、生态系统平衡的严重破坏、经济不均衡发展的加剧以及社会矛盾的日益尖锐,人类社会的发展面临前所未有的挑战。罗马俱乐部的标志性报告《增长的极限》与联合国斯德哥尔摩会议通过的《人类环境宣言》共同提出了"持续增长"与"合理的持久均衡发展"等核心理念,呼吁以未来可持续发展的愿景来指导当前行动,强调人与自然和谐共生的重要性,促使社会各界在认识论与实践层面深刻反思,加强对发展与生态环境保护之间和谐关系的重视与追求,催生了可持续发展观的萌芽与深化,这一转变标志着人类发展观念在多元与全面性的基

---

① 石奇.高质量发展:问题、辨识与路径[M].南京:江苏人民出版社,2021:108-114.
② 廖志鹏,周晓兰.发展观及其历史演变探析[J].现代经济信息,2011(2):7-8.

础上迈向了新的高度①。

进入 80 年代,人类社会又面临了新的挑战。南北发展鸿沟持续扩大、人口爆炸性增长、全球生态环境质量急剧下滑,直接威胁到当代人类的生存基础及后代的发展潜力。面对这些紧迫问题,人类迫切寻找摆脱困境的有效途径。1992 年联合国环境与发展大会的召开,标志着可持续发展观在全球范围内获得了普遍认同,成为国际社会的共同理念。可持续发展观的核心在于促进经济、社会与环境的和谐共生,要求经济发展必须根植于社会公正与生态可持续的基础之上,在满足当代人需求的同时,确保不损害后代人满足其需求的能力,体现了对人类发展路径的深刻反思与前瞻规划。

(4)以人为本与追求全面发展

20 世纪 80 年代,法国经济学家弗朗索瓦·佩鲁受联合国教科文组织之托,撰写了具有里程碑意义的著作《新发展观》,倡导"整体性"、"综合性"与"内生性"的发展理念,强调人的发展深度与价值实现,促进了经济与社会和谐共进的观念转变。这一转变,标志着发展观念从外在成果向内在主体需求的深刻跃迁,即将发展视为一个逐步满足人类基本需求、促进个人能力成长并释放人性潜能的过程,此观念迅速在全球范围内获得了共鸣。

自 1990 年起,联合国开发计划署每年定期发布《人类发展报告》,围绕多元核心议题,深入剖析人类发展的多重维度。人类发展的终极目标是构建一个让人类能够享有长寿、健康、尊严生活的社会环境,拓宽人类选择边界的过程,将人类福祉置于所有议题的中心,通过发展来丰富人类的选择①。

21 世纪,以人为本与全面发展理念成为核心,强调提升民众生活质量、幸福感及人的全面发展。这不仅意味着经济增长与物质积累的加速,更侧重于个人素质、能力与精神世界的全面提升。在此理念指引下,各国纷纷加大教育、医疗、社保投入,全方位促进人类发展。国际合作的重要性也被提升至新高度,各国携手应对全球性挑战,共同推动全球范围内的全面发展与繁荣。

(二)高质量发展的含义

高质量发展,是党中央对中国经济发展新阶段特征的深刻洞察与全新界定,是对改革开放四十余年粗放型高增长模式的根本性超越②。其内涵广泛而深刻,既蕴含了过程性的要求,强调合理的发展路径与协调的演进过程,又具备状态性的特征,追求科学的发展目标与均衡的成果分配。

"中国经济已由高速增长转向高质量发展阶段"成为经济发展进程中的鲜明标识,党的十九大报告将高质量发展描述为更高质量、更有效率、更加公平、更可持续的发展③。《习近平谈治国理政》第三卷中,习近平总书记对高质量发展进行了深刻阐述,强调了其与新发展理念的紧密契合④。高质量发展,即一种以新发展理念为核心导向的发展范式,能

---

① 廖志鹏,周晓兰.发展观及其历史演变探析[J].现代经济信息,2011(2):7-8.
② 袁夕坤,战照磊.体育产业高质量发展研究[M].南京:东南大学出版社,2021:4-8.
③ 张涛.高质量发展的理论阐释及测度方法研究[J].数量经济技术经济研究,2020,37(5):23-43.
④ 习近平.习近平谈治国理政(第三卷)[M].北京:外文出版社,2020:238.

够积极应对社会主要矛盾的动态演变,着力破解经济发展进程中存在的不均衡与不充分难题,全面满足人民群众日益增长的对美好生活的向往与需求。从宏观层面来看,高质量发展强调国民经济体系的整体流畅循环与高效运转。自2020年以来,习近平总书记多次提出要加快构建"以国内大循环为主体、国内国际双循环相互促进的新发展格局",在实践中形成了习近平关于新发展格局的重要论述。从微观层面来看,强调效率与效益的双重提升,通过减少投入、增加产出,持续提高全要素生产率,实现资源的优化配置与高效利用[①]。

学术界对高质量发展的理论及内涵进行了大量深入研究,学者们从不同角度对高质量发展的概念作出了界定。金碚从经济学角度出发,将高质量发展的经济学意义表述为"能够更好满足人民不断增长的真实需要的经济发展方式、结构和动力状态"[②]。任保平、文丰安认为,高质量发展是经济发展质量的高级状态和最优状态。高质量发展是经济发展的有效性、充分性、协调性、创新性、持续性、分享性和稳定性的综合,是生产要素投入低、资源配置效率高、资源环境成本低、经济社会效益好的质量型发展水平[③]。王一鸣、益青认为,高质量发展是资源配置效率和微观生产效率大幅提高,创新成为引领经济发展的第一动力,战略性新兴产业、高新技术产业比重不断提高,实现由低技术含量、低附加值产品为主向高技术含量、高附加值产品为主转变,实现由高成本、低效益向低成本、高效益转变,实现由高排放、高污染向循环经济和环境友好型经济转变[④]。

综观已有文献,目前对高质量发展的内涵尚未达成完全一致,但普遍共识的观点是:高质量发展能够满足人民日益增长的美好生活需要,全面体现和落实创新、协调、绿色、开放、共享的发展理念,并使产品服务质量得到普遍提升、社会经济效益更加优良[⑤]。

(三)新时代高质量发展的主要特征

在2017年12月18日的中央经济工作会议上,习近平总书记明确指出,高质量发展是新发展理念在实践中的生动展现,是要满足人民群众日益增长的美好生活需要,是必须实现创新成为第一动力、协调成为内生特点、绿色成为普遍形态、开放成为必由之路、共享成为根本目的。步入新发展阶段,社会主要矛盾已经转变为人民日益增长的美好生活需要和不平衡不充分的发展之间的矛盾,面对新机遇与新挑战,高质量发展的内涵得以丰富与深化,为中国经济社会稳健迈向高水平发展提供坚实支撑。

1. 创新驱动

党的十八届五中全会明确提出了创新、协调、绿色、开放、共享的发展理念,并把创新放在五大发展理念之首,将其视为引领发展的核心动力,提升至国家战略核心层面。

从全球视角审视,创新发展理念精准对接了世界经济的最新发展态势,创新成为国家

---

① 陈玲. 习近平关于高质量发展的重要论述研究[D]. 重庆:重庆工商大学,2021.
② 金碚. 关于"高质量发展"的经济学研究[J]. 中国工业经济,2018(4):5-18.
③ 任保平,文丰安. 新时代中国高质量发展的判断标准、决定因素与实现途径[J]. 改革,2018(4):5-16.
④ 王一鸣,益青. 实现高质量发展需要三个转型[N]. 经济日报,2018-03-01(14).
⑤ 王彩霞. 新时代高质量发展的理论要义与实践路径[J]. 生产力研究,2018(10):18-22,67.

竞争的核心与国际秩序重构的驱动力。各国政府纷纷出台国家层面的创新战略规划,意在把握全球科技革命与产业变革的浪潮,力求在新一轮竞争中占据先机。在理论构建层面,创新发展理念不仅为中国特色社会主义发展理论注入了新的活力,还极大地拓展了理论深度与广度。从"科学技术是第一生产力"到"创新是民族进步的灵魂",再到"抓创新就是抓发展",体现了党对创新规律认识的深化与实践推进。坚持创新发展理念,对于促进国家治理体系与治理能力向现代化方向迈进具有重要意义。

2. 协调共进

协调发展理念,精髓在于全面性,聚焦于发展的均衡性、协同性与可持续性,致力于精准识别并妥善处理发展中的多维度复杂关系,以强化发展的整体性为目标。这一理念倡导通过识别并弥补发展中的短板,有效化解突出矛盾,从而在攻坚克难中促进经济社会发展的和谐共生格局与平衡稳定状态。

中国经济社会发展面临的挑战之一便是日益凸显的不协调因素,它们严重制约了可持续发展的步伐。尽管中国经济实现了快速增长,跃居世界第二大经济体,但这一过程伴随着不平衡、不协调、不可持续的问题。协调是一个动态过程,要求在不平衡中寻找并构建新的平衡状态。历史经验表明,无论是全球还是国家层面的经济发展,均遵循从不平衡到平衡,再到更高层次平衡的循环演进规律。

3. 绿色生态

绿色,作为十八届五中全会确立的五大发展理念之一,体现了党对人民福祉与自然和谐共生愿景的深刻洞察与坚定承诺。面对资源约束日益趋紧、环境污染形势严峻、生态系统退化加剧的现实挑战,绿色发展不仅是对国内外环境压力的积极回应,更是中国作为负责任大国,向世界展示其可持续发展决心和能力的实际行动。在追求物质生产与财富积累的同时,各国必须将资源节约与环境保护置于核心地位,贯穿于生产、流通、消费及废弃物处理与再生的全生命周期,坚持低消耗、低排放的绿色发展路径,将自然资源与环境承载能力作为不可逾越的发展红线①。

资源的高效利用、污染的严格控制与生态的精心保护,构成了绿色发展的三大支柱,它们渗透于经济社会发展的方方面面,其推进既依赖于技术创新与工程项目实施的具体推手,也离不开顶层规划的指导、体制机制的深化改革与创新策略的宏观支撑。面对产能相对过剩、投资及外需增长动力转换的新常态,绿色发展更加注重的是速度与质量、效益的和谐共生,实现资源配置的最优化与高效化。

4. 开放包容

开放,作为中国发展的必由之路,正引领经济步入新常态下的新阶段。开放理念根植于历史智慧,强调开放是国家强盛的关键。自党的十一届三中全会以来,中国明确将对外开放作为基本国策加以实施,实现了从相对封闭到全方位开放格局的历史性转变。在随后的四十多年里,中国采取了意义深远且富有成效的战略措施,包括拓展对外贸易、加速

---

① 树新.牢固树立创新、协调、绿色、开放、共享发展理念[J].商业文化,2016(14):9-17.

双向投资、设立经济特区作为对外开放的前沿阵地,以及积极融入全球经济体系、成功加入世界贸易组织等。这些措施不仅促进了国际经济交流与合作,更深刻地推动了国内改革的全面深化,铸就了经济腾飞的辉煌篇章。

进入新时代以来,中国对外开放的步伐更加坚定而稳健,企业"走出去"成效显著,"一带一路"倡议在全球范围内推进,自贸园区纷纷涌现,开放型经济新体制加速构建,形成了更高水平、更宽领域的开放新格局。这些成就证明了开放对中国发展的重要性,印证了以开放促改革、以开放促发展的中国特色社会主义道路的正确性。开放发展理念,是对这一辉煌历程的深刻总结与对未来发展趋势的精准把握,深刻揭示了现代社会发展的内在规律。

5. 共享发展

改革开放以来,中国经济迅猛发展,人民生活水平显著提升,但分配不公、城乡差距大、收入差距大等问题也随之浮现,成为全面建成小康社会的阻碍。因此,共享发展理念应运而生,是强调人民共创、共治、共享发展成果,确保全体人民共享改革发展红利、如期实现全面建成小康社会目标的必由之路。

社会主义的本质是实现共同富裕,而共享发展正是这一本质的生动体现,彰显了社会主义制度的独特优势。能否让全体人民共享改革发展成果,直接关系到中国特色社会主义事业的兴衰成败[①]。面对历史遗留的发展不平衡问题,共享发展理念的提出,既是对过往发展模式的反思,也是对未来发展的新指引。它强调发展为了人民、依靠人民、成果由人民共享,力求在经济增长的同时,缩小贫富差距,提升人民幸福感。站在时代的新征程上,我党倡导的共享发展理念,不仅深化并拓展了中国特色社会主义理论体系的内涵,更是构筑起中国经济社会持续稳健前行的重要基石,为未来的发展提供了坚实的制度保障与价值取向的引领。

(四) 高质量发展的重大意义

1. 经济转型升级的关键驱动力

在推动经济高质量发展的过程中,产业结构转型升级被置于核心地位,旨在将实体经济锻造得更加坚实、强大与卓越,构建一个多元并进、多极支撑的现代产业新生态。这一新体系中,实体经济不仅是发展的基石与导向,更是衡量国民经济健康循环与持续发展的标尺。面对传统产业粗放发展模式的局限,中国经济转型升级势在必行。供给侧结构性改革作为长期主线,其任务与要求随着时代变迁而不断深化与拓展。在新时代背景下,供给侧结构性改革不仅是调整经济结构、激发市场活力的关键手段,更是经济增长新动力的源泉。

战略性新兴产业依托互联网、信息技术等前沿科技,正引领着中国产业升级的新潮流。它不仅彰显了中国在部分领域的世界领先地位,更为中国在全球产业竞争中抢占制高点提供了有力支撑。因此,加快培育发展战略性新兴产业,深化互联网、大数据、人工智能与实体经济的融合,推动制造业向数字化、网络化、智能化转型,已成为推动经济高质量发展、实现经济转型升级的必由之路。

2. 满足人民需求的必由之路

高质量发展不仅是国家经济腾飞的引擎,更是将人民对美好生活的向往转化为现实的坚实桥梁。它深刻践行着习近平新时代中国特色社会主义经济思想的核心要义,即以人民为中心的发展理念,这一理念贯穿并引领着"五位一体"总体布局与"四个全面"战略布局的深入推进①。

高质量发展致力于提升民众的生活质量,确保每位中国公民都能在物质与精神层面收获幸福感。物质生活的丰富与提升,是人民美好生活最直观的体现。在物质富足的基础上,人民对于精神世界的追求日益强烈,群众渴望享受更加丰富多彩的文化产品。从优质的教育资源到科学探索的乐趣,从文艺作品的熏陶到网络文化的精彩纷呈,每一个细节都呼唤着高质量的文化供给。

美好生活的实现依赖于全国各族人民的共同努力与不懈奋斗,高质量发展之路是一条依靠人民、为了人民、由人民共享的发展之路。这要求国家充分尊重人民的首创精神,广泛汇聚民智民力,激发全社会的创造活力,让每一个个体都成为推动高质量发展的积极参与者和直接受益者。

3. 实现可持续发展的重要基石

高质量发展不仅在经济领域追求效率与动力的提升,更在社会各领域推动质量升级与结构优化,引领国家向更加科学、合理的发展路径迈进。这既是国家竞争力的体现,又是实现可持续发展的核心所在。

人民对美好生活的向往,离不开优美的生态环境。党的十八大以来,我国坚定不移地走绿色发展之路,以生态文明建设为引领,大力推进自然环境治理与生态保护。建设美丽中国的征程漫长,人民对于更加优美和谐的自然生态的渴望是国家不懈追求的动力源泉。在中国特色社会主义新时代,我国将节约资源和保护生态环境作为基本国策,致力于将良好生态转化为生活质量的增长点,为后代留下可持续发展的"绿色银行"。良好的生态环境不仅是人民幸福生活的重要保障,更是实现经济、政治、文化、社会、生态全面协调发展的关键因素。

4. 国家治理现代化的新篇章

在国家治理现代化的征途中,高质量发展开启了新篇章。《中共中央关于全面深化改革若干重大问题的决定》明确指出,全面深化改革的总目标是推动国家治理体系和治理能力迈向现代化。高质量发展作为这一宏伟目标在经济与社会治理领域的生动实践,正逐步成为国家治理现代化的关键驱动力。它不仅推动了国家治理的制度化、规范化、程序化进程,更在党的领导、国家事务管理、社会治理等各个层面实现了从"人治"向"法治"的深刻转变,为国家治理体系注入了新的血液。

在提升国家治理效能方面,高质量发展显著增强了党和国家科学、民主、依法执政的

---

① 易昌良.中国高质量发展指数报告[M].北京:研究出版社,2020:87-95.

能力,激发了人民群众参与国家和社会事务管理的热情与智慧,提升了政府在全球资源配置中的竞争力与公共服务供给的质量。面对复杂多变的国内外环境,高质量发展赋予了社会更强的危机应对与风险管理能力,为国家的长治久安筑起了坚固的防线。高质量发展还致力于降低国家治理成本,推动政府角色从传统的管理者向治理者、服务者转变①。这一系列变革,不仅为高质量发展本身创造了有利条件,更为国家治理现代化奠定了坚实基础。

四、体育文化高质量发展的理念

新时代全球化与信息化交融,体育文化高质量发展成为社会进步、国家软实力提升的关键。体育事业的繁荣离不开文化的深厚滋养,丰富的文化底蕴构成了体育可持续发展的基础。作为体育强国建设不可或缺的五大领域之一,体育文化不仅贯穿于全民健身的普及、学校体育的发展、竞技体育的卓越追求、体育产业的蓬勃发展,还深深影响着体育对外交流的广度与深度②。体育文化的高质量发展,践行新时代经济理念,坚守"质量第一,效率优先"的原则,融入创新、协调、绿色、开放、共享原则。

(一)质量导向的发展战略

高质量发展是建设社会主义现代化国家的首要任务。2023年2月,《质量强国建设纲要》的发布正式开启了质量强国建设的新纪元。质量关乎国计民生,党和国家始终将其置于重要位置。习近平总书记多次强调,必须将提升发展质量与效益置于核心位置,牢固树立质量至上的观念,全力以赴推动质量全面升级,深化质量提升战略的实施,促进质量领域的变革与创新③。

1. 明确质量核心地位

在推进体育文化发展进程中,应将发展重心转移至提升质量与效益上,强化质量导向,深化质量提升战略。这一转型要求国家在体育服务精细化、赛事运营专业化、文化产品创新化等多个关键领域实施全方位的质量革新,引领中国质量事业迈向跨越式发展的新高度,以满足人民群众日益增长的高品质体育文化需求。

质量强国战略是建设社会主义现代化国家的基石,也是衡量国家综合竞争力的关键。在体育文化中,这一战略同样具有举足轻重的意义。提升体育文化领域的质量,不仅能够驱动经济高质量发展的引擎,还是构建现代化、高效能体育文化产业生态体系的必由之路。深化体育产业链的质量内涵建设,打造具备自主创新能力、安全可靠且竞争力卓越的

---

① 石奇.高质量发展:问题、辨识与路径[M].南京:江苏人民出版社,2021:108-114.
② 黄莉.建设体育强国进程中的体育文化高质量发展研究[J].首都体育学院学报,2024,36(2):125-133,144.
③ 中华人民共和国中央人民政府.国务院新闻办就"实施质量强国建设纲要着力推动高质量发展"有关情况举行发布会[EB/OL].(2023-02-17).https://www.gov.cn/xinwen/2023/02/17/content_5741925.htm.

现代化体育文化产业体系，可以为经济社会的全面发展提供强劲支撑。

质量关乎民生福祉，体育产品与服务的品质直接影响民众身心健康与生活质量。质量强国建设在体育文化领域的实施应紧密围绕人民群众的实际需求，将提升供给质量作为核心任务。通过优化资源配置、激发市场活力，有效释放并扩大内需潜力，确保人民群众在享受丰富多彩的体育文化体验时，能够感受到高度的安全感、信任感与愉悦感，增强人民群众的质量获得感、满足感与幸福感，为构建全民共享、高质量发展的体育文化生态打牢根基[1]。

2. 制定落实质量标准

为推动体育文化向高质量发展的新阶段迈进，构建一套全面覆盖赛事策划、场馆设施、运动员培育以及文化产品创新等领域的多维度质量标准体系显得尤为迫切，这不仅是确保每一项体育文化活动都能达到高标准的质量与规范化要求，也是提升体育文化整体层次的基石，同时也是回应人民群众对美好生活更高期待的必要之举。

体育场馆作为承载体育健身、竞技表演等功能的核心平台，其服务质量直接关系到用户体验的满意度与场馆的长远发展[2]。2024年3月11日，国家体育总局体育经济司发布《2023年全国体育场地统计调查数据》，显示2023年全国体育场地共459.27万个，体育场地面积40.71亿平方米，体育场馆建设呈现出蓬勃发展的态势。在此背景下，提升体育场馆的服务质量成为赢得市场份额的关键策略。因此，制定科学合理的服务质量标准迫在眉睫，需结合市场趋势与消费者需求，超越传统价格竞争的局限，聚焦于满足顾客的个性化需求，从而精准施策，提升服务质量。所构建的服务质量标准应具备高度的明确性与可执行性，涵盖场馆设施、服务产品、操作流程、环境卫生、安全保障等多个维度，形成一套系统化、精细化的标准框架。在实施过程中，需强化过程监督与反馈机制，确保标准的有效执行与持续改进。同时，加大对服务人员的培训力度，提升其专业技能与应急能力，为顾客提供专业化、人性化的服务，这是提升体育场馆服务质量不可或缺的环节。

（二）创新驱动的发展模式

创新是发展的核心，涵盖理论、制度、科技和文化等多方面。党的十八大将创新驱动置于国家发展全局的核心，强调科技创新对社会生产力和综合国力的提升作用[3]。在体育文化领域，创新同样关键。它始于发展理念的革新，经体育制度的改革，最终体现在体育实践的创新上。历史证明，科技创新是推动国家现代化的强大动力。因此，对于体育文化的高质量发展来说，积极拥抱创新至关重要。

1. 创新文化的培育与传承

在全球化竞争日益激烈的今天，体育文化的高质量发展离不开创新的驱动。因此，积

---

[1] 国家市场监督管理总局质量发展局.加快建设质量强国 着力推动高质量发展[EB/OL].(2023-02-28).https://www.samr.gov.cn/zlfzj/zlgl/art/2023/art_d45f136ef7c44d489995eaa2d0333ec8.html.
[2] 吴永宏.体育场馆服务质量管理研究[J].体育文化导刊,2005(11):8-10.
[3] 易亚兰.对我国农业科技基础条件建设的思考[J].天津农业科学,2018,24(9):81-84.

极营造鼓励创新、包容创新的社会氛围，构建以创新为核心的文化生态，成为推动体育文化迈向新高度的关键。

首先，创新的首要任务是构建一套完备的创新支撑体系。国家要建立健全激励机制，在对创新成果进行物质奖励的同时，注重精神激励和社会认可，让创新者感受到来自社会各界的尊重与肯定；要加强高校、科研机构与体育企业之间的合作，建立紧密的产学研联盟，共同攻克体育产业发展中的技术难题，推动创新成果的快速转化。通过这些措施，营造一个鼓励探索、宽容失败的创新环境，让创新成为体育文化发展的常态[1]。

其次，将传承与创新并重。在推动体育文化创新的同时，必须注重对传统体育文化优秀成果的挖掘、整理与传承。通过理性审视与批判性继承，剔除其中与时代脱节、不利于发展的元素，同时吸收外来文化的有益成分，结合中国国情与体育发展实际，创造出既具有民族特色又符合现代审美与需求的体育文化产品与服务[2]。

2. 科技创新与产业发展的深度融合

自20世纪90年代以来，科技创新成为中国社会关注的一个热点，致力于将科学发现与技术转化为生产革新，以市场价值为衡量标准[3]。在体育文化创意产业中，科技创新不再仅仅是实验室内的突破，而是与文化、体育深度融合，共同推动产业向高质量发展迈进。

2014年10月，国务院印发《关于加快发展体育产业促进体育消费的若干意见》，为体育产业的转型升级指明了方向，强调了各门类协同发展的重要性。2015年7月，国务院下发《关于积极推进"互联网＋"行动的指导意见》，明确"互联网＋"的11个重点行动领域，体育产业作为一项综合性产业，成为其中两大重点领域的实践者。"互联网＋"战略的深入实施，为体育产业插上了信息化的翅膀，使其能够更广泛地融入经济社会发展大局。

体育文化创意产业，以独特的文化内核、不竭的创新活力及坚实的体育基础，展现出独有的产业魅力。2022年北京冬奥会吉祥物"冰墩墩""雪容融"等体育文创产品的热销，彰显了高知识价值、文化底蕴及技术创新带来的市场与文化双重影响力。体银智库创始人安福秀指出，体育文化创意产业正朝着技术驱动、集群协同、"互联网＋"赋能及效益导向的四大趋势加速发展，科技创新在其中扮演着不可或缺的角色[4]。

（三）绿色可持续的生态环境

绿色象征着活力与生机。绿色发展是对传统工业"黑色"模式的反思，强调低耗低排、合理消费与生态资本增长，促进人与自然和谐共生。它不仅是资源利用方式的革新，更是文明理念的飞跃，体现对人类未来的深切关怀。21世纪初，联合国开发计划署发布的

---

[1] 陈晓.大力推进创新文化建设[EB/OL].（2018-03-21）.http://theory.people.com.cn/n1/2018/0321/c40531-29880225.html.
[2] 倪依克.民族传统体育的振兴与文化创新[J].体育学刊,2004,11(1):60-61.
[3] 张来武.科技创新驱动经济发展方式转变[J].中国软科学,2011(12):1-5.
[4] 王辉.体育文化创意产业为美好生活带来新活力[EB/OL].（2024-01-25）.https://www.sport.gov.cn/n20001280/n20067608/n20067635/c27420412/content.html.

《2002年中国人类发展报告:绿色发展,必选之路》让"绿色发展"首次进入大众视野[①]。中国政府积极响应,将生态文明建设上升为国家战略,明确绿色发展路径,2018年3月11日,十三届全国人大一次会议第三次全体会议表决通过《中华人民共和国宪法修正案》,"生态文明"被写入宪法。

1. 生态环境保护与修复措施

体育文化与生态环境之间存在着密不可分的联系。生态环境不仅是体育运动的基石,还影响着体育活动的可持续性和全民健康。在追求体育文化高质量发展的同时,国家必须高度重视生态环境的保护与修复。

随着体育设施的大量建设和体育旅游的兴起,自然环境面临严峻挑战,需警惕简单人工生态系统对复杂自然生态系统的替代,以及由此带来的生态退化与污染问题[②]。同时,优化体育旅游交通方案,以生态学的基本原理和持续发展理论为指导,推广低碳出行,控制汽车拉力赛、卡丁车比赛等动力性比赛的环境影响,鼓励开发地方特色生态体育产品,以实现经济与环境的双赢[③]。对于已遭受损害的自然环境,国家应采取积极有效的措施进行恢复与重建。例如,针对过度开发的高尔夫球场进行生态改造,恢复原有的植被覆盖与生物多样性。对体育旅游活动频繁的区域进行定期的环境监测与治理,加强公众环保意识教育,倡导绿色、低碳的体育生活方式,也是推动体育文化高质量发展与生态环境保护相协调的重要途径。

2. 绿色生产技术的研发与应用

推动体育文化的高质量发展,绿色生产技术的研发与应用是不可或缺的关键驱动力。体育用品制造业作为体育产业的重要组成部分,正逐步向全球化、集约化转型,而绿色技术创新则是提升国际竞争力、实现转型升级的必经路径。面对国外品牌已实现的生物降解与循环利用技术突破,中国体育用品制造企业亟须加强绿色技术研发,注重绿色文化、绿色产品及绿色研发流程的融入,以打造更具市场竞争力的绿色产品体系[④]。

随着建筑能耗在社会总能耗中占比的持续攀升,建筑节能设计的重要性日益凸显。国家建设部在2005年7月1日颁布并执行《公共建筑节能设计规范》,这是中国第一部公共建筑节能设计标准,为体育馆等公共建筑的绿色改造提供了科学依据和技术指导[⑤]。例如,针对体育场馆能耗高、设备老旧等问题,国家体育总局训练局成立了节能技改专项小组,引入半导体照明等先进技术,替代传统高能耗设备,实现了显著的节能效果[⑥]。

---

① 王永芹.当代中国绿色发展观研究[D].武汉:武汉大学,2014.
② 姜付高.浅议体育旅游生态化建设[J].曲阜师范大学学报(自然科学版),2002,28(4):114-116.
③ 刘凤云,董家魁.论生态体育旅游可持续发展[J].解放军体育学院学报,2005,24(2):25-27.
④ 朱建民,于珺.我国体育用品制造企业绿色技术创新主体行为的影响因素研究[J].首都体育学院学报,2020,32(2):108-115,133.
⑤ 史亮.杭州奥体中心综合训练馆绿色节能技术应用及优化的研究[D].西安:西安建筑科技大学,2015.
⑥ 体育总局训练局.突出节能重点加强节能改造着力打造体育场馆节能示范[J].中国机关后勤,2016(8):23.

（四）全面协调的发展布局

协调，即配合适当、步调一致，是社会发展各要素间相互适应、相互促进的理想状态。它作为关键法则，支撑中国经济社会稳健前行，是实现全面小康的战略选择。此理念深刻把握发展规律，创新应用马克思主义理论，应对复杂经济社会格局。在国家发展总体布局中，它居核心位置，是"五大发展理念"的精髓所在，强调统筹兼顾，解决不平衡问题，力促各领域、各区域协调并进，共绘中华民族伟大复兴新篇章。

1. 经济、资源、环境的协同发展策略

经济发展的高质量、资源利用的高效性以及环境保护的高标准之间存在着一种紧密相连、相互促进且缺一不可的共生关系。在体育文化发展中，国家需注重经济、资源、环境的协同发展，确保体育文化的发展能够惠及更多人民群众，推动社会进步和环境保护。为实现这一目标，国家应坚持将高质量发展的理念贯穿于体育文化发展的全过程。

在资源利用上，推动能源消费模式的绿色转型，提高资源利用效率，减少浪费与污染。在环境保护上，加大对生态环境治理与修复的投入力度，提升环境质量，为体育文化活动提供优美的自然与人文环境。在经济发展上，注重创新驱动，推动体育产业链的优化升级，增强体育文化的市场竞争力与可持续发展能力。为确保各项措施的有效实施与协同推进，应注重完善顶层设计与规划引领，坚持"全国一盘棋"的思想，推动区域间的协同发展[①]。根据各地区的资源禀赋、生态环境承载能力等因素，各省市地区需因地制宜地制定差异化的发展策略，强化产业链协同与绿色低碳转型，确保体育文化的高质量发展能够惠及更广泛的地域与人群。

2. 城乡、区域、产业的均衡发展路径

通过政策导向与市场机制的协同作用，推动城乡、区域、产业之间的均衡发展，是确保体育文化资源能够公平分配、实现体育文化的普惠性与共享性的关键路径。

坚持区域协同与城乡一体化发展，是实现体育文化均衡发展的关键所在。鉴于中国地域辽阔、区域差异显著的国情，需进一步深化区域发展总体战略，强化"一带一路"、京津冀协同发展、长江经济带等重大倡议的实施，促进资源流动与公共服务均等化，缩小城乡体育文化发展鸿沟，让广大农村地区也能享受到高质量的体育文化资源与服务[②]。

体育产业作为经济社会发展的重要组成部分，其高质量发展对于推动城乡、区域均衡具有积极作用。随着文化与经济的融合加深，体育产业成为新增长点。政府应加大对民族体育文化的投入与支持，促进资源优化配置，提升体育产业的市场竞争力与自我发展能力；应积极挖掘体育的跨界融合潜力，推动体育产业与旅游、教育等相关产业的深度融合，构建丰富多元的体育产业生态。

---

① 王兆华，丁月婷. 推动资源环境经济协同发展[EB/OL]. (2023-02-13). http://finance.people.com.cn/n1/2023/0213/c1004-32622835.html.

② 任仲轩. 深入学习贯彻习近平同志系列重要讲话精神坚持协调发展："五大发展理念"解读之二. [EB/OL]. (2015-12-21). http://theory.people.com.cn/n1/2015/1221/c40531-27953308.html.

(五)开放包容的发展格局

文明因交流互鉴而多彩丰富。习近平总书记在文化传承发展座谈会上的讲话中指出:秉持开放包容,就是要更加积极主动地学习借鉴人类创造的一切优秀文明成果[①]。开放包容是文明发展的不竭动力,中华文明之辉煌,源自其开放姿态与包容胸怀。历史证明,开放引领进步,封闭导致落后。中国与世界紧密相连,中国的发展是世界发展的有机组成部分,而中国开放的大门,也将持续拓宽,迎接更加广阔的合作与共赢。

1. 国际交流与合作的深化

体育,作为承载国家强盛与民族振兴宏伟梦想的载体,其对外交流的不断发展,是中国体育事业蓬勃发展、社会主义现代化建设加速推进及改革开放波澜壮阔历程的缩影,更是中华民族自强不息、矢志不渝追求伟大复兴历程的鲜明印记。步入新时代,中国体育的国际化步伐与中华民族伟大复兴的总体战略布局,以及全球范围内百年未有之大变革的时代脉搏紧密切合,展现出崭新的精神风貌。体育积极融入国家总体外交布局,为体育强国建设添砖加瓦,使其成为展现中国特色大国外交风采的重要窗口,显著提升了中国在全球体育治理体系中的影响力和贡献力。

党的十八大以来,以习近平同志为核心的党中央深刻洞察体育在外交领域的独特价值。通过元首体育外交等高端平台,向世界展示了中国的大国风范,促进了人文交流的深化,为体育事业的国际化发展注入了强劲动力。2013年9月,习近平主席在哈萨克斯坦与印度尼西亚进行国事访问期间,建设性地提出"一带一路"倡议,为体育文化的高质量发展提供了广阔舞台。通过赛事互访、项目展示、培训交流、文献共享等多种形式,中国与沿线国家在体育人文领域建立了更加紧密的联系,增进了相互理解和政治互信[②]。

2. 多元文化的融合与共生

在当今这个多元并存的时代,文化的交流与碰撞已成为21世纪不可逆转的潮流。体育文化作为这一宏大叙事中的一抹亮色,以其超越国界的广阔视野,引领着全球文化的深度交融与创新。

中国体育植根于五千年文明的深厚土壤,融合了五十六个民族的智慧与风情,展现出独特的魅力与活力。自2001年中国正式加入世界贸易组织以来,不仅经济领域迈出了融入全球化的坚实步伐,中华体育文化也更加积极地参与到世界文化的交流与对话中,为全球体育文化的多元化发展贡献着中国力量[③]。

体育全球化的浪潮中,奥林匹克运动展现了不同文化背景下体育精神的共鸣与融合。尽管奥林匹克起源于西方,但其生命力在于开放性和包容性,能够吸纳世界各地文化的精

---

① 中华人民共和国国家发展和改革委员会. 统筹城乡融合与区域协调发展[EB/OL]. (2024-01-12). https://www.ndrc.gov.cn/wsdwhfz/202401/t20240112_1363252.html.

② 刘冬磊. "一带一路"倡议与中国体育文化国际交流融合发展:逻辑关联、实然境况与路径选择[J]. 吉林体育学院学报,2020,36(2):42-47.

③ 邓星华. 体育文化全球化与中国体育文化的自觉[J]. 上海体育学院学报,2003,27(3):27-30,43.

华。从北欧的冰雪运动到非洲的耐力挑战,从东方的传统游戏到西方的竞技项目,每一种体育文化都是人类智慧的结晶,共同构成了现代体育的丰富图景。

(六)人才引领的发展动力

人才是科技创新的核心资源,是国家强盛、国际竞争的关键要素,也是经济转型的驱动力。培育并汇聚兼具高尚品德与卓越能力的高素质人才,关乎国家与民族的长远繁荣。人才更是塑造新质生产力的首要资源,其创造力与贡献决定生产力飞跃。习近平总书记在主持中共中央政治局第十一次集体学习时强调,"要按照发展新质生产力要求,畅通教育、科技、人才的良性循环,完善人才培养、引进、使用、合理流动的工作机制""为发展新质生产力、推动高质量发展培养急需人才"①。

1. 人才引进与培养的机制

面对体育人才队伍数量庞大、类型多样、分布广泛的特点,需精准施策,分类管理,以实现人才的优化配置与效能最大化。《体育强国建设人才规划(2023—2035年)》将体育人才细分为重点人才与专项人才两大类别,涵盖八大领域,每一类别均承载着特定的功能与使命,共同支撑起体育文化发展的宏伟蓝图②。

在"十四五"规划的引领下,体育系统聚焦高层次人才的培育与引进,实施一系列创新举措。首先,启动体育领军人才培养工程,依托国家重大体育项目和工程,集中优势资源,为顶尖体育人才的成长搭建广阔舞台③。其次,在全国范围内发掘并培养体育领域的学术领军人物,构建跨学科、高水平的复合型团队,加速科研成果向实际应用的转化,发挥其在各自领域的引领示范作用。为促进人才交流与国际合作,建立高层次人才交流平台成为重要一环。通过积极推荐体育高层次人才参与国家各类人才计划,享受相应政策扶持,拓宽其成长空间。此外,加大海外高层次体育人才的引进力度,优化外籍人才使用机制,提升国际化人才队伍的整体实力。

2. 人才团队的建设与管理

构建一支高素质、专业化的人才团队,不仅要求加强体育文化人才的深度培养,还需创新人才管理体制,营造尊重人才、竞争择优、待遇适当、保障有力的制度环境,激发人才的创造力与潜能,为体育文化的高质量发展持续赋能。

《体育强国建设人才规划(2023—2035年)》由国家体育总局于2023年正式发布,明确指出人才是建设体育强国的重要支撑,并聚焦人才的培养、引进、评价、激励等关键环节。在后备人才培养上,规划紧密围绕国际重大赛事周期,实施精准化、系统化的梯队建

---

① 孙锐.为培育壮大新质生产力夯实人才根基[EB/OL].(2024-06-06).http://www.qstheory.cn/qshyjx/2024-06/06/c_1130158809.htm.
② 曹彧,王子纯.加速体育人才培养助力体育强国建设:就《体育强国建设人才规划(2023—2035年)》答记者问[EB/OL].(2023-12-07).https://www.sport.gov.cn/n20001280/n20067662/n20067613/c27154042/content.html.
③ 陈世阳.深化体制机制改革,推动体育人才高质量发展:《"十四五"体育发展规划》体育人才内容解读[EB/OL].(2021-11-09).https://www.sport.gov.cn/n315/n331/n405/c23718645/content.html.

设策略，提升人才储备的质与量，奠定体育竞技长远发展基础。

对于体育文化研究人才队伍的建设，应聚焦于跨学科融合与专业化培养。通过"体育＋"模式的探索，将人文社会科学与体育学科深度融合，拓宽研究视野，丰富研究内涵。加强体育文化学专业的建设，培养具备深厚文化底蕴与专业素养的研究人才，确保体育文化研究的连续性与创新性。在此基础上，可充分利用国家体育总局体育文化发展中心及其下属的各地研究基地资源，构建覆盖全国的体育文化研究网络[①]。通过分阶段、有计划地选拔与培养优秀青年学者，逐步打造一支结构合理、素质过硬、创新能力强的体育文化研究团队，为体育文化的高质量发展贡献智慧与力量。

---

① 黄莉.建设体育强国进程中的体育文化高质量发展研究[J].首都体育学院学报，2024,36(2):125-133,144.

第二章
新发展阶段体育文化高质量发展的特征

一、体育文化的特征

(一) 多样性

1. 体育项目文化的多样性

在全球化的推动下,体育项目的多样性已成为连接不同文明、促进跨文化交流与理解的桥梁,其深远影响超越了体育竞技本身,深刻丰富了人类的文化生态。学者钟秉枢提出,体育文化是人类所创造的有关体育的物质的、精神的或物质与精神相结合的产物的总和,依赖于一定的体育形式与形态,这样的形式与形态展现为运动项目[①]。

体育项目文化的多样性展现在形式的多元化,不仅涵盖了传统与现代的交融,也体现在地域特色与全球趋势的并存之中。传统体育项目,比如田径、游泳及各大球类运动,历经岁月沉淀,已成为全球共通的语言。它们承载的竞技精神、规则意识及体育道德,是连接各国人民的纽带。新兴体育项目,比如极限运动、电子竞技等,以创新性、挑战性和高参与度,迅速在全球范围内赢得广泛关注,展现了体育文化的活力与无限可能。这些项目不仅突破了传统体育的界限,还融合了现代科技、艺术等元素,进一步丰富了体育项目文化的内涵。

体育项目文化多样性的形成,是多重因素交织作用的结果。一方面,自然地理环境是塑造体育项目特色的重要外部条件,高山、海洋、草原等不同的地理环境孕育了各具特色的体育项目,这些项目不仅是对自然环境的适应与利用,更是人类智慧与自然和谐共生的体现。另一方面,历史文化的深厚积淀为体育项目赋予了独特的文化内涵。各民族在长期的历史演进中,形成了各自独特的文化传统、价值观念和社会习俗。

---

① 钟秉枢.“明体达用、体用贯通”:对习近平文化思想指导中国体育文化建设的思考[J].西安体育学院学报,2023,40(6):641-649.

2. 体育价值观念的多样性

体育价值观念作为社会文化的重要组成部分,展现出丰富而多样的形态。体育蕴含着丰富的文化内涵和价值观念,随着全球化的深入发展,不同地区和文化背景下的体育价值观念相互碰撞、融合,形成了多样化的体育价值观念体系。

体育价值观念的形成受到社会文化背景的深刻影响。不同地区的社会结构和文化传统塑造了对体育的不同理解和评价标准。例如,在强调个人主义的西方社会,体育往往被视为个人成就和竞技精神的象征,强调个体的技术和表现力;集体主义文化背景下的亚洲国家,比如日本和韩国,更注重体育活动中的礼仪、团队合作和精神修养,体现了对社会整体利益和集体荣誉的重视。欧洲足球的发展与其长久的历史渊源和工业化社会的发展密切相关,强调技术和战术的训练;拉丁美洲足球则反映了殖民历史和文化传统的影响,注重技巧、激情和表演性。

体育活动也成为文化认同和身份建构的重要平台。例如,印度的板球被视为国家的象征和社会凝聚力的体现,其不仅是一项运动,更是文化认同的重要组成部分;美国的棒球和篮球则承载着其独特的历史和社会发展路径,成为民族认同的象征之一。

(二)包容性

1. 跨越文化和地理的界限

体育文化交流跨越了文化和地理的界限,展现了包容性。从传统的田径、游泳、球类运动到现代新兴的极限运动、电子竞技等,各种体育项目在全球范围内广泛传播和普及。尽管体育项目种类繁多,但国际体育组织通过制定统一的比赛规则和标准,确保了全球范围内体育竞赛的公平性和可比性。这种规则与标准的统一,为不同文化背景下的体育交流提供了共同的语言和平台,促进了体育文化的包容性发展。体育活动中的国旗、队服、口号等文化符号在跨国界的体育交流中得到了广泛传播和共享,成了连接不同文化和民族的纽带。

体育文化中蕴含的竞争精神、团队精神、公平正义等丰富的价值观念,在不同文化背景下具有普遍的适用性和价值。通过体育文化交流,不同文化中的价值观念得以相互借鉴和融合,形成了更加多元和包容的体育价值观念体系。尽管不同文化之间存在差异和分歧,但人类对于健康、快乐、友谊等共同价值的追求是普遍的。

2. 为大众提供平等的参与机会

体育文化的包容性不仅体现在对多样性的接纳与尊重上,更在于为每个个体提供平等的参与机会。平等参与是体育精神的体现,也是实现教育公平、促进社会正义的重要途径。

体育文化通过提供多样化的体育活动和项目,满足不同能力水平人群的参与需求。无论是身体健全的运动员还是残疾人运动员,都能在体育领域找到属于自己的舞台,残奥会的成功举办是体育文化对能力包容性的最好诠释。此外,许多学校和社区还设立了特殊体育项目,比如轮椅篮球、盲人足球等,确保每个个体都能享受到体育带来的乐趣和成就感。

体育文化的包容性也体现在对不同种族和民族文化的尊重与接纳上。在全球化背景下,各国运动员在国际赛场上同场竞技,不仅展示了各自的体育实力,也促进了不同文化之间的交流与理解。体育文化通过提供平等的参与机会,打破了种族和民族界限,促进了世界文化的多样性与和谐共生。

3. 促进社会包容和多样性认同

体育文化作为一种全球性的语言,跨越国界、种族和文化的特性使得它成为促进国际交流与理解的重要桥梁。通过国际赛事和本土赛事的举办,民众有机会与来自世界各地的运动员和观众进行面对面的互动与交流,这不仅加深了彼此之间的了解和友谊,还促进了不同文化之间的相互理解和尊重。例如,全球瞩目的奥运会不仅展示了各国运动员的卓越技艺和顽强拼搏精神,更成为一个多元文化交融的舞台。各国运动员在比赛中相互竞争、相互学习,共同诠释了"更快、更高、更强——更团结"的奥林匹克格言。

通过共同参与体育活动,人们能够超越种族、性别、年龄和社会地位的差异,形成共同的目标和价值观,建立起深厚的情感联系和社会纽带。特别是在大型体育赛事中,集体参与感达到了高潮,人们为了共同的荣誉和利益而团结一致、共同奋斗,是推动社会进步和发展的重要动力。

(三) 具身性

1. 通过身体展示动作、表达感情

体育文化作为人类文化的重要组成部分,其独特之处在于高度依赖并展现身体的技能与表达。身体技能是体育文化的核心组成部分,其形成依赖于个体的身体素质和长期训练。身体素质中的力量、速度、耐力、柔韧性等,是掌握复杂运动技能的基础。通过科学的训练方法,个体能够不断提升身体技能水平,在体育活动中展现出高超的技艺和优美的动作。体育技能不仅是身体动作的简单堆砌,更是身体与心灵和谐统一的体现。在体育运动中,每一个动作、每一次冲刺、每一个跳跃都蕴含着运动员的情感、意志和智慧。

在体育活动中,身体不仅是技能展现的载体,更是情感表达的工具。运动员通过身体动作、面部表情和声音等方式,将内心的喜怒哀乐传递给观众和对手。这种情感的身体化表达,使得体育比赛不仅是一场技能的较量,更是一次情感的交流。通过观看比赛,观众可以感受到运动员的激情、拼搏和坚持,激发其爱国情怀、集体荣誉感和个人奋斗精神,这种情感共鸣是体育文化具身性特征的重要体现。

2. 具备身体和情感感知

身体感知的具身性不仅体现在运动员能够即时且直观地通过身体感受运动负荷的变化,还展现在他们对伤病预兆的敏锐捕捉以及对心理要素协调性的失衡感知。这一过程无需借助复杂的外部监测设备或数据分析,而是依赖于运动员长期训练积累的身体智慧与自我觉察能力。例如,高水平运动员能在比赛中迅速调整步伐以适应体力下降,或根据对手的微小动作变化预判其意图,这些均是基于身体感知具身性的高度体现。

情感体验作为体育活动中不可或缺的一环,其丰富性不仅体现在运动员个人的情感体验上,还通过身体语言、竞技表现等形式传递至观众与对手,构建了一个共享的情感空间。运动员在比赛中的激情四溢、奋力拼搏与坚持不懈,不仅是个人意志力的展现,也是对人类共同价值追求的颂扬。这种情感的交流与共鸣,不仅增强了体育文化的感染力和影响力,也促进了体育精神在不同文化背景下的传播与融合。

身体感知的敏锐性为情感体验提供了丰富而真实的素材,使运动员能够深刻理解和表达自己在运动过程中的感受与经历。同时,情感体验的深化又反过来增强了身体感知的敏锐度,使运动员能够更加细腻地捕捉到身体内部的微妙变化,从而做出更为精准的调整与决策。在体育文化的传承与发展过程中,身体感知与情感体验的具身性特征成为连接过去与未来、个体与集体、文化与社会的纽带。

3. 通过身体教育实现发展

身体教育,作为一种以身体为核心的教育形式,其内涵远超过简单的体育技能训练。它是以身体为媒介,融合了生物学、心理学、教育学等多学科理论,通过精心设计的教育活动,旨在实现个体全面发展的教育过程。身体教育不仅关注体育技能的传授与精进,更将焦点放在身体感知的敏锐化、情感体验的丰富化以及意志品质的锤炼上。这种多维度的教育目标,使得身体教育成为连接身体与心智、个体与社会的重要桥梁。

身体教育的核心在于其实践性。通过一系列有计划、有目的的体育活动,个体在反复练习与调整中不断提升自身的体育技能。这一过程不仅是肌肉力量的增强、动作技巧的完善,更是身体感知与认知能力协同发展的结果。在训练中,个体需要时刻关注身体的反馈,调整动作细节,这一过程锻炼了其身体感知的敏锐性;面对挑战与困难,个体需要调动意志力与毅力,克服心理障碍,这一过程则促进了其意志品质的培养。

在身体教育的过程中,具身性得到了充分的体现。一方面,技能的提升过程本身就是身体与心智共同作用的结果,体现了体育文化中身体与精神的紧密联系。另一方面,身体教育所倡导的体验式学习,让个体在亲身参与中感受体育文化的魅力,增强了其文化认同感与归属感。

(四)精神性

1. 传承道德与伦理

体育文化作为人类社会文化的重要组成部分,其精神内涵丰富而深刻。道德与伦理作为体育文化的核心价值观念,贯穿于体育活动的始终,对体育实践起着重要的指导和约束作用。

中国古代体育伦理思想根植于博大精深的传统文化之中,强调"天人合一"的自然、人文和谐统一以及"和合中庸"的处事准则。古代体育伦理思想通过强调尊德重礼、立德事功等伦理规范,塑造了古代体育活动的独特风貌,使体育成为修身养性、陶冶情操的重要途径。这种精神性的传承,不仅丰富了体育文化的内涵,也为现代体育伦理道德教育提供了宝贵的思想资源。

现代体育精神作为体育文化的集中体现,强调公平竞争、团队合作、宽容他人等价值观念。这些价值观念不仅是体育竞技的基本准则,也是体育伦理道德的核心内容。在现代体育活动中,运动员们通过遵守比赛规则、尊重对手和裁判、团结协作等实际行动,展现了体育精神中的道德与伦理力量。

体育教学是传承体育文化的重要途径,而伦理道德教育在体育教学中具有重要意义。在体育教学中,不仅要传授学生体育知识和技能,更要注重培养学生正确的体育伦理道德观念。通过公平竞争、团队合作等教学活动的设计和实施,可以帮助学生树立正确的竞争观念、合作意识和集体荣誉感。同时,体育教学还应关注学生的心理健康和人格塑造,通过挫折教育和情感教育等方式,培养学生的坚韧不拔、乐观向上等优秀品质。

2. 培养精神力量与意志品质

在体育活动中,精神力量与意志品质的培养不仅是提升运动技能、实现竞技目标的关键,更是塑造健全人格、促进社会和谐的重要方面。个体的内在动机、信念、价值观等心理因素是精神力量与意志品质形成的基础,体育活动的实践性、竞争性、合作性等特性为精神力量与意志品质的锻炼提供了丰富的土壤。

在体育文化中,精神力量与意志品质的表现形式多种多样。精神力量表现为运动员在面对困难和挑战时展现出的勇气、信念和毅力,意志品质体现在运动员的自律性、专注力和目标导向性等方面。体育文化通过设定明确的竞技目标和规则,激发运动员的内在动机和竞争意识,促使他们不断挑战自我、追求卓越。体育文化强调团队合作和集体主义精神,通过集体训练和比赛等形式,培养运动员的协作能力和集体荣誉感。在团队合作中,运动员学会了相互支持、相互鼓励,共同面对挑战和困难,进一步增强了他们的精神力量和意志品质。体育文化还注重传承和弘扬优秀的体育精神传统,如公平竞争、尊重对手、诚实守信等。这些传统精神不仅丰富了体育文化的内涵,也为运动员提供了宝贵的精神财富和道德指引。

3. 践行社会责任与公益意识

体育文化精神内核的深度与广度远非单一竞技层面的荣耀所能涵盖,而是深刻植根于对社会责任的积极承担与公益意识的广泛践行之中。随着全球体育产业的蓬勃兴起,以及社会各界对公益事业关注度的持续升温,体育行业正逐步转型为推动社会进步与和谐发展的重要力量。

体育产业作为社会经济体系中的活跃分子,承载着不可忽视的社会责任。它不仅是一个创造经济价值的领域,更是促进全民健康、提升国民素质的关键推手。通过举办各类体育赛事、推广健康生活方式、建立完善的体育设施网络等措施,体育产业有效激发了公众对体育运动的热情,提升了民众的体育意识与参与度,为构建全民健身的社会氛围奠定了坚实基础。在社会公益方面,通过捐赠体育器材、资助体育设施建设、开展公益体育赛事等形式,为每一位青少年提供接触体育、享受运动乐趣的机会。体育教育项目的深入实施不仅传授了体育技能,更重要的是传递了公平、正义、互助等公益价值观。

体育明星作为体育文化的璀璨明星,在公益领域的表现尤为引人注目。他们利用自身巨大的影响力和号召力,成为连接体育与公益的桥梁。通过公开捐款、参与慈善拍卖、发起或支持公益项目等方式,为公益事业筹集宝贵的资金与资源。通过身体力行的示范效应,激发社会各界对公益事业的关注与参与热情。这种正向的引领作用,不仅提升了体育产业的公众形象,也促进了整个社会公益文化的繁荣发展。

二、高质量发展与体育文化的关系

党的二十大报告中提出,高质量发展是全面建设社会主义现代化国家的首要任务。高质量发展体现在创新、协调、绿色、开放、共享的新发展理念上,目的是能够满足中国民众向往美好生活的需要。体育文化展现的是人类在进行体育活动时所传达的价值追求、道德规范、审美倾向和精神状态①。在高质量发展的理念框架下,中国体育要想实现高质量发展,就需要推动体育文化高质量发展,两者相辅相成,共同发挥作用。

(一)高质量发展指引体育文化建设

1. 高质量发展催生多元化的体育项目和活动

经济高质量发展意味着更强的经济实力和更多的资源投入,为体育基础设施建设、体育赛事举办、体育人才培养等方面提供了坚实的经济基础。随着投入的增加,多元化的体育项目与活动得以广泛开展,为体育文化的多元化发展创造了条件。大众对体育健康、休闲娱乐等方面的需求日益增长,推动了体育消费市场的扩大和消费升级。市场需求的变化促使体育企业不断创新产品和服务,推出更多元化的体育项目与活动,以满足消费者的多样化需求。

经济高质量发展促进了不同产业之间的融合与创新。体育产业不再局限于传统的竞技比赛和健身活动,而是与旅游、科技、文化等多个领域实现了跨界融合。例如,"体育＋旅游"模式通过结合体育项目的独特魅力和旅游资源的丰富性,创造了新的消费热点和经济增长点;"体育＋科技"利用大数据、人工智能等先进技术,提升体育运动的科学性和趣味性,为参与者带来了全新的体验;"体育＋文化"深入挖掘体育项目的文化内涵,传承和弘扬体育精神,增强了体育文化的凝聚力和影响力。

2. 高质量发展提升体育基础设施和资源配置

随着国家财力的增强和资源配置效率的提升,政府和社会资本对体育基础设施的投入不断增加,包括新建和扩建体育场馆、训练基地等传统基础设施,还涵盖智能健身设备、数字化体育服务平台等新兴领域,为体育活动的广泛开展提供了有力保障。

经济高质量发展注重资源的优化配置和高效利用。在体育领域,体现在对体育资源的科学规划、合理布局和高效利用上。政府通过制定体育产业发展规划、出台相关政策措

---

① 黄莉.建设体育强国进程中的体育文化高质量发展研究[J].首都体育学院学报,2024,36(2):125-133,144.

施等方式,引导社会资本向体育领域倾斜,推动体育资源向优势项目和区域集中。资源配置的优化不仅提升了体育基础设施的质量和水平,还促进了体育文化的多元化发展。一方面,多元化的体育项目与活动得以广泛开展,满足了不同人群的体育需求。另一方面,体育与旅游、科技、文化等产业的深度融合,为体育文化的创新发展提供了新的思路和路径。

3. 高质量发展提高体育人才和管理水平

在体育人才培养方面,经济高质量发展促进了教育水平的提升与合理配置。政府和社会各界加大了对体育教育的投入,改善了体育教学条件,提高了体育教师的专业素养和教学水平。随着教育改革的不断深入,体育教育的课程体系、教学方法和评价机制也得到了不断完善。体育人才培养体系也逐渐呈现多元化趋势。高校、职业院校、体育俱乐部和社会培训机构等多方参与,形成了产学研用相结合的人才培养模式。

在体育管理水平提升方面,经济高质量发展推动体育管理体制机制不断创新,以适应新时代体育事业发展的需要。政府通过简政放权、优化服务等方式,激发体育市场的活力和创造力;加强体育法律法规建设,完善体育监管体系,保障体育事业的健康有序发展。随着信息技术的快速发展,体育管理也逐渐向信息化、智能化方向迈进。通过建立体育人才数据库、赛事管理系统、场馆运营平台等信息化平台,实现了体育资源的优化配置和高效利用,提高了体育管理的科学性和精准性。

4. 高质量发展强化体育文化的社会影响力和教育功能

随着居民收入水平的提高和消费结构的升级,体育消费需求日益增长,推动了体育产业的快速发展。体育产业的繁荣不仅创造了巨大的经济价值,还通过体育赛事、体育旅游等多种形式,增强了体育文化的社会影响力。

经济高质量发展推动了教育事业的全面进步,为体育教育体系的完善提供了有力支持。政府和社会各界加大了对体育教育的投入力度,加强了体育师资队伍建设,优化了体育课程设置和教学方法。这些措施不仅提高了体育教育的质量和水平,还促进了学生身心健康的全面发展。通过体育教育,学生不仅能够掌握基本的运动技能和锻炼方法,还能够培养团结协作、勇于拼搏等优秀品质,为其未来的成长和发展奠定坚实基础。经济发展带来的社会文化多元化发展,为体育文化的教育价值挖掘提供了广阔空间。

5. 高质量发展实现体育文化国际化与本土化的结合

体育文化的国际化,是指体育观念、运动形式、赛事规则等在全球范围内传播、交流与融合的过程。这一过程不仅打破了地域限制,促进了不同国家和地区之间的文化互鉴,更为体育文化的发展注入了源源不断的活力与动力。

与国际化相对应,本土化是体育文化在特定地域环境中扎根生长、自我塑造的过程。它强调对本土体育资源的深入挖掘与合理利用,以及对本土文化传统的尊重与传承。本土化实践不仅有助于保持体育文化的独特性和多样性,也为体育文化的创新发展提供了深厚的土壤。通过本土化,体育文化能够更好地融入当地社会生活,满足人民群众多样化的体育需求,进而实现体育文化的可持续发展。

高质量发展为体育文化国际化与本土化的结合提供了坚实的物质基础与广阔的发展空间。一方面，高质量发展推动了体育产业的蓬勃兴起，为体育文化的国际传播与交流提供了更加完善的设施、更加丰富的资源和更加便捷的途径。另一方面，高质量发展促进了本土文化的深入挖掘与传承，为体育文化的本土化实践提供了更加有力的支持。

（二）体育文化有效支撑高质量发展

1. 体育文化提升社会影响与凝聚力

体育文化，以其独特的体育赛事、日常体育活动为载体，展现出强大的跨文化传播力与深远的社会影响力。它不仅超越了地理、民族、语言等自然与人文界限，构建起连接不同文化背景的桥梁，更通过传递积极向上的生活态度、倡导健康的生活方式，丰富了民众的精神世界，促进了全球文化多样性的尊重与共生。

体育文化中的团队精神与竞争精神，作为其核心价值观体系的重要组成部分，对于增强社会凝聚力具有不可替代的作用。在团队运动中，个体成员为了共同的目标而紧密合作，这种经历不仅培养了成员间的信任与默契，还强化了集体荣誉感与归属感。同时，竞争精神激发了个体潜能，在公平竞争、公正公开的原则下，鼓励个体成员不断挑战自我，超越极限。

体育文化作为民族文化瑰宝，承载着深厚的历史底蕴与民族情感。通过挖掘与传承民族传统体育项目，举办具有民族特色的体育赛事，不仅能够有效激发民众的民族认同感与自豪感，还能在全球化背景下强化民族文化自信，增强民族凝聚力和向心力。这种基于文化认同的团结力量，是推动经济社会持续健康发展的内在动力源泉。

体育文化倡导公平竞争、团结协作的价值观，对于化解社会矛盾、促进社会和谐具有显著的正面效应。在体育活动中，参与者必须遵守规则、尊重对手与裁判，培养出规则意识、尊重精神，成为社会秩序稳定的重要基石。体育活动中的合作与竞争并存，它教会大众如何在竞争中寻求合作、在合作中促进竞争。

2. 体育文化促进大众健康与提升大众生活质量

体育文化的核心在于倡导民众积极参与体育活动。定期且科学的体育锻炼能够显著优化人体的心肺功能，强化肌肉系统的力量与耐力，同时提升身体的柔韧性与协调性[①]。这些生理层面的积极变化，不仅为抵御多种慢性疾病构筑了坚实的防线，还从根本上奠定了提高民众整体健康水平与生活质量的基础，有助于构建一个更加健康、有活力的社会生态。

体育文化不仅关注身体的锻炼，更将健康教育与疾病预防提升至战略高度。通过广泛传播科学健身的知识与方法，引导社会大众树立正确的健康观念，培养健康、积极的生活方式。在疾病预防方面，体育文化强调"治未病"的理念，即通过合理的运动干预，提前介入并有效预防潜在的健康风险，减轻医疗系统的负担，提升社会的整体健康福祉。

---

① 秦博.基于体育通识选修课的大学生心理健康教育深化对策探究[J].中国多媒体与网络教学学报(中旬刊)，2023(7)：212-215.

体育文化活动丰富了人民群众的精神文化生活。体育赛事的激情与竞技之美，健身活动的自我挑战与成就感，乃至体育旅游的身心放松与文化体验，均成为民众追求生活品质、寻找精神寄托的重要途径。这些活动不仅为个体提供了展示自我、交流情感的平台，更在无形中增强了社会成员之间的凝聚力与向心力，促进了不同社会群体间的相互理解与尊重。在共同参与体育活动的过程中，群众跨越了身份、地位、文化的界限，通过汗水与笑声建立起深厚的友谊与信任。这种基于共同兴趣与经历的社会联系，有效缓解了社会内部的紧张与冲突，促进了社会的和谐共融。

3. 体育文化推动教育与人才培养

在提升学生体质与健康水平方面，通过规律性的体育锻炼，学生能够显著提高身体机能、增强抵抗力。体育文化强调健康教育和疾病预防的重要性，通过普及科学健身知识、推广健康生活方式，体育文化能够引导学生形成正确的健康观念和行为习惯。这种健康生活方式的养成，不仅有助于学生在校期间的健康成长，更将成为他们追求高质量生活的重要保障。

在培养健康人格与团队协作能力方面，体育文化活动伴随着竞争与合作，有助于塑造学生的健康人格。在比赛中，学生需要面对挑战、克服困难、勇于担当；在合作中，学生需要学会沟通、协调、共享成果。这些经历能够培养学生的自信心、责任感以及团队协作精神，为他们未来的社会生活和职业发展奠定坚实的心理基础。

在激发创新思维与培养领导力方面，体育文化活动中的创新元素无处不在。无论是运动技术的创新、战术策略的制定还是比赛规则的改进，都需要学生具备创新思维和创造力。通过参与体育文化活动，学生能够学会从不同角度思考问题、寻找解决方案，激发他们的创新思维和创造力。在体育文化活动中，学生有机会担任队长、教练等领导角色，可以锻炼领导能力和组织管理能力[①]。通过组织训练、制定战术、协调队员关系等实践活动，学生学会领导团队、激励他人以及应对各种挑战。

4. 体育文化增强经济与市场活力

随着人们生活水平的提高和健康意识的增强，体育消费逐渐成为新的消费热点。体育文化的传播和普及，不仅激发了大众的体育兴趣和参与热情，还促进了体育消费的持续增长。从体育用品、健身器材到体育旅游、体育培训，体育消费市场的不断扩大为经济增长注入了新的动力。体育文化的品牌效应和影响力也促进了相关企业的品牌建设和市场拓展。通过打造具有鲜明特色的体育赛事品牌、体育产品品牌及体育服务品牌，企业能够在激烈的市场竞争中脱颖而出，赢得消费者的青睐与信赖。这种品牌效应不仅提升了企业的市场占有率和盈利能力，还促进了体育产业链的上下游整合与协同发展。

在经济结构的优化和转型升级方面，体育产业作为新兴的战略性支柱产业，以其高技术含量、高附加值、低能耗、低污染的特性，成为推动经济绿色发展的重要力量。在全球化背景下，体育产业的多元价值越来越受到各国的重视，已经成为评价一个国家或地区经济

---

① 路俊奇,张红阳,高建华,等.中华体育精神文化融入高校高质量育人的发展路径研究[C]//2024高等教育教学研讨会论文集(上册).郑州:河南农业大学,2024:114-116.

发展水平和创新能力的重要指标①。体育文化的传播与普及促进了体育与文化、旅游、教育等产业的深度融合,形成了跨界融合、互动发展的良好态势。以体育文化为引领的经济转型升级模式,不仅有助于提升经济发展的质量与效益,还增强了经济体系的韧性与抗风险能力,为实现可持续发展奠定了坚实基础。

5. 体育文化承载文化遗产并创新其表达

体育文化的良好发展,促使大众对体育历史与文化遗产进行更为深入的挖掘与整理。通过对传统体育项目、体育赛事、体育设施等文化遗产的全面梳理,可以揭示其背后的历史脉络、文化内涵与民族精神,为后续的保护与传承工作提供重要依据。通过加强体育文化遗产的登记、建档与修复工作,确保文化遗产得到有效保护,避免其在现代化进程中遭受破坏或遗忘。体育文化的发展还推动了体育文化遗产的活化利用。通过举办传统体育赛事、建设体育博物馆与展览馆、开发体育文化旅游项目等方式,将体育文化遗产转化为可观赏、可体验、可传播的文化产品。

体育文化的创新表达体现在形式与内容的不断丰富与拓展上。随着科技的进步与文化的交流,体育文化逐渐融入了现代艺术、数字技术等元素,形成了多样化的表达形式。例如,通过虚拟现实(VR)、增强现实(AR)等技术手段,将传统体育项目进行数字化呈现与互动体验;通过跨界融合,将体育与音乐、电影、游戏等产业相结合,创造出新颖的文化产品。随着社会的变迁与人民群众需求的变化,体育文化不断吸收新的元素与理念,形成具有时代特色的文化内涵与表达方式。例如,在竞技体育领域,运动员们不仅追求技术与成绩的突破,还注重体育精神的传承与弘扬;在群众体育领域,民众更注重体育活动的健康性、趣味性与参与性。

三、体育文化高质量发展的特征

(一)创新:创新力足

1. 技术与设备的创新

随着科技的飞速进步,技术与设备的创新正以前所未有的速度改变着体育运动的面貌,从训练方式、竞赛规则到观赏体验,无一不渗透着创新的痕迹。这种创新不仅提升了体育运动的科学性和观赏性,更为体育文化的传播与普及开辟了新路径。

现代科技如大数据分析、人工智能、虚拟现实(VR)等的引入,使得运动员的训练更加精准高效。通过分析运动员的生理指标、技术动作等数据,教练团队能够制订个性化的训练计划,提升运动员的竞技状态。可穿戴设备、智能服装、高性能材料的研发与应用,提高

---

① 代志新,程鹏,杨素,等.体育强国建设助推经济高质量发展的基本逻辑与路径选择[J].上海体育学院学报,2023,47(11):35-45,56.

了运动员的运动表现,增强了运动过程中的安全性与舒适度。这些装备能够实时监测运动员的身体状况,提供即时反馈,帮助运动员及时调整状态,减少运动伤害。

在赛事转播方面,高清转播、3D/4K/8K超高清视频、虚拟现实直播等技术的成熟应用,使观众仿佛置身于比赛现场,与运动员同呼吸、共命运,这种沉浸式的体验极大地拉近了体育与大众的距离,激发了群众参与体育运动的热情,促进了体育文化的广泛传播与深入发展。

技术与设备的创新,作为体育文化高质量发展的鲜明特征,推动着体育运动的全面革新。从训练方式的智能化、个性化,到竞赛规则因科技介入而更加公平、高效,再到观赏体验的革命性提升,每一个环节的变革都深刻体现了创新的力量。

2. 赛事和规则的创新

随着社会的进步与科技的飞速发展,观众对于体育赛事的期待已远远超出了传统框架的束缚。传统体育赛事虽历史悠久、底蕴深厚,但在面对新时代观众日益增长的多元化、个性化需求时,显得力不从心。因此,电子竞技、极限运动、城市马拉松等新型赛事的涌现,迅速吸引了大量关注与参与,极大地丰富了体育文化的版图。这些新型赛事不仅满足了不同群体的体育需求,还促进了体育文化的跨界融合与创新发展。它们打破了传统体育赛事的界限,将体育与娱乐、科技、城市文化等元素紧密结合,形成了独特的体育文化景观。

体育规则作为维护竞技公平、保障赛事顺利进行的基本准则,其灵活性与适应性对于体育文化的持续健康发展至关重要。面对运动项目的不断发展变化以及观众对比赛观赏性的更高要求,体育规则必须保持足够的灵活性,以适应新的竞技需求和市场变化。通过适时调整规则,可以激发运动员的创造力和竞技潜能,使比赛更加激烈、更具观赏性。

现代科技的迅猛发展也为体育规则的制定与执行带来了革命性的变化。大数据分析、人工智能等先进技术的应用,使得规则制定更加科学、精准。通过对运动员表现、比赛数据等信息的深度挖掘与分析,可以更加客观地评估运动员的竞技状态与比赛成绩,从而制定出更加合理、公正的竞赛规则。此外,视频回放、电子裁判等技术的引入,也极大地提高了判罚的准确性和公正性,增强了观众对比赛的信任感和满意度。

3. 社交媒体和数字化应用的创新

社交媒体以即时性、互动性和广泛覆盖性,加速了体育信息的传播速度,拓宽了传播范围。无论是国际大型赛事还是地方性的体育活动,都能通过社交媒体迅速传播至全球各地,吸引更多人的关注和参与。社交媒体打破了传统媒体的单向传播模式,使观众能够实时参与赛事讨论、分享观赛体验、与运动员互动等。这种高度的互动性和参与感,不仅提升了观众的观赛体验,还增强了他们对体育文化的认同感和归属感。通过社交媒体平台,观众可以更加深入地了解赛事背后的故事、运动员的奋斗历程以及体育精神的内涵,从而进一步推动体育文化的传播与普及。

数字化技术的应用为体育文化的创新提供了无限可能。通过虚拟现实(VR)、增强现实(AR)等技术,可以创造出全新的赛事体验方式和活动形式,比如虚拟赛事、在线健身挑战等。这些新型赛事和活动不仅丰富了体育文化的内涵，还吸引了更多年轻人的关注和参与，为体育文化的发展注入了新的活力。数字化手段在运动员训练中的应用也日益广泛，通过大数据分析技术，教练可以更加精准地评估运动员的表现、制订科学的训练计划、预测比赛结果等。智能化训练设备的出现也提高了训练效率和效果，为运动员的竞技水平提升提供了有力支持。

4. 跨界合作和文化融合带来的创新

随着体育产业与其他产业的跨界融合，体育文化的内涵和外延得到了极大拓展。例如，体育旅游产业的兴起，将体育赛事与旅游观光相结合，为游客提供全新的体验方式，促进了地方经济的发展。在体育文化领域，通过与教育、科技、传媒等行业的合作，可以充分利用其在人才培养、技术创新、信息传播等方面的优势，为体育文化的发展注入新的活力。

体育文化作为文化交流的重要载体之一，其发展过程中不可避免地会融入外来文化元素。通过参与国际体育赛事和文化交流活动，大众可以深入了解不同国家和地区的体育文化特色。文化融合还可以促进体育文化表现形式的创新，在保持传统体育文化精髓的基础上，通过吸收和借鉴其他文化的优秀元素，创造出具有时代特色和地域特色的新型体育文化产品。

跨界合作与文化融合以其广阔的空间和丰富的资源成为体育文化创新的体现。通过与其他领域的深入合作和文化的深度融合，不断挖掘体育文化的内在潜力，推动其在内容、形式、传播方式等方面的创新。

（二）协调：包容性大

1. 接纳社会群体广泛参与

社会群体的广泛参与，是体育文化高质量发展的核心动力之一。不同年龄、性别、地域、文化背景的人群，通过参与体育活动，不仅实现了身体机能的提升，更在过程中体验到了体育带来的快乐、挑战与成就感。这种无差别的参与机制，打破了传统体育文化的壁垒，促进了体育文化的普及与深入。

体育文化的包容性不仅体现在对不同社会群体的接纳与尊重上，更在于其能够跨越年龄、性别、地域、种族等界限，实现文化的交流与融合。在全球化背景下，体育成了不同国家和地区之间沟通的桥梁和纽带。通过体育赛事的举办、运动员的交流互访以及体育文化的传播与推广，民众得以跨越国界与文化的差异，增进相互理解和友谊。这种基于体育文化的包容性，不仅促进了世界文化的多样性发展，也为构建人类命运共同体提供了有力的支撑。

2. 包含多样化的体育选择

多样化的体育选择直接映射了体育文化的多样性。在全球化和信息化的推动下，不同国家和地区的体育文化相互交融，形成了丰富多彩的体育项目和活动形式。通过提供多样化的体育选择，体育文化能够容纳各种文化背景下的体育活动，促进全球体育文化的交流与互鉴。多样化的体育选择显著提升了体育文化的社会参与度。传统的体育活动往往局限于特定群体或领域，而多样化的体育选择打破了这种界限，使得更多群体能够参与到体育活动中来。

在多样化的体育项目中，新的技术、战术和理念不断涌现，推动了体育文化的不断创新与升级。同时，多样化的体育选择也激发了人类的创造力和想象力，促使其不断探索新的体育形式和活动方式。在全球化背景下，不同国家和地区的体育文化相互交融、相互影响，形成了具有独特魅力的世界体育文化景观。通过参与多样化的体育活动，民众可以更加深入了解每一种文化的独特之处，促进不同文化之间的理解和尊重。

3. 凝聚人心并消弭文化隔阂

在全球化背景下，地域和文化隔阂成为制约社会进步和文化交流的重要因素。体育文化以其独特的包容性，成为消弭这些隔阂的重要力量。

体育文化有着凝聚人心、增强文化认同的社会功能。通过参与体育活动，人类能够跨越地域和文化的界限，形成共同的身份认同和归属感。在"农民体育健身工程"中，中国通过在农村地区建设公共体育场地设施，推广农民体育运动，不仅改善了农民的健康状况，还促进了农村精神文明建设和文化认同感的增强。

体育文化在发展过程中不断吸收和融合各种文化元素。武术作为中华民族的传统体育项目，在全球化过程中不断吸收现代体育的元素，形成了包括散打、太极拳等多种形式的现代武术运动。这些新的武术形式不仅在国内广受欢迎，还吸引了大量国际爱好者的参与和学习，推动了中华武术文化的国际传播和融合。

4. 促进社会和群体的包容与认同

在高质量发展的背景下，体育文化能够通过多样化的体育活动和广泛的参与机制，促进不同社会群体之间的交流与融合，进而推动社会的和谐稳定与文化认同的加深，体现其包容性的特征。

体育赛事作为体育文化的重要表现形式之一，是社会团结与融合的象征。国际体育赛事通过吸引全球观众和运动员的参与，打破了地域、种族的界限，包容不同的文化元素，促进了不同国家和地区人民之间的交流与理解。体育文化在缓解社会矛盾、减少冲突方面具有独特作用。通过提供非对抗性的竞争平台，体育活动能够引导人类以和平、友好的方式解决分歧和冲突。在社区体育活动中，不同背景、不同职业的居民可以共同参与、相互协作，有助于增进彼此之间的了解和信任，缓解因文化差异、利益冲突等原因产生的社会矛盾。

在传承和弘扬民族文化方面，通过体育活动的开展和体育精神的传播，民族文化得以在更广泛的范围内得到认可和传承。中国的武术、龙舟等传统体育项目，不仅在国内深受欢迎，还逐渐走向世界舞台，成为展示中国文化和民族精神的重要窗口。这些传统体育项目所蕴含的文化内涵和价值观念，通过体育活动的形式得以传承和弘扬，增强了民众对民族文化的认同感和自豪感。

（三）绿色：生态性好

1. 建设绿色标准的场馆与设施

绿色标准场馆是指在规划、设计、建设、运营及废弃处理全过程中，遵循生态环保原则，采用节能、节水、节材、节地和环境保护技术，实现资源高效利用和环境污染最小化的场馆。其显著特点是在建筑材料选择、能源使用、水资源利用等方面实现节约，降低场馆建设和运营过程中的资源消耗；减少污染物排放，采用绿色建材和环保技术，确保场馆对周边环境的影响最小化。

在全球化环境保护意识日益增强的背景下，体育场馆作为大型公共建筑，其建设与运营过程中的环境影响日益受到关注。绿色标准场馆的提出，不仅是对传统场馆建设模式的革新，更是体育文化高质量发展生态性要求的具体体现。国家速滑馆"冰丝带"作为2022年北京冬奥会的重要场馆之一，其绿色标准的建设与运营实践为业界树立了典范。场馆在规划之初便融入了绿色生态理念，通过采用二氧化碳跨临界直冷制冰技术等先进环保技术，实现了冰面温度的高度均衡与能源的高效利用。这一技术的应用不仅为运动员提供了优质的比赛环境，还显著降低了场馆的能耗与碳排放，帮助构建绿色标准场馆体系。

2. 提倡健康生活方式与自然活动

体育文化作为连接自然与人类的桥梁，在促进健康生活方式、提升社会福祉方面发挥着不可替代的作用。健康生活方式与自然活动的融合，不仅是体育文化高质量发展的必然趋势，也是实现人与自然和谐共生的具体体现。自然活动是体育文化的重要组成部分，促进了体育文化的生态性发展。健康生活方式与自然活动的融合，是体育文化高质量发展生态性好的具体体现。

生态旅游作为新型旅游方式，强调在旅游过程中保护生态环境、尊重当地文化，让游客在欣赏自然美景的同时，增强对生态环境的保护意识。例如，森林疗法通过让大众在森林中散步、呼吸新鲜空气、聆听自然声音等方式，达到放松身心、改善健康状况的目的，实现身心的和谐与平衡。这种旅游方式不仅促进了体育文化的生态性发展，还推动了当地经济的可持续发展。

3. 促进生物多样性保护与生态教育

生物多样性是地球生命系统的基石，为体育文化提供了丰富的自然资源和生态环境，保护生物多样性对于维护体育文化的生态性具有不可替代的作用。生物多样性的存在为各类户外运动和体育活动提供了广阔的空间和丰富的场景，比如山地自行车、徒步旅行、攀岩等。生物多样性的保护有助于维持生态系统的稳定和平衡，为体育文化的可持续发展提供坚实的生态基础。

生态教育是培养公众生物多样性保护意识和行动能力的关键途径。通过生态教育，人类能够了解生物多样性的价值和意义，认识到人类活动对生物多样性的影响，激发保护生物多样性的责任感和使命感。在体育文化领域，生态教育不仅限于课堂教学，还可以通过户外运动、体育竞赛等形式进行实践教育。例如,在徒步旅行中引导游客识别野生动植物、了解生态系统的运作机制,在山地自行车比赛中强调对自然环境的尊重和保护。

4. 开展绿色体育赛事与活动

绿色体育赛事与活动,作为体育文化的创新实践,通过遵循生态优先、绿色发展的原则,展现了体育文化在促进人与自然和谐共生方面的独特价值。绿色体育赛事与活动从策划之初便融入了绿色、环保、可持续的理念。例如,内蒙古自治区举办的"十四冬"坚持"绿色、共享、开放、廉洁"的办赛理念,努力将赛事办成一届绿色低碳的体育盛会。

绿色赛事在执行过程中,注重资源的高效利用与环境的保护。始终秉承"绿色、人文、和谐、体验"赛事主题的环青海湖国际公路自行车赛,通过制定《环青海湖国际公路自行车赛组织运行标准化指南》文件,构建完善的赛事标准化运行体系,并在赛事线路规划、场地建设、器材使用等方面力求减少对环境的影响,有效降低碳排放;通过"体育+"模式的推广,促进了体育产业与多业态的融合发展,延伸了赛事产业链;通过组织民族服装展示、马队伴骑等活动,丰富了青海的文化旅游内容,实现了经济效益、社会效益和生态效益的协调统一。

(四)共享:联结性强

1. 提升文化认同与情感共鸣

文化认同是指个体或群体对某种文化的归属感和认同感,是文化传承与发展的重要驱动力。在体育文化中,文化认同表现为对特定体育项目、体育精神、体育价值观的接受和传承。民族传统体育项目蕴含着丰富的民族文化内涵和民族精神,通过强化文化认同,参与者能够深刻理解其背后的文化意义,激发他们的参与热情和传承责任感。

文化认同与情感共鸣是体育文化高质量发展联结性强的具体体现,为体育文化的传承与发展提供了深厚的文化底蕴和广泛的群众基础,强化了体育文化与受众的连接。北京冬奥会在筹备和举办过程中,充分展现了文化认同与情感共鸣在体育文化高质量发展中的联结性作用。通过展示中国传统文化的元素,比如冰雪长城、二十四节气等,强化了国内外观众对中国文化的认同感和兴趣。冬奥会期间涌现出的大量感人至深的瞬间和运动员们奋力拼搏的精神,引发了全球观众的强烈情感共鸣,提升了冬奥会的影响力和传播力。

2. 提高身体健康与心理健康水平

体育文化的高质量发展,意味着公众对体育锻炼价值的认知得到了有效提升,体育锻炼逐渐成为人们日常生活中不可或缺的一部分。"全民健身日"的设立,不仅是一个标志性的事件,更是全民健身国家战略的具体实践——通过组织丰富多彩的体育活动、提供健身指导和场地设施,激发民众参与体育运动的热情,促进全民健身的普及与深化。同样,美国的"国家跑步日"等活动,也在其国内掀起了全民参与跑步的热潮,强化了体育锻炼在提升国民健康水平中的重要作用。

学校体育教育作为培养健康生活方式的前沿阵地,其重要性不容忽视。通过系统化的体育课程、丰富多样的体育俱乐部活动以及专业教师的指导,学生不仅能够学习到运动技能,更重要的是能够逐步建立起对体育运动的热爱与习惯。学校体育教育还强调体育精神的培育,比如坚韧不拔的毅力、团结协作的精神以及勇于挑战的勇气等,这些品质对于提升学生的心理健康水平同样具有深远的影响。

在心理健康层面,体育锻炼的作用更为显著。面对现代社会快节奏的生活和工作压力,体育锻炼成了一种有效的心理调适手段。通过参与体育活动,个体能够暂时忘却烦恼,释放内心的负面情绪,达到缓解焦虑、减轻压力的目的。体育锻炼还能提升个体的自信心和应对能力,使他们在面对挑战时能够更加从容不迫、积极应对。

3. 促进人格塑造与价值观培养

体育文化作为一种社会文化,具有独特的社会交往特性和教育功能。在体育活动中,个体通过竞争与合作,学会尊重他人、遵守规则、面对挑战,这对于塑造健康、积极的人格特质具有重要意义。体育文化中蕴含的坚韧不拔、团结协作、勇于挑战等精神品质,也是个体人格成长中不可或缺的元素。

学校是体育文化的重要传播阵地,校园体育文化建设直接影响学生的身心健康和人格成长。通过组织多样化的体育竞赛和俱乐部活动,不仅能培养学生的运动技能和兴趣,更能在潜移默化中塑造学生的团队合作精神和竞争意识。另外,体育明星作为体育文化的代表人物,其言行举止对广大青少年具有显著的示范作用。例如,篮球明星迈克尔·乔丹的勤奋、坚韧和团队精神,激励了无数青少年追求卓越、勇于挑战;网球名将塞雷娜·威廉姆斯既努力又自信,成为许多女性运动员的榜样。

体育文化作为一种社会规范和文化传承的载体,具有鲜明的价值观导向作用。在体育活动中,个体通过参与和体验,逐渐接受并内化体育精神所蕴含的公平、正义、尊重等价值观念。大型体育赛事倡导公平竞争、团结协作、尊重对手等精神,遵守体育规则是体育活动得以顺利进行的基础保障,也是体育精神的重要体现。

4. 促进社会融合与团结

体育文化作为一种跨越国界、种族、宗教等界限的全球性文化现象,其魅力在于能够打破传统界限,将来自不同文化背景的群众紧密联系在一起。在体育活动中,无论是激烈的竞技对抗还是轻松的休闲娱乐,都能激发大众的共同兴趣和情感共鸣,构建起一个超越差异的交流平台。这种跨界性不仅体现在体育项目的普及性和全球性上,更在于其能够穿透文化壁垒,促进不同文化之间的理解和尊重。

跨文化的交流与互动,有助于消除误解和偏见,促进全球文化的多元融合。大型国际赛事中,运动员代表国家参赛,他们的表现直接关系到国家的荣誉和形象。这种强烈的集体荣誉感能够激发爱国热情和民族自豪感,促使民众团结一心,为国家的荣誉而奋斗。体育精神作为体育文化的核心和灵魂,其蕴含着团结协作、公平竞争、勇于拼搏等品质,具有强大的凝聚力和感召力。体育精神中的公平竞争原则不仅体现在体育竞技中,更能够成为指导社会行为的重要准则。公平竞争强调机会均等、规则统一和结果公正,有助于营造一个公平、公正、和谐的社会环境。

体育旅游作为体育文化与现代旅游相结合的新兴产物,其兴起推动了体育文化的跨界传播与融合。通过参与体育旅游活动,游客不仅能够亲身体验到不同地区的体育文化氛围和特色,还能与当地居民进行深入的互动和交流。体育旅游促进了旅游目的地与客源地之间的经济联系和文化交流,为社会的多元融合注入了新的活力。

(五)开放:融合度高

1. 促进文化元素的融合与创新

体育文化的发展离不开对传统文化的继承与发扬。传统体育项目不仅承载着深厚的文化底蕴,还可以与现代体育理念相融合,焕发出新的生命力。例如,太极拳作为世界级非物质文化遗产,其独特的健身理念和运动方式被广泛应用于现代健身领域,成为连接传统与现代的重要桥梁[1]。地域文化是体育文化多样性的重要体现,不同地区的体育文化在融合中展现出独特的地域特色。例如,法国的环法自行车赛,沿途经过不同的城市和乡村,通过大规模的文化展示和庆祝活动,将法国的历史、文化和自然风光融为一体,展现了体育与文化的完美结合。

文化创意产业与体育艺术的融合创新,为体育文化的发展开辟了新路径。通过创造性的设计和独特的思维方式,将文化元素融入体育艺术表演和赛事活动中,既提升了艺术审美价值,又增强了观众的参与感和互动性。马拉松运动在全球范围内迅速兴起,成为体育文化融合与创新的重要载体。马拉松比赛不仅是一场体育竞技的盛宴,更是一次文化交流和城市形象展示的机会。在中国,马拉松运动不仅吸引了成千上万的跑步爱好者参与,还带动了当地文化和旅游产业的发展。通过举办马拉松比赛,该城市的历史文化、自然风光和人文景观得以广泛传播,从而促进了文化的交流与融合。

2. 搭建多元化的合作与交流平台

体育文化高质量发展融合度高,意味着体育文化在保持自身特色的同时,能够与其他文化形态、产业领域进行深度交融,形成优势互补、协同发展的良好态势。这种融合不仅体现在体育竞技、健身娱乐等传统领域,还扩展到文化旅游、科技创新、教育普及等多个方面。通过电视、互联网、社交媒体等现代传播手段,体育文化的精彩瞬间和深刻内涵得以迅速传递给全球观众,增强了体育文化的国际影响力和感召力。

在国际体育赛事、文化交流活动、学术研讨会等形式中,各国体育文化得以相互展示、学习和借鉴,实现深度交融和共同发展。例如,篮球、足球等现代体育项目在全球范围内广泛传播和普及,不仅丰富了各国的体育文化内涵,还促进了各国人民之间的友谊和合作。多元化的合作与交流平台为体育文化的持续创新提供了不竭动力。通过跨领域、跨行业的合作与交流,体育文化不断吸收新鲜元素和创意灵感,推动体育规则、运动技术、赛事组织等方面的不断创新和发展。例如,电子竞技等新兴体育项目的兴起和发展,就是体育文化在数字化时代不断创新和演变的生动例证。

---

[1] Meng Y P. AHP method-based university taijiquan course construction and traditional sports cultural development research[J]. Journal of Computational and Theoretical Nanoscience,2016,13(12):9746-9750.

3. 促进跨界合作与综合发展

跨界合作使不同领域、不同行业的资源得以共享和优化配置，各方可以充分利用各自的优势资源，实现技术、人才、资金等要素的互补与融合，推动体育文化的创新与发展。数字体育是体育与科技跨界合作的典型代表。随着5G、大数据、人工智能等技术的不断发展，数字体育平台、智能体育装备等新兴业态不断涌现，推动了体育文化的数字化传播和创新发展。

综合发展强调体育文化与其他领域的全面融合与协同发展，有助于增强体育文化的社会影响力和经济价值。例如，体育与旅游的融合，形成了"体育＋旅游"的新业态，通过体育赛事、体育旅游线路等方式，吸引了大量游客和投资者，促进了当地经济的发展和文化的传播。中国冰雪产业与文化产业、旅游产业等多领域进行了深度跨界合作，不仅推动了冰雪运动的普及和发展，还带动了冰雪旅游、冰雪文化等相关产业的综合发展。

体育特色小镇是中国推动体育文化高质量发展融合度高的重要实践，通过整合体育、文化、旅游等资源，形成了集体育竞赛、健身休闲、文化体验等功能于一体的综合发展平台。例如，浙江莫干山"裸心"体育小镇依托自然景观和人文资源，打造了探险运动、户外休闲和骑行文化的体育特色小镇，推动了当地经济的繁荣和文化的传播，促进了体育与其他领域的深度融合与协同发展。

4. 开展国际性的体育赛事和交流活动

国际性体育赛事和交流活动为体育文化的全球化传播提供了重要平台，增强了各国体育文化的国际影响力和感召力，促进了体育产业的国际化发展。赛事与活动的举办可以带动体育竞赛表演、体育用品制造等相关产业的发展，还可以促进体育旅游、体育传媒等衍生产业的兴起。通过与国际市场的接轨，各国体育产业得以拓展新的发展空间，实现更高水平的发展。

国际性体育赛事和交流活动还具有重要的外交价值。2022年北京冬奥会的成功举办，是体育文化高质量发展融合度高以及国际性体育赛事和交流活动紧密联系的生动例证。作为首个"双奥之城"，北京冬奥会不仅展示了中国体育文化的独特魅力，还促进了奥林匹克文化在全球范围内的传播与交流。通过举办冬奥会，中国不仅提升了自身的体育竞技水平，还加强了与国际体育组织的合作与交流，推动了全球体育文化的共同繁荣。

开展国际体育赛事和体育文化交流活动，为各国人民提供了相互了解和交流的机会，增进了彼此之间的友谊和信任。在体育竞技的舞台上，各国运动员以体育为桥梁，传递着和平、友谊和团结的信息，为构建人类命运共同体贡献力量。

第三章
新发展阶段体育文化高质量发展的评价

一、高质量发展的评价

(一) 体育高质量发展的评价

体育高质量发展的评价是一个多维度、综合性的过程,涉及多个方面的指标。郑文祥等人认为体育高质量发展应当是以"党的二十大精神"为引领,以新发展理念为指导,以满足人民群众对美好生活的向往为导向,以促进体育强国建设为目的的发展[①]。杨桦认为体育高质量发展就是在发展质量、效率和动力变革的三轮驱动下,提升体育发展的质量和效益。杨桦分别从创新、协调、绿色、开放和共享五个方面阐释了体育高质量发展的内涵,为体育高质量发展的评价提供了参考依据。在创新方面,要建立体育创新发展体系,提高体育发展的生命力;在协调方面,要实现优质资源的精准配置,促进区域体育的协调发展与城乡体育的融合发展;在绿色方面,要增加体育活动中的自然附加值,提高资源利用效率,建设绿色发展新体系;在开放方面,要以开放的姿态面向世界、未来和现代化,打开与各部门、领域和国家的合作空间与渠道;在共享方面,体育的发展成果要能够实现"人人皆可参与,人人皆能享有"[②]。

在我国经济高质量发展的带动下,体育正向满足人民群众多样化、多层次、多方面体育需求,展现大国风范的方向发展。本研究主要从竞技体育、群众体育、学校体育、体育产业和体育文化这几个方面来考量体育高质量发展的评价。

第一,竞技体育的综合实力。运动员的技术水平、战术素养和比赛成绩是衡量竞技体育发展的重要指标,竞技体育高质量发展的评价需要关注的方面有:一是政府和相关机构对竞技体育的支持力度,包括资金投入、政策扶持等。二是是否有完善的竞技体育治理体系、是否构建有效的工作机制、是否开放举办竞技体育、是否有系统的人才培养机制,包括

---

① 郑文祥,翟伟,胡燕双.以体育高质量发展助推体育强国建设路径研究[J].运动精品,2024,43(1):80-82.
② 杨桦.以高质量发展加快建设体育强国[J].武汉体育学院学报,2022,56(12):5-9.

青少年培训、教练员的专业发展等。三是能否确保后备力量的持续供应,体育场馆、训练设施的建设和维护是否能够满足高水平竞技的需求。四是能否通过科技创新提高训练质量和竞技水平,树立科学训练理念,包括运动医学、营养学和心理学等领域的支持。五是关注国家或地区在国际和国内体育赛事上的参赛频率和表现,如奥运会、世界锦标赛等,评估其竞技体育成绩是否稳步提高,是否有足够的顶尖运动员和团队,是否保持传统优势项目的水平、实现基础大项的突破、振兴"三大球"(包括足球、篮球和排球)等。六是评价竞技体育的商业化程度,包括赞助、转播权、门票销售等,是否能够带来可观的经济回报。七是要关注竞技体育对社会的影响,包括促进健康、增强国民凝聚力、提升国家形象等,在发展竞技体育的同时,是否考虑到环境保护和社会责任,确保体育活动的可持续性。

第二,群众体育的普及。群众体育的普及程度、参与度和满意度是评价体育高质量发展的重要方面,群众体育高质量发展的评价需要关注的方面有:一是体育活动的参与度是否增加,尤其是是否能够覆盖更广泛的群体,包括不同年龄、性别、社会阶层的人群,能否使更多的人享受到体育活动的益处,减少慢性病、提升心理健康。二是评价政府和相关机构对群众体育的支持力度,包括资金投入、政策引导和宣传推广等,是否对群众进行体育知识的普及和健康生活方式的宣传,提高公众对体育的认知和重视程度。三是要检视群众体育活动的组织和管理是否规范,是否有专业的指导和服务,确保活动的安全和有效性,以及体育场馆、训练设施、交通运输等基础设施的改善情况。四是当地群众体育能否满足群众的需求,能否确保体育资源在不同地区、不同群体之间的公平分配,是否提供多种类的体育活动和项目,以满足不同年龄、性别和兴趣群体的需求,促进全民健身。五是要检视公共体育设施的建设和维护情况,包括健身场所、公园、运动场等,是否方便群众使用。六是群众体育活动是否能够促进不同群体之间的交流与融合,增强社区凝聚力。

第三,学校体育与人才培养。学校体育既是基础教育的重要组成部分,又是推动体育事业发展的重要力量,对个人、社会和国家的发展都具有深远的影响。学校体育高质量发展的评价需要关注的方面有:一是教育部门对学校体育的政策支持力度,包括资金投入、政策引导和评估机制。二是评价学校体育课程的内容是否丰富多样,是否能够满足不同学生的兴趣和需求,学生是否有足够的机会参与课内外的体育锻炼和比赛,包括多种运动项目和技能的学习,学生参与体育活动的比例和频率。三是评估学校的体育教师师资力量,关注体育教师的专业素养和教学能力。四是关注学校体育设施的建设和维护情况,包括体育场馆、器材和运动场地的可用性和安全性,是否考虑到环境保护和社会责任,确保体育活动的长期开展。五是学校是否将健康教育融入体育课程,帮助学生了解健康生活方式的重要性,培养良好的运动习惯;是否关注学生的心理健康,提供支持和指导,帮助学生应对压力和挑战。六是学校是否组织各类体育竞赛和活动,激发学生的竞争意识和团队合作精神。

第四,体育产业的经济效益。体育产业作为国民经济的新亮点,其规模、质量和效益是评价体育高质量发展的重要指标,体育产业高质量发展的评价需要关注的方面有:一是体育产业的发展情况,包括赛事经济效益、相关产业链的增长和就业机会等。二是关注政府对体育产业的政策支持力度,包括资金投入、税收优惠、基础设施建设等,是否能够促进产业的健康发展。三是关注体育产业的市场规模、年增长率及其在国民经济中的占比，了解产业的整体发展水平和潜力，评价体育产业的结构是否合理，包括体育赛事、体育用品、健身服务、体育传媒等各个细分领域的发展情况。四是关注体育产业在技术创新、产品创新和商业模式创新方面的表现，是否能够适应市场变化和消费者需求以及新技术（如大数据、人工智能、虚拟现实等）在体育产业中的应用程度，是否能够提升用户体验和运营效率；关注消费者对体育产品和服务的满意度，包括服务质量、产品性能和性价比等。五是评价体育品牌的知名度和美誉度，包括运动员、俱乐部、赛事和相关产品的品牌价值，能否影响消费者的选择和市场竞争力；关注体育产业的国际化水平，包括国际赛事的承办、跨国公司的合作以及对外投资等，是否具备全球竞争力。六是关注体育产业对社会的贡献，包括促进就业、推动经济发展、提升国民健康水平等，以及体育产业在发展过程中是否考虑到环境保护和社会责任，能否确保产业的可持续性和长期发展。

第五，体育文化的社会效益。体育文化的传播和教育对于提升国民体育素养和体育精神具有重要作用，体育文化高质量发展的评价需要关注的方面有六个方面。一是体育文化是否能够有效传承传统体育精神和价值观，能否与时俱进，融入现代元素，推动文化创新。二是体育文化是否涵盖多种体育项目和文化形式，能够包容不同的文化背景和价值观，促进文化的多样性，关注公众对体育文化活动的参与程度，包括观众、爱好者和参与者的数量，体育文化是否具有普及性和影响力。三是关注体育文化在教育中的作用，包括对青少年价值观、团队精神和社会责任感的培养，是否能够促进学生全面发展。四是关注体育文化对社会的积极影响，包括促进社会和谐、增强民族凝聚力和提升国家形象等，关注体育文化在国际的交流与合作程度，包括国际赛事的举办、文化交流活动等，是否具备全球影响力。五是评价体育文化的传播渠道和方式是否多样化，包括传统媒体、新媒体和社交平台的利用，能否有效扩大影响力。六是关注体育文化活动的组织和管理是否规范，活动的质量和参与体验是否得到保障，关注政府和相关机构对体育文化的支持力度，包括资金投入、政策引导和文化活动的推广。

（二）文化高质量发展的评价

推动高质量发展，既需要经济发展的高质量，也需要精神文明建设的高质量。文化是一个国家和民族的灵魂，坚定文化自信，是事关国运兴衰、文化安全、民族精神独立性的大问题[①]。进入新时代，人们对高品质精神文化生活与高质量文化产品的追求日益凸显[②]。庹祖海认为评价文化的高质量发展需要把握三个维度：第一个维度是核心维度，主要强调价值体系，要把握文化发展的人民性和主体性，弥补价值性评估短板；第二个维度是根本维度，主要强调由文化的生产和消费构成文化的供需体系，包括文化事业和文化产业两个互补渠道，要重点评估文化投入产出效能和治理规范化法治化水平；第三个维度是关键维

---

① 刘珊珊,陈信华,廖智兴.地方特色文化高质量发展背景下广东省职教城高校参与清远瑶族文化"活化"利用的路径研究[J].清远职业技术学院学报,2024,17(3):22-27.
② 姚晨雨.以文化高质量发展助推精神生活共同富裕的实现路径[J].现代商贸工业,2024,45(12):21-23.

度,主要强调生产方式,要以数字化为主线推进文化业态创新和转型升级,以载体建设为基础营造文化消费新空间,以平台建设为核心带动文化生态建设和治理,研究文化数字化发展指标体系①。黄永林、傅明认为要从供需两个方面思考文化的高质量发展。一方面,高质量的文化产品供给可以凭借其本身所具备的创新性和文化价值开发出一个新的产业链,激发大众的消费热情;另一方面,文化消费需求的结构优化和质量升级又将为文化供给端的结构性改革提供动力源泉②。

江苏肩负着习近平总书记赋予的"在高质量发展上继续走在前列"的重大使命,承载着"在建设中华民族现代文明上探索新经验"的殷切期望,因此必须深入学习贯彻习近平文化思想,大力推动文化创新创造,为高质量发展注入强大的价值引导力、精神推动力、文化凝聚力,更加自觉地在思想上、政治上、行动上做到牢记嘱托、感恩奋进、走在前列③。本研究主要从文化创造力、文化影响力、区域文化协调、文化融合发展、文化产业发展以及文化人才培养与资源保护这几个方面来考量文化高质量发展。

第一,文化创造力。文化创造力的核心在于创新,需要评估其是否能够产生新的思想、概念、艺术形式或技术,评估文化领域内的创作、表演、设计等创造性活动,包括艺术作品的原创性和影响力以及文化产业的创新能力,还需考虑其是否具备可持续性,即在时间上是否能够持续产生影响和创新。文化创造力往往体现在多样性上,表现为不同文化背景、风格和表达方式的融合与碰撞。文化创造力的强弱还可以通过其对社会、经济和其他文化的影响来评估,例如对公众意识、价值观和行为的改变。

第二,文化影响力。文化影响力的大小与其传播的广度有关,包括其在地理、社群和国际层面的影响力。需要关注文化活动的参与度,尤其是能否覆盖到不同群体和社区,促进文化的广泛传播和接受;能否深化体制机制改革,形成开放多元、充满活力的公共文化服务供给体系④;社会参与度是否高。评估文化产品(如电影、音乐、文学作品等)的质量水平,以及它们在社会、市场中的影响力和受众反响,评估文化在社会中的认同度,包括对特定文化符号、价值观和传统的认同。评估文化交流活动的频率和质量,以及本国文化在国际舞台上的影响力和知名度。还要考虑文化影响力的持久性,即其在时间上的延续性,能否影响后代的价值观和行为。

第三,区域文化协调。评估区域内不同文化、民族和宗教的共存与融合程度,是否能够相互尊重和包容。评估区域内居民对本地文化的认同和归属感,是否能够形成共同的文化认同。评估区域内不同文化之间的交流与互动频率,包括文化活动、节庆、艺术展览等,能否促进文化的相互理解和融合。评估政府在文化政策上的支持力度,包括对文化保护、传承和发展的政策措施,是否有助于文化的协调发展。

---

① 庹祖海.文化高质量发展的三重维度及其评估现状论析[J].学术论坛,2024,47(2):102-110.
② 黄永林,傅明.中国式现代化背景下文化产业供需双向升级和高质量发展[J].福建论坛(人文社会科学版),2023(6):31-43.
③ 陈志良.以文化创新创造赋能高质量发展[J].唯实,2024(5):26-29.
④ 袁倩纯,李孝敏.乡村振兴背景下河南农村公共文化服务高质量发展探析[J].中共郑州市委党校学报,2022(3):85-89.

第四,文化融合发展。评估不同文化之间的交流与互动的频率,不同文化在思想、艺术、习俗等方面的相互影响和借鉴,是否形成了新的文化表现形式。评估文化融合的包容性,即不同文化是否能够相互尊重、理解和接纳,避免排斥和冲突。评估不同文化之间是否能够形成共同的价值观和理念,促进社会的和谐与稳定。评估政府在文化融合方面的政策支持力度,包括对多元文化的保护、推广和发展措施,能否促进文化服务与科技、旅游等领域的融合,建立协同共进的文化发展格局①。评估文化产业的经济合作与发展,是否能够通过文化产品的共同开发和市场推广促进文化融合。评估现代技术在文化传播和融合中的应用程度,如数字媒体、社交平台等,是否促进了文化的交融。

第五,文化产业发展。评估文化产业对地区或国家经济的贡献,包括产值、就业机会和税收等方面。评估文化产业的市场规模和增长潜力,包括文化产品和服务的消费水平、市场需求和发展趋势,文化产品的出口、国际合作与交流等,是否能够拓展市场和提升影响力。评估政府对文化产业的政策支持力度,包括资金投入、税收优惠、产业规划等,是否有助于产业的健康发展。评估文化产业对专业人才的需求和培养情况,包括教育机构与产业的合作、职业培训等,是否能够满足产业发展的需要。评估现代技术在文化产业中的应用程度,如数字化、互联网平台等,是否能够提升产业效率和市场竞争力。

第六,文化人才培养与资源保护。一方面,要建立完善的教育体系,培养具备创新能力和文化素养的人才。重视传统文化的传承,鼓励创新思维,通过多样化的教育和培训模式,推动新形式的文化表现,培养既懂传统又能创新的不同层次和领域的人才,适应文化发展的多样性需求。另一方面,要重视对非物质文化遗产和物质文化遗产的保护,确保传统文化的持续性和完整性。推动文化资源的开放与共享,利用数字技术保存和传播文化资源,提升公众对文化遗产的认知和参与度。

(三) 体育文化高质量发展的评价

体育文化是社会主义文化的重要组成部分,黄莉认为我国体育文化的高质量发展主要体现为体育文化的全面、融合、创新和协调发展:第一,在体育领域要彰显社会主义核心价值观,发挥体育在精神文明建设中的重要作用,以女排精神为旗帜,积极弘扬和践行中华体育精神;第二,要积极打造体育文化品牌,深入推进运动项目文化建设;第三,要提高中华优秀传统体育文化的影响力,推动中华体育文化"走出去",展示国家文化软实力②。

本研究主要从竞技体育文化、群众体育文化、学校体育文化、民族传统体育文化、体育文化产业五个方面来考量体育文化高质量发展的评价。

第一,竞技体育文化。评价竞技体育的发展思路和目标是其是否以国家战略为指导,全面提升竞技体育综合实力和为国争光能力,实现竞赛成绩和精神文明双丰收③。在竞技体育的发展方式上应关注其是否由垂直管理转变为扁平化治理、由数量和规模的增加

---

① 司蒙蒙,孙宁,陈雅.长三角公共文化服务高质量发展逻辑与路径研究[J].新世纪图书馆,2022(6):63-69.
② 黄莉.建设体育强国进程中的体育文化高质量发展研究[J].首都体育学院学报,2024,36(2):125-133,144.
③ 彭国强,杨国庆."十四五"时期中国竞技体育的发展战略与创新路径[J].首都体育学院学报,2021,33(3):257-267.

转变为质量和效能的提升、由粗放式增长转变为集约化发展、由劳动力密集型转变为科技创新型、由突出优势运动项目转变为各项目水平的提升①。能否构建与经济社会发展相适应的政府主导型管理体制和运行机制，推动举国体制与市场机制优势互补。能否保持我国传统优势项目的竞技水平和国际竞争力，并且在潜优势项目上取得更大突破，推动不同类型和水平的运动项目协调发展，使各运动项目间形成"生态平衡"。是否深化体教融合，建立贯通各教育阶段的一体化竞技人才培养输送体系，培养优秀后备人才，提升竞技体育社会化和职业化水平。是否有科技支撑，建立与运动训练密切结合的科技服务体系，提高运动训练的智能化水平。

第二，群众体育文化。群众体育文化的评价应当关注群众体育政策体系是否完善，能否为体育产业发展营造良好的政策环境②。产业质量是否提升，体育服务业增加值占比是否提升，体育服务企业是否注重技术和商业模式创新、探索多样化的"互联网＋"跨界合作模式。体育场地设施数量和人均体育场地面积的增长能否满足人们体育需求的高涨。关注体育产业在助推健康中国建设方面的贡献，包括群众性体育赛事的发展、居民参与体育锻炼的质量与频次提升，以及体育产业与相关产业的融合发展。是否推动了全民健身和全民健康深度融合，有效实施和推进群众体育的开放、共享、融合和创新，完善乡村全民健身公共服务体系，实现体育在乡村振兴中的作用。是否健全了群众体育领域安全责任体系，制定了群众性体育赛事活动的安全指南，明确并落实了各级管理责任。

第三，学校体育文化。学校体育文化的评价应关注学校是否加强对教育行政部门的督导评估，是否强化学校落实体育教学改革的主体责任。是否加强体教融合、建设体育传统特色学校和高水平运动队，是否推广武术、摔跤、棋类等中华传统体育项目并将其融入学校日常的体育课堂教学、课余体育训练与竞赛中，是否定期举办学生运动会或体育节，涵养拼搏进取、阳光健康的校园体育文化；在课程内容设置中是否完善了健康知识、基本运动能力与专项运动技能相结合的教学模式③。在教学评价上是否完善评价方式、丰富评价内容，是否开展多元性评价，注重对学生身体、心理与社会适应多方面的评价④。是否强化师资队伍建设、配齐配足各级教研员，是否将评价导向从教师完成课时数量的多少向教育教学质量的提升转变⑤。

第四，民族传统体育文化。民族传统体育文化是中华民族优秀传统文化的重要组成部分，评价时应重视文化自信的建设，即对民族传统体育文化的认同感和自豪感。民族传统体育文化的评价应涵盖体育项目、器材设备、文献典籍、文物、壁画以及民族体育服饰等体现文化多样性和包容性的民族传统体育的物质文化。评价民族传统体育的制度文化，包括正式和非正式的制度如竞赛规则、组织管理、培养管理制度等文化传承和发展的保

---

① 彭国强.国家生命周期视角下美国竞技体育强国的成长历程、特征及启示[J].体育科研,2022,43(2):13-22.
② 任波.中国体育产业助力体育强国建设的战略导向、作用机制与实施路径：基于《体育强国建设纲要》的政策解读[J].南京体育学院学报,2022,21(2):1-10,87.
③ 关雨,张中江,沈杰,等.我国普通大学生参与课外体育竞赛的调查研究[J].文体用品与科技,2022(16):122-124.
④ 陈怀蒙,于鹏.后疫情时代高校体育教学改革的实践与探索：以自编操《一起向未来》为例[J].青少年体育,2022(12):112-114.
⑤ 于素梅,许弘.《〈体育与健康〉教学改革指导纲要（试行）》解读[J].首都体育学院学报,2021,33(4):371-377.

障。评价民族传统体育的精神文化,包括民族精神、价值观念、思维方式等文化的核心和灵魂,是否坚定文化自信,不断挖掘和展现体育的综合社会价值和作用,提升民族文化的国际影响力和传播中国故事。关注民族传统体育的传承与创新能力,包括非物质文化遗产的保护、项目的发展优势和潜力,考虑民族传统体育在社会中的融合程度和普及情况,是否能够促进不同民族之间的交流合作,是否能够满足群众日益增长的体育文化需求。关注民族传统体育在教育体系中的融入情况以及对相关人才的培养和使用。关注民族传统体育赛事的组织情况和相关活动的开展效果,以及民族传统体育产业如体育旅游、体育用品制造等的发展,能否推动民族传统体育的市场化和社会化。

第五,体育文化产业。体育文化产业的评价应当关注结构是否合理,体育文化产业供给侧结构性改革是否深入,体育文化产品供给质量与消费水平是否提升。关注体育文化产业政策体系是否完善,是否为体育文化产业发展营造良好的政策环境。关注体育服务业增加值占体育产业增加值的比重,体育服务企业是否注重技术和商业模式创新,探索多样化的"互联网＋"跨界合作模式。关注体育场地设施数量、人均体育场地面积的增长,体育需求的高涨和体育人口的持续增长是否为体育消费市场扩张奠定基础。评价体育文化产业在助推健康中国建设方面的贡献,包括群众性体育赛事的发展、居民参与体育锻炼的质量和频次的提升。评价体育文化走出去和国际传播能力建设,包括体育文化活动在海外的推广、体育文化作品的国际传播等。

二、体育文化高质量发展指标体系的构建功能与原则

(一) 构建功能

1. 反馈和调节功能

体育文化高质量发展指标体系构建的反馈和调节功能是指通过监测、评估和分析各项指标数据,及时发现问题和机会,并据此进行有效的调整和改进。第一,监控和评估体育文化发展进展。通过定期收集和分析各项数据,可以实时监控体育文化发展的进展情况,包括体育参与率、体育设施利用率、文化体育活动覆盖面等指标。通过对比设定指标和实际数据,可以评估是否达到了预期的发展效果。第二,识别发展瓶颈和问题。通过分析指标数据,可以发现体育文化发展中的瓶颈和问题所在。例如,某些地区的体育设施利用率低,或者特定群体的体育参与率不足等。这种识别有助于及时制定解决方案,推动问题的解决和发展的突破。第三,调整政策和项目策略。基于反馈数据,可以调整现有的政策和项目策略。如果数据显示某一政策或项目效果不佳,可以及时调整资源配置、优化实施方案,以提升效果和效率。第四,优化资源分配。通过分析指标数据,可以更科学地优化资源的分配。例如,根据不同地区的体育文化发展情况,调整资金投入和资源配置,确保资源能够最大化地支持体育文化的全面发展。第五,持续改进和反馈循环。反馈和调节功能支持体育文化发展的持续改进。通过持续监控、评估和调整,不断优化体育文化政

策和实施措施,确保其能够适应社会需求和环境变化,推动体育文化事业朝着更高质量发展的方向前进。总之,体育文化高质量发展指标体系构建的反馈和调节功能不仅有助于解决当前问题和挑战,还能推动体育文化事业向更高水平发展。

2. 预测和计划功能

体育文化高质量发展指标体系构建的预测和计划功能,主要通过分析历史数据和当前指标,预测未来的发展趋势和效果,并基于这些预测进行有效的规划和决策。第一,未来需求预测。通过分析过去几年的体育文化参与率、人口健身状况、体育活动的社会参与度等指标,可以预测未来对体育文化活动和设施的需求。这种预测有助于规划新的体育设施建设、活动举办等,以满足未来社会的需求。第二,资源规划和配置。基于未来的需求预测,可以进行有效的资源规划和配置。比如,预测到未来某一地区对体育设施的增加需求,可以提前规划资金投入和地方政府支持,以保证资源的有效分配和利用。第三,市场机会评估。通过分析市场潜力和趋势,可以为私营部门和非营利组织提供发展体育文化产品和服务的方向和机会,例如体育用品销售、健身教练服务等。第四,风险管理和应对策略。预测未来的变化和挑战有助于制定相应的风险管理策略和应对措施。例如,预测到可能的市场下滑或人口健身率下降,可以提前制定应对措施,减少可能的负面影响。第五,战略规划支持。通过对未来发展趋势和效果的预测,管理者可以更有针对性地制定长远的战略计划,以适应社会和市场的变化,推动体育文化事业的可持续发展。综上所述,体育文化高质量发展指标体系的预测和计划功能不仅有助于提前应对未来的挑战和机遇,还能够有效地引导和促进体育文化事业的发展。

3. 比较和评价功能

体育文化高质量发展指标体系构建的比较和评价功能是指通过建立一套综合性的指标体系,对体育文化发展的各个方面进行客观、科学的评估和比较,从而促进其持续健康发展。第一,综合评估不同地区或国家的发展水平。通过比较不同地区或国家的体育文化指标,可以评估其在体育基础设施建设、人口参与度、体育赛事举办等方面的发展水平。这种比较有助于发现各地区之间的差距和优势,为政策制定和资源配置提供参考依据。横向在国内可以将江苏省与其他省、地区相互比较,在国际上可以将我国与美国、日本进行比较;纵向可以对不同时期江苏省体育文化高质量发展状况进行比较,使我们清楚地认识到在某一特定时期江苏省体育文化高质量发展的速度是进一步加快,还是后退或是停滞不前。第二,评估特定政策或倡议的效果。指标体系可以用来评估特定体育文化政策、项目或倡议的实施效果。比如,某项促进青少年参与体育活动的政策,可以通过相关指标来评估其对青少年体育参与率的影响,以及是否达到了预期的社会效益。第三,发现发展瓶颈和潜力。通过对指标数据的分析,可以发现体育文化发展中的瓶颈和潜力所在。例如,分析体育基础设施的覆盖率和质量,可以确定需要优先改进的领域,以推动全面发展。第四,支持政策决策和资源配置。基于比较和评价的结果,可以为政策制定者和决策者提供科学依据,帮助他们更有效地配置资源和制定发展战略。这有助于确保资源的优先分配和最大化社会效益的实现。第五,推动行业标准和质量提升。建立比较和评价功能的指标体系,可以推动体育文化行业的标准化和质量提升。通过评估各种指标,促使相关机构和组织提高服务质量、提升管理水平,从而推动整个行业的良性竞争和发展。综上所述,体育文化高质量发展指标体系的比较和评价功能不仅有助于发现问题和优化资源配置,还能推动体育文化事业向更高水平迈进,从而实现全民健身和文化繁荣的目标。

4. 引导和激励功能

体育文化高质量发展指标体系的引导和激励功能是指通过设定明确的指标和目标,激励各级组织和个人积极参与体育文化事业的发展,推动整个行业朝着高质量发展的方向前进。第一,设定明确的发展目标。通过指标体系,可以设定具体、可量化的体育文化发展目标,如提高全民健身覆盖率、增加体育文化活动参与率等。这些目标为各级政府、组织和个人提供了明确的发展方向和衡量标准。第二,激励政府投入和支持。指标体系的设立可以促使政府更多投入体育文化建设和发展。通过衡量各项指标的达成情况,政府可以根据需求调整资源投入,优化政策措施,以实现更高效的资源利用和社会效益。第三,激发社会组织和企业的参与。明确的指标和目标激励了社会组织、企业及其他相关机构积极参与体育文化事业。例如,企业可能会基于指标体系的要求开展体育赛事或资助文化活动,以达到社会责任和品牌形象的提升。第四,推动专业机构和团体的自我管理和提升。针对专业体育文化机构和团体,指标体系可以作为自我管理和自我提升的动力。通过比较自身的指标表现和行业标准,激励他们不断优化管理模式、提升服务质量,以适应市场和社会的需求变化。第五,促进个人参与和自我提升。对于广大民众,指标体系可以激发个人参与体育文化活动的积极性。例如,衡量个人健身率和参与体育赛事的比例,可以激励个人增强健康意识、参与更多体育文化活动,从而提升整体社会的健康水平和文化素质。总之,通过引导和激励功能,体育文化高质量发展指标体系不仅能够提升各级参与者的积极性和责任感,还能推动整个体育文化行业朝着高质量、可持续发展的目标不断迈进。

(二) 构建原则

1. 全面性原则

全面性原则是指在理论指导下借鉴相关学者的评价经验,在正确梳理体育产业高质量发展内涵逻辑的基础上,结合可统计的指标将各维度具有代表性的指标都尽可能地囊括进来,通过直接、间接与预测的方式达到指标体系的全面性。构建体育文化高质量发展评价指标体系旨在真实、全面且客观地展现高质量发展背景下体育文化建设的实际情况。要实现对体育文化的深度洞察与精准评估,需采取全局视角,在多个维度和层面上精心筛选评价指标。系统把握体育文化发展的根本宗旨,所选取的指标应力求广泛覆盖所有对体育文化产生实质性影响的因素,并确保每个选定指标都有坚实的理论依据或实证支撑,能够立体、详尽地反映并囊括体育文化高质量发展建设的所有重要方面。

2. 科学性原则

科学性是开展任何研究的前提,缺乏科学性的评价指标体系将导致评价结果偏离预期目标。评价指标体系构建的科学性原则体现在以下三个方面。第一,构建评价指标系统要基于三级指标内容及其具体的评价方法,并按照这两个主要条件进行设计。第二,要充分预构评价系统的各个功能模块,保证所预构的功能模块不仅能满足评价工作的需要,还能最大程度减轻评价人员的工作量。第三,所构建的评价体系各功能模块能够按照预期计划正常工作并发挥作用,充分保证评价结果的客观性、公正性和准确性。在具体评价过程中,需保证设计出的评价指标具有逻辑清晰、层次分明的特点,并能尽可能真实反应体育文化发展的内在规律。在评价体系的设计与指标的选取上,以有关文献资料为依据,并结合本研究的实际情况进行指标筛选,以保障指标体系的科学合理,增加评价的可靠性。在指标权重计算方法上务必严格遵守相关标准与要求,以保障整个评价结论的科学性和有效性,尽量构建真实、客观、全面反应文化产业高质量发展水平的指标体系。

3. 可操作性原则

可操作性是评价指标选取时必须考虑的原则,选取的指标要能够通过具体措施将定性指标量化,让指标有可以考证的渠道,在实际操作中也应确保数据可收集,实际操作成本与工作量要控制在条件许可的范围内。第一,即使部分指标选取意义重大,但是无法获取时应当舍弃,保证评价指标的可获得、可落地、可连续;数据收集过程中会存在部分缺失或难以获取等情况,因此需要考虑数据的可获得性,减少因数据难以获取而带来的困难。其二,指标体系的构建要遵循简易性与复杂性的统一,过于简单则会影响结果的精度;过于复杂则不利于评价工作的开展。因此体育文化高质量发展评价指标体系的构建要在保证精度的前提下,便于评价人员在现实过程中的操作,不仅需确保其在理论指导层面的科学性和严谨性,在执行层面上亦应充分考虑其实现的可行性,确保其在实践过程中的顺利实施。

4. 动态性原则

动态性原则要求在选择绩效评价指标时应准确把握指标时效性。体育文化的建设是一个动态的过程。随着体育文化的不断发展以及政策的推陈出新,影响体育文化高质量发展的重要因素可能产生一定的变化。因此,在构建评价指标体系时,应当密切关注体育文化的最新动态、发展趋势与革新进程,并坚持以问题为导向的原则,紧紧把握其核心本质。面对新出现的问题,确保能够迅速反馈并根据实际情况做出相应调整,以保证其指标具备良好的时效性和适应性。

三、体育文化高质量发展指标体系的构建

(一)评价指标及相应数据来源

为了能够科学合理、全面系统地评价体育文化高质量发展,以数据可获得性与真实性为基本原则,评价指标及其数据采集应当主要来自文献资料和国家出台的政策文件,如近

年发布的各类统计年鉴、体育志、经济和社会发展统计公报和体育管理部门内部文献等资料,《体育强国建设纲要》《"十四五"文化发展规划》《全民健身计划(2016—2020年)》《"十四五"体育发展规划》等政策文件,以及学术数据库收集的公开发表的相关文献资料。对于一些指标可能存在个别缺失的数据,可以通过年均增长率均值进行推算。

(二) 体育文化高质量发展评价指标体系的确立

通过对已有文献资料和政策文件的分析与整合,结合专家咨询意见,初步确立体育文化高质量发展的评价指标。其中一级指标涵盖了制度、物质、精神和行为四个维度,分别对应体育文化的概念内涵,二级指标主要从高质量发展的创新、协调、绿色、开放、共享五个方面出发,并相应衍生出三级指标。运用德尔菲法,本研究聘请北京体育大学、上海体育大学、南京体育学院、华侨大学等高校的10位体育文化研究领域专家,对体育文化高质量发展的指标体系进行两轮打分,并根据一致性检验的结果,选择专家集中认可的评价指标,增加专家普遍推荐的新指标。经过最终整理与优化,得出评价体系,包括4个一级指标、15个二级指标和33个三级指标(见表3.1)。

表3.1 体育文化高质量发展评价指标体系

一级指标	二级指标	三级指标	性质
A1 制度文化	B1 智慧体育(创新)	C1 智慧场馆数量	定量
		C2 智慧赛事数量	定量
	B2 区域战略(协调)	C3 政策法规	定量
		C4 城市间协同	定性
		C5 城乡协同	定性
	B3 政府投入(共享)	C6 体育经费投入	定量
A2 物质文化	B4 节能减排(绿色)	C7 绿色场馆数量	定量
		C8 绿色赛事数量	定量
	B5 项目多元(协调)	C9 项目类型丰富	定性
		C10 赛事级别丰富	定性
	B6 特色文化(开放)	C11 民族传统体育非物质文化遗产	定性
		C12 地方优势体育文化品牌	定性
	B7 资源分配(共享)	C13 人均可使用体育场馆数量	定量
		C14 人均公共体育面积	定量
		C15 人均公共体育设施	定量
	B8 教育培训(共享)	C16 特色体育学校	定量
		C17 体育社团	定量

(续表)

一级指标	二级指标	三级指标	性质
A3 行为文化	B9 体育科研(创新)	C18 体育研究成果	定量
		C19 体育研发经费	定量
		C20 体育科研机构数量	定量
	B10 人与自然(绿色)	C21 户外体育活动	定性
		C22 体育环境保护	定性
	B11 体育旅游(开放)	C23 体育旅游消费	定量
		C24 游客数量	定量
	B12 多元主体(共享)	C25 外来人口体育活动	定性
		C26 弱势群体体育活动	定性
A4 精神文化	B13 健康理念(创新)	C27 运动健康	定性
		C28 生活方式	定性
		C29 全民健身	定性
	B14 文化传播(开放)	C30 体育媒体	定量
		C31 体育艺术	定量
	B15 文化自信(开放)	C32 居民认同感	定量
		C33 居民满意度	定量

(三) 体育文化高质量发展综合评价指标权重的确定

1. 常见赋权方法的对比分析

在构建了评价指标体系后,要测度体育文化高质量发展水平的另一个关键问题就是确定各指标的权重。目前,学术界常用的赋权方法包括层次分析法、主成分分析法和熵值法。其中,层次分析法属于主观赋权法,这类方法的评价效果取决于评价者自身的知识水平、经验、偏好以及对评价对象的了解程度,易受人为因素的影响。主成分分析法对样本量的要求较大,且会丢失原始数据信息。熵值法可以客观判断某个指标的离散程度,离散程度越大则该指标对综合评价的影响越大。本研究在综合对比常用的几种赋权方法后,建议选用客观赋权法中的熵值法来确定各项指标的权重。本研究给出评价指标体系是基于体育文化高质量发展的内涵和相关研究资料,结合专家法,根据确立原则进行的理论构建。如果要使用熵值法确定各指标的权重,则需要较大的科研投入才能获得大量原始数据并进行分析,因此下文仅给出具体的方法建议。

2. 熵值法原理

熵值法就是采用熵这个概念来对指标进行赋权。熵指代一种混乱程度,即定义的事物越混乱,其熵值就越大;事物越整齐,其熵值就越小。熵值法基于数据本身的波动来进行赋权,保留了原始数据信息、消除了人为因素的影响,不具有主观性,使评价结果更为客观和科学。另外,一些学者在采用熵值法确定指标权重后,会进一步通过 TOPSIS 模型寻找指标的最优值和最劣值,计算每个评价对象到最优值和最劣值的距离以及每个评价对象与最优值的相对接近程度。

3. 熵值法计算步骤

(1) 以原始数据为基础构建评价矩阵

假设现有 m 个待评项目,n 个评价指标,可得到原始数据 $R=\{r_{ij}\}_{m\times n}$

即 $R = \begin{bmatrix} r_{11} & \cdots & r_{1n} \\ \vdots & \vdots & \vdots \\ r_{m1} & \cdots & r_{mn} \end{bmatrix}_{m\times n}$

其中,r_{ij} 表示第 j 个指标下第 i 个项目的评价值,$i=1,2,\cdots,m;j=1,2,\cdots,n$。

(2) 指标数据标准化

由于各个指标的量纲不同,且当评价指标体系中同时存在正向、负向和中性指标时,无法直接将不同性质的指标加总。因此,为保证指标间的可比性和可加性,首先需要对原始数据进行无量纲化处理(标准化)。根据式(1)对各个指标进行正向标准化处理。

$$x_{ij} = \frac{r_{ij}-\min(r_j)}{\max(r_j)-\min(r_j)} \tag{1}$$

其中,x_{ij} 表示第 i 年第 j 个指标标准化后的数值;r_{ij} 表示第 i 年第 j 个指标的原始数值,$\min(r_j)$ 表示第 j 个指标的最小值,$\max(r_j)$ 表示第 j 个指标的最大值。

经过标准化处理的矩阵为 $X = \begin{bmatrix} x_{11} & \cdots & x_{1n} \\ \vdots & \vdots & \vdots \\ x_{m1} & \cdots & x_{mn} \end{bmatrix}$

(3) 坐标平移

为避免标准化后的数据为 0 时出现无法计算信息熵的情况,需要将标准化后的矩阵进行平移,平移后的矩阵为 $X'=\{x'_{ij}\}_{m\times n}$,为尽可能减轻平移对评价结果产生的影响,本研究参照学者们的普遍做法,将平移幅度 k 设定为 0.0001。

(4) 计算信息熵、差异性系数和指标权重

首先,根据平移后的矩阵 X' 计算第 i 年指标 j 所占比重:

$$p_{ij} = \frac{x'_{ij}}{\sum_{i=1}^{m} x'_{ij}} \tag{2}$$

其次,计算指标 j 的信息熵:

$$e_j = -\frac{1}{\ln m}\sum_{i=1}^{m} p_{ij} \times \ln p_{ij} \tag{3}$$

再次，计算指标 j 的差异性系数：

$$d_j = 1 - e_j \tag{4}$$

最后，计算指标 j 的权重。

$$w_j = \frac{d_j}{\sum_{j=1}^{m} d_j} \tag{5}$$

根据以上原理和计算步骤，带入原始数据，即可计算出江苏省体育文化高质量发展评价指标的权重。

四、体育文化高质量发展指标的解释说明

（一）体育文化高质量发展的四个维度及其内涵

1. 体育制度文化构成体育活动的组织基础

体育制度文化是指在体育领域内，通过一定的组织结构和规范体系来实现体育活动有序进行的各种制度和规则，它是体育文化的重要组成部分。体育制度文化包括体育组织如体育协会、俱乐部、学校体育部门等的结构和运作方式，它们构成了体育活动的组织基础。体育活动中必须遵守的规则和标准确保了体育竞赛的公平性、安全性和有效性，国家或地区层面上制定的体育政策和法规指导和规范体育活动的开展，保障体育参与者的权益。体育教育培训体系以及从基层到国际级别的竞赛体系通过学校教育、专业训练以及体育赛事的组织、管理和运作等方式，为国家培养体育后备人才、提高公众的体育素养。在全球化背景下，国际体育交流与合作机制也是体育文化高质量发展的重要途径，通过国际赛事、交流项目等形式，能够促进不同国家和地区之间的体育文化交流。

2. 体育物质文化为体育活动的开展提供必要的物质条件

体育物质文化是体育文化的重要组成部分，它包括了体育设施、器材、场地等物质条件，以及通过体育活动所创造和使用的相关物质产品。体育物质文化的基础是各种体育设施和器材，它们为体育活动的开展提供了必要的物质条件，这些设施和器材随着体育项目的发展而不断更新和完善，体现了体育科技进步和创新。体育非物质文化遗产是体育文化的重要组成部分，包括与体育活动相关的竞赛程序、器械制作等，以及与民族社会特征、经济生活、宗教仪式、风俗习惯等紧密相关的传统文化现象。民族传统体育具有独立的文化形态和丰富的文化内涵，它不仅是一种体育活动方式，也是民族文化的一种表现形式，体现了民族的传统习俗、道德观念和教育方式，应当保护和挖掘优秀民族传统体育文化，同时推动其与现代体育的融合，以适应时代的发展需求。体育物质文化还包括各个运动项目所蕴含的文化内涵，如运动项目的文化特征、组织文化和团队精神。这些文化特征

在运动项目的发展中不断被提炼和强化,形成了具有特色的文化标识。

3. 体育行为文化与实践活动紧密联系

体育行为文化是指在体育活动中,人们通过身体运动、技能展示、比赛参与等方式所表现出来的行为模式和行为习惯,是体育文化中与实践紧密相关的部分。体育行为文化的基础是身体运动,包括各种体育项目中的运动技能和身体锻炼。在体育竞赛中要求参与者严格遵守比赛规则和体育道德,保证比赛的公平性和正当性,运动员通过展示高超的体育技能来体现个人或团队的专业水平和竞技能力,也通过比赛检验和提升自己的运动水平。体育行为文化强调通过体育教学和训练培养青少年的体育兴趣和运动习惯,鼓励创新思维和实践,不断探索新的运动方式和训练方法。鼓励社会公众参与体育活动,提高社会对体育的关注度和参与度,鼓励通过参与体育活动来促进身体健康和心理健康,倡导将体育活动融入日常生活,形成健康、积极的生活方式。体育活动也是一种社交行为,通过体育活动展现不同民族文化和地域文化的特色和魅力,通过体育交流和互动,增进人与人之间的了解和友谊。

4. 体育精神文化体现了体育活动所蕴含的精神价值和内在品质

体育精神文化是体育文化中最为重要的组成部分之一,它体现了体育活动所蕴含的精神价值和内在品质。体育精神文化强调在规则的基础上进行公平竞争,尊重对手,追求公正和诚实。倡导团队合作,强调集体主义精神,鼓励运动员之间相互支持和协作。鼓励个人不断挑战自我,追求卓越,通过不懈努力实现自我提升和突破。倡导尊重他人,包括对手、裁判和观众,同时保持谦逊,不自满,不骄傲。强调通过体育锻炼促进身心健康,倡导积极健康的生活方式。强调坚韧不拔的毅力,即使面对困难和挫折,也要坚持到底,不轻易放弃。通过体育活动培养年轻人的品格和价值观,激励人们面对生活中的挑战,将体育中的积极态度应用到其他领域。体育精神文化还包含了对体育传统的尊重和传承以及国与国间的友谊和理解,弘扬民族体育精神和文化,以及对社会的责任感,通过体育活动向人们传递正能量,促进社会和谐,通过体育交流促进不同文化间的相互学习以及不同国家之间的相互尊重。

(二)体育文化高质量发展具体指标的内涵

体育文化高质量发展具体指标的内涵如表 3.2 所示。

表 3.2　体育文化高质量发展评价指标内涵

一级指标	二级指标	三级指标	指标内涵
A1 制度文化	B1 智慧体育（创新）	C1 智慧场馆数量	利用物联网、大数据、人工智能等新一代信息技术,对场馆进行数字化、智能化的管理和运营的体育场馆数量
		C2 智慧赛事数量	通过感知、识别和分析赛事的参与者、数据、设备、场地等信息,实现对赛事组织、安全管理、观众体验等方面的智能监控和管理的赛事数量

(续表)

一级指标	二级指标	三级指标	指标内涵
	B2 区域战略（协调）	C3 政策法规	根据地方特色和发展需求，制定相应的规划和发展政策的数量
		C4 城市间协同	城市间资源共享、协同发展的程度
		C5 城乡协同	城乡间资源共享、协同发展的程度
	B3 政府投入（共享）	C6 体育经费投入	政府在预算中专门用于支持体育事业和项目发展的资金数量
A2 物质文化	B4 节能减排（绿色）	C7 绿色场馆数量	在场馆设计、建设和运营中注重环境友好和可持续发展的原则，以最大程度减少对环境的负面影响，并提高能源利用效率和资源利用效益的场馆数量
		C8 绿色赛事数量	在赛事组织和运营中注重环境友好和可持续发展的原则，以最大程度减少对环境的负面影响，并促进社会、经济和环境的协调发展的赛事数量
	B5 项目多元（协调）	C9 项目类型丰富	运动项目和活动多样化，涵盖了各种不同的运动方式和竞技项目
		C10 赛事级别丰富	体育赛事多层次、多级别
	B6 特色文化（开放）	C11 民族传统体育非物质文化遗产	民族或地区的传统体育活动、竞技项目或运动方式，作为非物质文化遗产的一部分被认定和保护
		C12 地方优势体育文化品牌	特定地区基于其独特的自然环境、文化传统和体育资源所形成的具有影响力和竞争力的品牌
	B7 资源分配（共享）	C13 人均可使用体育场馆数量	在特定地区或国家范围内，按照每个居民的平均数计算，可供居民使用的体育场馆的数量
		C14 人均公共体育面积	在特定地区或国家范围内，按照每个居民的平均数计算，可供公众进行体育活动的公共场地或场馆的面积
		C15 人均公共体育设施	在特定地区或国家，按照每个居民的平均数计算，可供公众进行体育活动的公共设施的数量
	B8 教育培训（共享）	C16 特色体育学校	在教育体制中，为相关领域的有特殊体育才能或对该领域兴趣的学生提供专门培养和发展的学校，其教育模式和课程设置更加注重体育素养和技能的培养
		C17 体育社团	由一群对体育活动感兴趣的个人组成的组织或团体，共同进行各种体育运动、锻炼和促进体育文化的交流与发展
A3 行为文化	B9 体育科研（创新）	C18 体育研究成果	在体育领域进行的科学研究所取得的成果和发现，以及对体育相关问题的理论、实证研究和探索的结果
		C19 体育研发经费	用于资助和支持体育领域的科学研究和技术开发的资金
		C20 体育科研机构数量	专门从事体育科学研究、技术创新和应用开发的独立机构或部门

(续表)

一级指标	二级指标	三级指标	指标内涵
	B10 人与自然（绿色）	C21 户外体育活动	在室外自然环境中进行的各种体育活动
		C22 体育环境保护	在体育活动和体育设施的规划、建设和使用过程中，采取各种措施来保护和改善自然环境和生态系统，确保体育活动对环境的影响降到最低
	B11 体育旅游（开放）	C23 体育旅游消费	人们在旅游过程中，为了满足个人或团体的体育活动需求而进行的消费行为。这种消费不仅包括直接参与体育活动的费用，还涉及相关的服务和产品
		C24 游客数量	以参与、观赏或体验体育活动为主要目的或重要组成部分的旅游者
	B12 多元主体（共享）	C25 外来人口体育活动	那些居住在非原籍地的人口（即外来人口或移民）参与的体育活动。这些活动可以是个人或集体的，正式或非正式的
		C26 弱势群体体育活动	针对那些在社会中处于不利地位，可能因健康、经济、社会地位等原因而难以参与体育活动的群体所开展的体育活动
A4 精神文化	B13 健康理念（创新）	C27 运动健康	人们根据自己的身体状况和能力选择合适的运动形式，以实现最佳的健康效果，通过体育活动实现全面健康
		C28 生活方式	个人或群体在日常生活中形成的一系列行为习惯和生活模式，这些习惯和模式通常反映出他们的价值观、信仰、生活环境和文化背景
		C29 全民健身	国家层面推动的社会活动，鼓励和促进全体公民参与体育锻炼和体育活动
	B14 文化传播（开放）	C30 体育媒体	专门报道、传播和推广体育相关新闻、信息、赛事和内容的各类媒体平台，包括传统的报纸、杂志、电视、广播，以及现代的互联网网站、移动应用、社交媒体和流媒体服务
		C31 体育艺术	一种将体育运动与艺术表现形式相结合的领域，它通过运动来展现美的形式，强调动作的流畅性、协调性和表现力
	B15 文化自信（开放）	C32 居民认同感	居民对于所在社区或地区的体育文化传统、体育活动、体育价值观和体育精神的认同和归属感，反映居民对体育文化在社区中重要性的认识和接受程度，以及他们愿意参与和支持体育活动的态度
		C33 居民满意度	居民对其所在社区或地区提供的体育文化服务、体育设施、体育活动和体育教育等方面的满意程度，反映居民对体育文化资源的利用体验、期望实现以及对体育文化发展的整体评价

下篇 实践篇

第四章
江苏体育文化发展的简述

一、江苏体育发展的概览

（一）江苏体育历史的发展

1. 古代江苏体育运动的萌芽

古代江苏的体育项目丰富多样，包括蹴鞠、捶丸、木射、投壶等。蹴鞠是古代江苏最流行的体育项目之一，在战国时期成为江苏一带的娱乐活动，并于秦汉时期在江苏徐州等地广泛流行。蹴鞠不仅在宫廷贵族中盛行，也逐渐渗透到平民百姓中。古代江苏的体育活动常与民俗活动相结合。例如，隋代的五月五日斗力之戏、元宵龙灯、惊蛰探梅、清明踏青、端午竞渡等活动，不仅具有体育休闲与锻炼的性质，还丰富了民众的娱乐文化生活。

在秦汉与唐宋时期，江苏体育逐渐由军事化、实用性为主的体育项目，向智力型、娱乐型过渡，并越来越注重养生体育。琴棋书画是中国古代的四大艺术，作为四大艺术之一的围棋活动，在古代江苏也极为活跃和兴盛，并对中国围棋运动的发展产生过重要的影响和作用，以博弈为特点的智力游戏类体育逐渐开展。随着养生理念的兴起与实践，气功成为养生活动的典型代表。千百年来，江苏的气功养生活动一直非常活跃。例如，生息在太湖流域的江苏人民，创造了具有地域特色的"太湖气功"。苏州有"尚武"之都的美誉，体育的发展以武术、江南船拳和麻将等为主，在江苏古代体育的文化传承上发挥了作用。14世纪朱元璋定都南京后，推行"乡射礼"，鼓励学习射艺。15世纪明政府创设南京武学，维护南方地区的稳定。晚清时期，基督教青年会、教育会、商会附设体育组织开始开展社会体育活动，标志着体育社团的萌芽。

2. 近代江苏体育运动的发展

近代江苏体育运动的兴起与发展，是江苏体育历史上一幅波澜壮阔的画卷。随着西方体育文化的传入和本土体育意识的觉醒，中国开始意识到体育对于国家强盛和民族振兴的重要性。在这一时期，江苏体育不仅在竞技水平上取得了显著进步，更在推动社会变革、促进文化交流等方面发挥了重要作用。

自清末民初以来,江苏地区逐渐涌现出热爱体育、追求卓越的运动员,在学校和社会中积极引进西方体育项目,比如足球、篮球、田径等。体育运动的普及提高了人们的身体素质和精神面貌,为国家的繁荣富强注入了新的活力。同时,江苏体育组织也相继成立,比如江苏体育会、南京高等师范学校体育科等。19世纪中叶,随着西学东渐的兴起,江苏南通地区也受到了影响。1895年,南通建立了第一所女子学校,随后女子体育教育逐渐得到发展。在张謇等人的推动下,南通的女子体育教育呈现出欣欣向荣的发展趋势[①]。

民国时期,江苏体育迎来了快速发展的黄金时期。在这一时期,江苏地区涌现出多位优秀运动员,他们在国内外赛场上屡创佳绩,为国家争光。在1924年的第三届全运会上,江苏代表团获得了多项冠军,比如夏翔在撑杆跳高项目中以3.255米的成绩获得冠军,充分展现了江苏体育的雄厚实力。江苏积极举办各类体育赛事,比如第五届全国运动会在民国时期中国最大的体育场——南京中央体育场举办,大幅提高了江苏体育的知名度。

3. 改革开放与江苏体育的新篇章

改革开放的春风为江苏体育注入了新的活力,开启了江苏体育发展的新篇章。在这一时期,江苏体育事业迎来了前所未有的发展机遇。政策层面的支持为江苏体育的快速发展提供了有力保障,资金投入的大幅增加使得体育设施建设和赛事举办能力得到了显著提升。

改革开放后,江苏体育产业逐渐形成了多元化、规模化的发展格局,体育服务业和体育制造业均实现了快速发展。特别是在体育服务业方面,江苏凭借丰富的体育资源和良好的市场环境,吸引了大量国内外体育企业和资本的入驻,推动了体育产业的繁荣。

在改革开放的推动下,江苏体育的国际交流与合作也取得了显著成果。先后成功举办了第十届全国运动会、第六届全国残疾人运动会、世界女篮锦标赛、世界青年女子垒球锦标赛等高水平比赛,充分展示了江苏举办大型赛事的能力和水平,提升了江苏的国际知名度,受到国际和社会各界的广泛好评。

改革开放还为江苏体育的青少年培养体系带来了深刻变革。江苏注重青少年体育后备人才的培养,通过加强青少年体育俱乐部建设、完善青少年体育赛事体系等措施,为青少年提供了大量体育参与机会和展示平台。这不仅激发了青少年对体育的热情和兴趣,也开始推进江苏体育事业的可持续发展理念。

4. 江苏体育与社会变迁的相互作用

随着社会的不断发展,江苏体育经历了从萌芽到繁荣的历程,成为推动社会进步的重要力量。江苏体育的兴起与发展反映了社会变迁的脉络。改革开放以来,江苏经济快速发展,人民生活水平显著提高,为体育事业的蓬勃发展提供了有力保障。随着城市化进程的加速和人口结构的变化,民众对体育的需求也日益增长,推动了江苏体育产业的快速发展。

---

① 龚腾云,汪君民.张謇的大众体育思想研究[J].南通大学学报(社会科学版),2017,33(6):138-143.

江苏体育的辉煌成就深刻影响了社会变迁。江苏运动员在国际和国内赛场上屡创佳绩,不仅为国家争光,也为江苏赢得了荣誉。这些成就激发了全省人民的自豪感和凝聚力,推动了江苏体育文化的普及和传承。江苏体育产业的发展带动了各个领域的繁荣发展,促进了经济增长。2022年江苏省体育产业总规模5 963.68亿元(约占全国总规模的1/5),体育服务业和体育制造业是江苏体育产业的两大支柱。体育服务业的快速发展不仅满足了群众对体育健身、休闲娱乐等多元化的需求,还推动了体育旅游、体育传媒等相关产业的繁荣;体育制造业通过技术创新和产业升级,提高了产品的附加值和竞争力,为江苏经济的转型升级注入了新动力。

江苏地区拥有悠久的体育文化传统和丰富的体育资源,传承与创新优秀传统体育文化是江苏体育与社会变迁相互作用的体现。江苏积极引进国际先进的体育理念和模式,推动体育文化的创新和发展。在青少年体育培养方面,江苏注重培养青少年的体育兴趣和技能水平,通过举办各类体育赛事来激发青少年的参与热情[①]。在体育教育方面,江苏注重培养学生的体育素养和综合能力,推动体育教育与高等教育的深度融合,做好体育文化的教育。

5. 江苏体育发展的区域特色与传承

在体育项目上,江苏以独特的地理环境和文化背景孕育出了具有地方特色的优势项目。江苏的乒乓球、羽毛球等小球项目一直保持着较高的竞技水平,多次在国际和国内赛事中取得优异成绩,游泳、排球、击剑、体操等体育项目也一直保持着优势地位。

在运动员培养方面,通过建立完善的青少年体育培训体系,引进国内外先进的训练理念和方法,为运动员的成长提供了坚实的保障,稳步提升了运动员的竞技水平。江苏注重传承与创新的培养模式,体育人才辈出,不断为国家输送了高质量体育人才。

在赛事举办方面,江苏充分利用地理与文化优势,举办了一系列具有地方特色的体育赛事。例如,江苏南京举办亚青会、青奥会等大型国际赛事,不仅提升了江苏的国际知名度,也促进了江苏体育产业的快速发展。

江苏注重体育文化的传承与弘扬,通过举办各种体育文化活动、建设体育博物馆等方式,让群众深入了解江苏的体育历史和文化底蕴。例如,运河体育会展中心是运河文化城建设的重点项目之一,也是江苏宿迁规模最大、建筑标准最高的现代化体育会展设施,由东南大学建筑设计研究院规划设计,包括体育中心、会展中心(含科技馆)、城市展览馆三个部分。江苏省地方志编纂委员会于2019年完成了《江苏省志(1978—2008)·体育志》(送审稿)的编纂工作,详尽记录了改革开放三十年来江苏体育事业的辉煌历程。同时,江苏省体育局坚持每年编纂出版《江苏体育年鉴》,全方位翔实记录了江苏体育的发展进程,为体育文史资料的管理提供了标准化、规范化的范式。

对于传统体育类非物质文化遗产,江苏给予高度重视,积极开展资料搜集、整理与价值挖掘工作。江苏已有多项传统体育、游艺与杂技项目被列入各级非物质文化遗产名录,截至2023年,江苏拥有国家、省、市三级传统体育、游艺与杂技等体育类非遗项目60余

---

① 张梦瑶.新时代体育强国建设的多维思考[J].理论视野,2024(7):64-69.

项,比如建湖杂技、泰兴斗金叶子及徐州武术等,均展现了浓郁的江苏地域特色。

江苏着眼特定人群,全方面推动体育事业发展。例如,江苏吴江在全区老年人中大力推广桌上冰壶球项目,震泽镇于2023年被评为苏州市老年人体育特色项目"桌上冰壶之乡"。江苏省经济的发展推动了区域体育多方面的基础设施建设,促进了体育事业发展,带动了人民群众运动健身的热情,提升了全民运动健身的观念。

(二)江苏体育的重要事件

1. 奥运金牌时刻:江苏运动员的辉煌战绩

江苏体育的辉煌历程中,奥运金牌时刻无疑是其中最为璀璨夺目的篇章。自中国重返奥林匹克运动会以来,江苏运动员以卓越的实力和坚韧的毅力,在国际赛场上屡创佳绩,为国家赢得了无数荣誉。在跳水、击剑、射击、体操、羽毛球、排球、游泳等项目上,江苏运动员在奥运赛场上都获得过金牌。截至2024年,江苏省共拥有27位奥运冠军,位居全国第二。在2024年巴黎奥运会上,江苏运动员共获得4枚金牌、5枚银牌、7枚铜牌,共计16枚奖牌,奖牌数位居全国第1名,金牌数位居全国第6名,实现了参加境外奥运会获奖牌数的历史性突破。

江苏运动员在奥运赛场上的辉煌战绩,不仅展现了他们的实力和风采,也体现了江苏体育事业的蓬勃发展和国家综合实力的提升。江苏省政府高度重视体育事业的发展,为运动员提供了良好的训练环境和条件,为他们的成功奠定了坚实的基础。

2. 全运会的历史足迹:江苏体育代表团的重要成就

全运会作为中国体育界的盛事,见证了江苏体育代表团一次又一次的辉煌成就。自全运会举办以来,江苏体育代表团始终保持着强劲的竞争力和出色的表现。从早期的崭露头角,到近年来的全面崛起,江苏体育代表团在全运会上屡创佳绩。

在历届全运会上,江苏体育代表团都展现出了强大的实力和深厚的底蕴。1959年第一届全运会,江苏体育代表团就取得了优异的成绩,共斩获5枚金牌、21枚银牌、18枚铜牌,共计44枚奖牌。2021年第十四届全运会,江苏体育代表团在竞技体育项目33个大项、296个小项中共收获42枚金牌、35枚银牌和39枚铜牌,参赛成绩居全国第一方阵。

江苏作为体育大省,一直以来都高度重视体育事业的发展。积极培养体育人才,加强体育设施建设,提高体育服务水平,这些措施为江苏体育代表团在全运会上取得优异成绩提供了有力保障。同时,江苏体育代表团在备战全运会的过程中,注重科学训练,使用先进技术和理念,加强与国际接轨,不断提高运动员的竞技水平和综合素质,这些创新和进步为江苏体育代表团在全运会上取得优异成绩提供了有力支持。

3. 江苏国际赛事的举办与影响力

江苏作为中国的经济大省,不仅在经济领域取得了显著成就,在体育领域也展现出了强大的实力。21世纪以来,江苏成功举办了多场国际级体育赛事。比如2024年大运河城市(扬州)足球精英邀请赛,吸引了来自纳米比亚、韩国、越南以及国内多支U17队伍参加;2024"聚焦美好江苏"系列活动——在江苏外国人乒乓球友谊赛,由江苏省人民对外友好协会、美国亚洲通国际咨询中心和爱德基金会共同主办;江苏昆山举办了多届国际ITF世界男子网球巡回赛。这些赛事不仅展示了江苏省丰富的体育资源和强大的组织能力,也为国内外运动员提供了一个交流和竞技的平台。

2014年南京青奥会,这场国际性的体育盛会不仅吸引了来自世界各地的优秀运动员,还吸引了全球的目光。南京青奥会期间,来自世界各地的游客数量激增,为江苏带来了可观的经济收益。江苏体育产业总产值增长了近30%,体育旅游、体育传媒等相关产业也实现了快速增长。南京青奥会的成功举办,展示了江苏在体育设施、组织能力和服务水平方面的卓越实力,进一步提升了江苏的国际形象。通过举办国际赛事,江苏的体育场馆得到了充分利用,体育产业链也得到了进一步完善。

4. 重要的体育赛事与江苏城市的联动发展

江苏这片富饶的土地,不仅孕育了深厚的文化底蕴,更在体育领域展现出了独特的魅力。江苏各地举办了一系列体育赛事,提升了江苏城市的知名度和影响力,更实现了体育赛事与城市发展的深度联动。

江苏的省会城市南京,成功举办了多项国际级体育赛事。2013年亚洲青年运动会,南京共接待了来自亚洲各国的运动员、教练员和观众超过百万人次。这场赛事吸引了全球的目光,带动了南京城市基础设施的完善与城市形象的提升,为南京带来了可观的经济效益与社会效益。江苏盐城作为中国黄海湿地的重要组成部分,拥有丰富的生物多样性和独特的自然景观。通过举办国际马拉松、自行车赛等体育赛事,盐城将体育文化与生态保护紧密结合,既推广了体育赛事,又提高了城市群众生物多样性保护的认识和参与度。盐城成功打造了多个国际知名的湿地保护区,比如盐城国家级珍禽自然保护区和条子泥湿地保护区等,成为体育文化和生态旅游的热点区域。

除此之外,江苏无锡举办的环太湖国际公路自行车赛吸引了国内外的骑行者、赛事观众、志愿者前来参加;江苏扬州鉴真国际半程马拉松赛吸引了众多跑者前来参赛;江苏苏州举办了多种级别与段位的围棋比赛,弘扬和传承了围棋文化。这类具有地域特色的知名赛事成为江苏的一张名片,帮助江苏提升了各城市的知名度和影响力,使江苏城市的发展与体育紧密联系。

5. 江苏体育产业的标志性事件与里程碑

江苏体育产业从20世纪80年代逐步兴起。1995年江苏省五台山体育中心实行综合改革,揭开了江苏省体育场馆市场化运作、开展多种经营的序幕,带动江苏体育产业迈入初步发展阶段。在此之前,体育场馆的运营模式相对传统和单一,而这次改革为体育场馆的多元化经营和市场化发展探索出了一条道路,为江苏体育产业的后续发展奠定了基础。

全国运动会是国内规模最大、水平最高的综合性运动会,2001年江苏获得第十届全国运动会的主办权,极大地推动了省内体育基础设施的建设,包括体育场馆、训练设施等的新建和改造,为体育产业的发展提供了硬件支撑。同时,赛事的举办激发了民众对体育的关注和参与热情,促进了体育消费的增长,使江苏体育产业进入快速发展阶段。

2010年江苏在全国率先以省政府名义出台《关于加快发展体育产业的实施意见》，在财政、金融、税费、用地等方面实行了一系列扶持政策，为江苏体育产业的发展提供了有力的政策支持和保障，推动江苏体育产业进入政策驱动的高速发展阶段。此后，江苏体育产业在彩票销售、赛事运作、场馆多元化经营等方面取得了显著的成绩，产业规模和效益不断提升。

2015年4月江苏省体育产业集团正式挂牌成立，作为江苏省体育发展的融资渠道和技术服务平台，江苏省体育产业集团承担着国有资产保值增值责任和省政府委托举办的公益性体育服务项目，标志着江苏体育产业有了省级的龙头企业和专业的运营平台，对于整合江苏省内体育资源、推动体育产业的规模化、专业化发展具有重要意义。

2024年南京体育学院体育产业与休闲学院和南京体育产业集团青奥产业南京有限公司共建江苏省体育赛事产教融合基地暨实训基地，这是江苏体育产业在产教融合方面的重要举措，标志着江苏在体育人才培养和产业发展的结合上进入了新的阶段。通过资源共享、优势互补，一方面使体育人才的培养更加符合产业发展的需求，另一方面也为江苏体育产业的创新发展提供了人才支持和智力保障。

（三）江苏体育的特色项目

1. 花样游泳

花样游泳是一项集游泳、舞蹈、音乐和技巧于一体的水上竞技运动，因其高度的艺术性和观赏性而被誉为"水中芭蕾"。花样游泳起源于20世纪20年代的欧洲，最初是作为游泳比赛间的娱乐表演项目，1984年正式成为洛杉矶奥运会的比赛项目。花样游泳比赛通常分为双人、集体两个项目，每个项目又分为技术自选和自由自选两部分。技术自选要求运动员按照规定的动作和顺序进行表演，而自由自选则允许运动员在音乐伴奏下自由发挥创意，展示自己的编排和技巧。花样游泳运动员需要具备出色的柔韧性、力量、细节把控能力和协调性。他们在进行表演时，需让上半身露出水面或在水中倒立，完成各种高难度的动作和编排。

江苏花样游泳队的历史，是一段充满艰辛与荣耀的历程，它见证了中国花样游泳运动从无到有、从弱到强的壮丽蜕变。1983年，江苏花样游泳队正式建立，成为全国最早开展花样游泳项目的队伍之一。江苏花样游泳队在历届全国运动会中屡获佳绩，1994年首次夺得全国比赛集体自由自选金牌。随着队伍实力的不断提升，江苏花样游泳队开始在国际赛事中崭露头角。2000年，胡妮在第六届亚洲游泳锦标赛上获得了单人金牌，成为中国花样游泳史上第一位亚洲冠军。这一时期，江苏花样游泳队培养出了金蝉、金娜、王芳、侯颖莉、胡妮、钱艾嘉、朱政等一大批优秀运动员，为队伍的发展奠定了坚实的人才基础。

江苏花样游泳队在亚运会、世锦赛、奥运会等国际赛事中屡创佳绩。2014年，呙俐在仁川亚运会花样游泳集体、双人组合比赛中获得冠军，并在魁北克世界杯花样游泳集体、组合比赛中获得冠军。2022—2024年世界游泳锦标赛，王赐月随中国队连续三年获得花样游泳集体技术自选冠军和集体自由自选冠军。2024年，在巴黎奥运会花样游泳集体技巧自选比赛中，王赐月与队友组成的中国队以283.6934分名列第一，从而以996.1389的总分夺得花样游泳集体项目冠军,这是中国花样游泳队首次获得奥运冠军。

江苏省还举办了多项国际赛事,江苏扬州完美举办了第十一届国际泳联花样游泳大奖赛,江苏常熟举办了第十二届世界杯花样游泳比赛。随着国际泳联对花样游泳规则的不断调整和创新,江苏花样游泳队也积极适应新规则,不断推陈出新。江苏花样游泳队始终秉持着坚韧不拔、永不言败的精神品质,这种精神在队伍中代代相传,成为队伍不断发展壮大的重要动力。

2. 击剑

击剑起源于中世纪的欧洲,最初是一种军事技能,用于决斗和战斗训练。随着时间的推移,击剑逐渐从军事用途转变为竞技体育项目。击剑是一项全身性的运动,可以锻炼人的协调性、灵活性、力量和耐力。剑分为花剑、重剑和佩剑三种,运动员需要熟练掌握多种击剑技术,包括各种刺、劈动作,比如花剑的直刺、佩剑的劈砍等,并且要精准控制剑的方向、力度和速度。比赛中双方会频繁地发动进攻与防守,剑剑交锋,在短时间内充满了高强度的对抗。这种对抗不仅考验运动员的技术,更考验他们的心理素质和应变能力。击剑运动有一套严格的礼仪规范,比赛开始和结束时运动员要向对手、裁判和观众行礼,体现出高尚的体育精神和优雅的绅士风度。

江苏击剑队成立于1958年10月,当时的领队是吴世英,教练员有戴士娟等,运动员有庄杏娣、麦建生、周广荣等。1959年第一届全运会,击剑被列为表演赛项目,江苏队以总分50分获得团体总分第三名。在男子佩剑比赛中,江苏的容卓乎和沈昌杰分获冠亚军,颜虎清获得男子花剑第四名,钱步清获得男子重剑第八名,展现出了江苏击剑在早期的潜力。1965年第二届全运会击剑比赛,江苏队取得3金1铜的骄人战绩,击剑项目成为江苏竞技体育的"王牌"项目。经过"文化大革命"的洗礼,江苏省体委在1975年底决定重新组建江苏击剑队,涌现出了栾菊杰等优秀击剑运动员。1978年,栾菊杰在西班牙马德里举行的世界青年击剑锦标赛上获得亚军,让世界剑坛升起了第一面五星红旗。同年在曼谷亚运会上,她获得女花个人和团体两块金牌。

现代击剑运动是奥运会的传统项目,奥运会的舞台让击剑运动得到了更广泛的关注和传播,推动了击剑运动的快速发展。江苏省建立了较为完善的击剑人才培养体系,从基层的体校到专业队,为国家培养了大量的优秀击剑人才。在佩剑项目上成绩斐然的仲满,在2008年北京奥运会男子佩剑个人决赛中夺冠,实现了中国男子佩剑项目奥运金牌零的突破。江苏盐城的骆晓娟与江苏南京的许安琪在2012年伦敦奥运会女子重剑团体决赛中,以39比25逆转并大胜韩国队,为中国击剑队夺取奥运会首枚团体金牌。随着击剑运动的不断发展,江苏省积极推动击剑运动的普及。青少年击剑俱乐部如雨后春笋般不断涌现,各类击剑比赛和活动广泛开展,为击剑运动的发展培养了后备人才,也提高了击剑运动在江苏群众中的影响力。

3. 排球

排球起源于1895年的美国马萨诸塞州,由威廉·摩根发明。排球运动具有高度的技巧性、激烈的对抗性、攻防技术的两重性、严密的集体性等特点,球员需要在短时间内做出准确的判断和反应。排球比赛是一项集体项目,需要队员之间严密的集体配合。在比赛中,每个队员都需要发挥自己的特长,并与队友默契配合,共同应对对手的挑战,这种集体性要求使得排球运动成为一项培养团队精神、协作能力和集体荣誉感的重要运动。

新中国成立初期,江苏排球基础薄弱,起步艰难。1958年7月,为备战首届全运会,江苏排球队成立,其时人才匮乏,仅有七名队员。在国家政策的扶持和相关部门的重视下,江苏排球在改革开放后迎来了发展的新机遇。1978年漳州会议对排球工作的总结和部署,为江苏排球指明了发展方向。20世纪70年代末至80年代初,江苏女排凭借对扣球技术的精细打磨和独特的进攻特点,在第四届全运会上取得了男排冠军、女排亚军的优异成绩。然而,80年代中期以后,由于人才管理的薄弱和教练员的临时替换等原因,江苏排球的竞技成绩逐渐下滑。面对困境,江苏排球开始反思并寻求改革。通过多次对国外排球的考察和国内全运会的实际观察,江苏排球逐渐认识到身材高大、四肢修长、弹跳出众等身体形态对于排球项目的重要性。在训练上,江苏排球遵循大训练量原则,从实战出发,提升自身技术和体能水平,并观察竞技强队的打法与运动员特征,对教练员的技战术风格和运动员的动、静态天赋进行了总结,从选材、管理、训练等多方面进行了整改。为整合分配相关资源,增加运动员文化课程学习时间,体教融合的人才培养模式也被引入江苏排球。江苏排球不忘初心,严格落实"三从一大"训练原则,在饱经风霜的发展历程中,依然砥砺前行。

进入21世纪,江苏排球队伍在训练中更加注重运动员技术的全面性和竞赛时的心理素质培养。男排发球技术从跳飘球逐渐转向更具进攻性的大力跳发,这种技术上的全面性和心理上的稳定性,使得江苏排球队伍在2001年第九届全运会上表现出色,男排更是夺得了阔别22年的全运会冠军。自2013年以来,江苏省的经济腾飞为排球运动的发展注入了强劲的动力,竞赛组织形式的变化为江苏排球带来了新的挑战和机遇,2013年全运会首次设置排球青年组比赛。省青年队不仅需要完成输送任务,还需要参加全运会比赛,这对运动员的要求和训练次数都提出了更高的要求。江苏排球队伍的工作重心逐渐倾向青年队伍,更加注重对后备人才的选材质量、管理形式以及训练手段等方面的探索。2016年里约奥运会,惠若琪担任中国女排队长,带领球队赢得了冠军。同是队友的张常宁,13岁便凭借出色的表现成为国家沙滩排球队最年轻的集训球员,2015年以主力身份参加女排世界杯并夺冠。江苏连云港的龚翔宇,是江苏女排的一名杰出运动员,2012年凭借出色的表现入选国少排;2013年随队征战U18世界女排锦标赛夺得冠军;2015年更是作为国青女排唯一入选中国U23国奥女排的队员,参加了U23亚洲女排锦标赛,并成功夺得冠军。

历经六十年的风雨洗礼,江苏排球在艰苦的环境中不断前行。在一代代排球先行者的共同努力下,运动员选材、管理、训练、竞赛和保障等方面逐步完善。如今,江苏排球队伍已经步入正轨,成为国内一支不可忽视的排球竞技强队。

4. 乒乓球

乒乓球起源于19世纪末的英国,最初是作为一种饭后娱乐活动在家庭中进行。后来,随着器材的改进和规则的完善,乒乓球逐渐发展成为一项正式的竞技运动。乒乓球传入中国后,迅速得到了广泛的普及和发展。如今,乒乓球已成为中国的"国球",拥有庞大的群众基础和高水平的竞技队伍。作为一项广受欢迎的体育项目,乒乓球不仅具有极高的竞技价值,还具有广泛的社会影响。乒乓球运动既能促进群众的身心健康,提高身体素质和反应能力;还能增进人与人之间的交流和友谊,推动体育文化的传播和发展。

乒乓球在江苏的发展可以追溯到 20 世纪 50 年代,南京体育学院江苏省乒乓球队于 1958 年正式成立。在第一届全运会上,江苏乒乓球队在龚宝华、殷成基等首批教练员的带领下,克服了初创时期的种种困难,获得了第 12 名的成绩,居于全国中游水平。1963 年,球队的建设和发展逐步进入正轨,狄蔷华在雅加达第一届新兴力量运动会上获得了 1 金、2 银、1 铜,实现了江苏乒乓球在国际大赛上金牌"零"的突破。1981 年,在杨光炎教练的带领下,由蔡振华、杨川宁和惠钧等组成的江苏男队奋发崛起,首次夺得全国团体冠军。蔡振华在第三十六、三十七、三十八届世乒赛上屡获金牌,后出任国家队教练,带领中国乒乓球队走向辉煌。同时,惠钧、闫森、秦志戬、陈玘等名将也相继涌现,为江苏乒乓球队赢得了众多荣誉。

新时代,江苏乒乓球队进行了创新改革,加强了对年轻人才的培养和选拔,主要集中在青少年段,位列全国各省输送队员数量的前三甲。江苏乒乓球队从初创时期的艰难起步到发展与辉煌时期的崭露头角再到新时代的发展与挑战,经历了无数次的历练与成长。现在,江苏乒乓球队已经成为中国乒乓球队中的一支重要力量,为中国乒乓球事业的发展作出了重要贡献。

5. 游泳

从古代文明开始,游泳就已经存在。在远古时期,人们为了生存需要,在江河湖海中游泳捕鱼、渡水过河,这是游泳最原始的形态。随着时代的发展,游泳从军事和生存技能逐渐转变为一种竞技体育项目。1896 年,游泳成为第一届现代奥运会的竞赛项目,推动了游泳在世界范围内的普及和规范化。在竞技游泳中,分为自由泳、仰泳、蛙泳、蝶泳这四种泳姿,以及出这些泳姿组合而成的混合泳。在比赛中,不同的项目有着严格的距离规定。游泳时,身体的各个部位都参与其中。手臂划水、腿部打水以及躯干部位的协调配合,能够有效锻炼上肢、下肢、核心肌群等全身肌肉群。

江苏地区水网密布,拥有丰富的江河湖泊资源,为游泳活动的开展提供了天然条件。新中国成立后,江苏省的体育事业逐步得到恢复和发展。游泳项目也开始受到重视,各地开始建立业余体校和游泳训练队,培养游泳人才。1956 年江苏常州市青少年业余体育学校成立,游泳项目一直是该校的传统强项。改革开放后,江苏省的游泳项目迎来了新的发展机遇。1982 年江苏省体委第一次聘请澳大利亚游泳专家赛尔·麦克默特夫人至省游泳队任教,开创了引进外籍教练员的先河。20 世纪 90 年代,江苏游泳项目取得了显著的成绩,培养出了王晓红、林莉等优秀运动员。王晓红曾是中国泳坛辉煌时代的创造者和见证者,她和庄泳、钱红、林莉、杨文意被称为中国泳坛的"五朵金花"。

进入 21 世纪,江苏省的游泳项目不断发展,在国内外赛事中取得了优异的成绩。2014 年,出生于江苏的沈铎在南京青奥会中一举斩获 6 项冠军,一个月后的仁川亚运会又连夺4枚金牌。张雨霏更是在2021年东京奥运会上收获女子200米蝶泳金牌,并打破奥运纪录,同时在女子100米蝶泳中摘银,在女子4×200米自由泳接力中夺冠,刷新世界纪录。江苏省各市积极探索游泳项目的培养模式,采用体教融合的培养方式,借助全民健身中心,扩大游泳项目的基础人群,使梯队建设更为完整。江苏省举办了各类游泳赛事,包括江苏省青少年游泳锦标赛、冠军赛、俱乐部联赛等,为游泳运动员提供了展示和交流的平台,也促进了游泳项目的普及和发展。

6. 羽毛球

在中国,早在两千多年前就有类似羽毛球运动的游戏存在。当时西南地区的苗族、基诺族、壮族、仡佬族、哈尼族和瑶族等少数民族,会进行一种用木板拍击鸡毛花毽的游戏。羽毛球运动需要不断地奔跑、跳跃、挥动球拍,可以提升心肺功能,增强肌肉力量和协调性。羽毛球飞行速度快,方向多变,需要迅速判断球的落点和飞行方向,考验身体灵活性和反应速度。并且,羽毛球作为一项容易开展的运动,对于全民健身有着积极的推动作用。从社区比赛到国际大赛,羽毛球赛事众多,丰富了群众的体育文化生活。

20世纪前期,羽毛球运动在中国整体处于初步发展阶段,江苏也不例外。当时羽毛球运动的普及程度不高,参与的人数相对较少,缺乏专业的训练体系和赛事组织。20世纪70年代,江苏羽毛球迎来了重要的发展契机。江苏开始组建专业的羽毛球队,培养了一批优秀的运动员和教练员。1971年,江苏羽毛球队正式成立,阎玉江等运动员成为了江苏羽毛球的第一批队员。这一时期,江苏羽毛球运动员在国内赛事中逐渐崭露头角。阎玉江经过刻苦训练,在1973年河北唐山举行的全国羽毛球分区赛上,夺得了江苏羽毛球的第一个全国冠军。1975年第三届全运会,江苏队夺得男团亚军;1977年全国羽毛球锦标赛,江苏选手获得男单冠军。这些成绩的取得,为江苏羽毛球的发展注入了强大的动力。20世纪90年代,江苏羽毛球进入了快速发展的时期。在这一阶段,江苏队培养出了众多顶尖的羽毛球运动员,比如孙志安、杨阳、赵剑华等。孙志安是江苏第一位世界冠军,杨阳、赵剑华更是与其他两位外籍运动员并称当时国际羽坛的"四大天王",他们在国际赛场上取得了优异的成绩,为江苏羽毛球赢得了极高的荣誉。

进入21世纪,江苏羽毛球在竞技水平、群众基础、赛事举办等方面都取得了全面的发展。在竞技层面,江苏不断涌现出优秀的羽毛球运动员,比如石宇奇、何冰娇等国家队运动员,他们在国际比赛中表现出色,为江苏羽毛球增添了新的光彩。在群众体育方面,羽毛球运动在江苏得到了广泛的普及。全省各地的羽毛球馆数量不断增加,参与羽毛球运动的人数也越来越多。江苏扬州等城市拥有众多的羽毛球场,经常开展羽毛球运动,并且举办了各级各类羽毛球赛事。在赛事举办方面,江苏多次举办国际级和国家级的羽毛球赛事。例如,2023年苏迪曼杯在江苏苏州举行,2024年中国羽毛球公开赛在江苏常州举行,这些顶级赛事的举办,进一步提升了江苏在羽毛球领域的影响力。

二、江苏体育文化的回溯

(一) 江苏体育文化发展的动因

1. 从丰富的地域文化内涵催生而来

江苏位于长江三角洲地区,与上海市、浙江省、安徽省、山东省接壤。跨江滨海,湖泊众多,地势平坦;东临黄海,地跨长江、淮河两大水系,是中华民族和中华文明的重要发祥地,有南京、苏州、扬州、徐州、无锡、常州、南通、连云港、淮安、盐城、镇江、泰州、宿迁13座国家历史文化名城,数量居全国第一。江苏蕴藏着丰富的文化,包括"四主区"的吴文化、楚汉文化、维扬文化、南京故都文化以及"三个亚区"的京口文化、江海文化和海盐文化。多元的历史文化、独特的地理环境和丰富的自然资源所塑造的区域生态、传统、民俗等文明表现,对江苏体育文化的发展影响深远。

此外,江苏与体育有着久远的渊源,具有一定的历史延续性。南京体育学院内的中央体育场,作为1933年第五届全运会筹备的标志性建筑,由南京国民政府在中山陵园精心开辟1 200亩地,斥资超过143万元打造而成,以其辽阔的占地面积和恢弘的气势,在当时被誉为亚洲之最,见证了体育事业的迅猛发展,其影响力跨越时代,至今仍光彩夺目,被列为国家重点文物保护单位[①]。

2. 从区域的经济活力有效释放而来

2014年至2023年,江苏的地区生产总值从6.51万亿元跃升至12.82万亿元,连续跨越6个万亿级台阶,一直处于逐步攀升的态势。2019年至2023年,江苏地区第三产业增加值稳步增长,相较于2022年第三产业增加值6.20万亿元,2023年增加值达6.62万亿元,增长6.8%(图4.1)。江苏省13个城市全部跻身全国百强,其中5个城市的经济总量超过万亿元。在居民收入方面,江苏也取得了显著的进步。居民人均可支配收入从2019年的2.72万元增加到2023年的5.27万元,城乡居民收入比从2.30:1降至2.07:1,成为城乡收入差距最小的省份之一。村均集体经营性年收入超过230万元,显示出农村地区的经济实力也在稳步提升[②]。根据《南京市2023年国民经济和社会发展统计公报》,南京作为江苏省省会城市以及长三角城市群副中心城市之一,实现全年地区生产总值17 421.40亿元,比上年增长4.6%。其中,第一产业增加值317.75亿元,增长1.7%;第二产业增加值5 929.00亿元,增长2.8%;第三产业增加值11 174.65亿元,增长5.6%。三大产业占比由上年的1.9:35.4:62.7调整为1.8:34.0:64.2,人均GDP达183 015元。

---

① 张雄.南京体育学院在江苏"体育强省"建设进程中的地位与作用[J].南京体育学院学报(社会科学版),2010,24(1):1-4.
② 李丽君.提升财政资金质效服务乡村全面振兴:专访江苏省财政厅农业农村处处长李海峰[J].当代农村财经,2024(1):29-31.

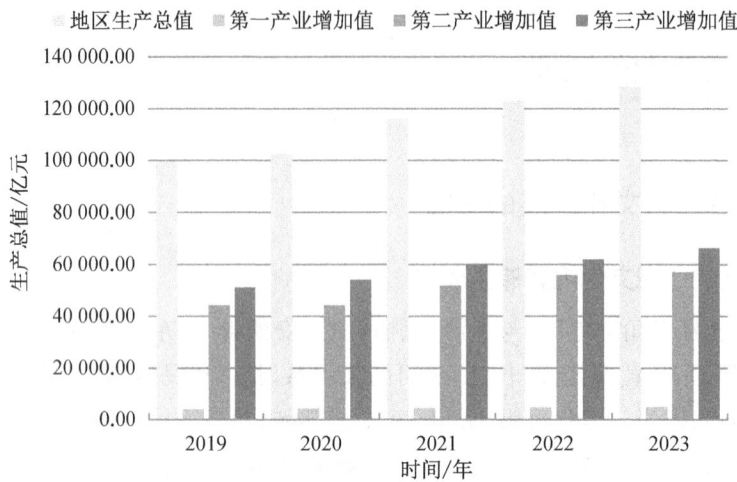

图 4.1　2019—2023 年江苏省地区生产总值

3. 从数字化的多方位渗透创新而来

数字化时代,科技迅速发展,人工智能、5G、区块链、量子信息等数字技术和信息技术的发展和应用,以及各种新产业、新业态给体育与科技不断融合发展创新开辟了更广阔的空间和新的赛道。江苏汇集和转化了优秀的科研成果,为体育场馆建设、体育运动发展、体育文化传播提供智力支持。

体育场馆作为体育赛事、大众健身的主要场所,为人民日益增长的体育运动需求提供可靠保障,数字化赋能体育场馆促进体育场馆的全新升级,各地体育场馆引入了自助服务机、人脸识别设备、无人值守闸机、自动化灯控等智能化硬件,以智能手段构建软硬件信息网络结构。同时,科技的运用助推高水平赛会场馆的智慧化转化,为全民健身提供更多空间。举办过中国大学生篮球联赛(CUBAL)一级联赛总决赛的苏州湾体育中心,其将数字化运营能力实现高效整合、软硬件设施装配走在江苏全民健身场馆前列。走进场内,随处可见"黑科技",比如拥有人脸识别系统可自主进出的游泳馆、配备智能手环的更衣柜、智能灯控篮球馆和羽毛球馆,以及智能能耗管控、智慧客流统计等。场内有智慧步道,通过一块大屏幕便可自动识别跑者年龄、性别、跑动距离等数据,市民用手机扫描大屏上的二维码即可查询个人的运动数据。作为江苏省运动会开闭幕式举办地的泰州体育公园,从场馆能耗、设备管理、安防应用、赛事信息等多个方面进行综合建设,体育公园管理者可以实时查看场馆态势,能够针对突发事件及时处置,保障场馆的平稳运转,提升赛事的智能化运营水平。赛会成功举办后,泰州体育公园也成了当地市民健身打卡的好去处。

社区体育馆、健身房作为人民运动锻炼的日常选择,智慧化应用需求进一步扩大。2024 年 1 月,江苏省无锡市首批 7 家社区共享健身房正式面向市民开放,利用社区"金角银边"打造的共享运动新空间满足了市民在"家门口"健身的需求,将体育惠民落到实处。社区共享健身房类似于一个功能具足的社区运动"无人店",全程和手机端对接的智慧模式,可实现超长时间营业、精准限流、智能化管理运动流程、共享式教练分配、健康数据及时生成等，引导服务用户就近运动。市民按次消费，最低消费只需2元，没有传统健身房的年费和二次消费推销，大大降低了健身成本，既为居民提供了浓厚的健身氛围，也解决了日常运维管理的难点。

4. 从体育强国的建设决策发展而来

党的十九大报告提出"加快推进体育强国建设"，习近平总书记明确要求"精心谋划，狠抓落实，不断开创中国体育事业发展新局面，把中国建设成为体育强国"。2019年9月2日，国务院办公厅印发《体育强国建设纲要》，部署推动体育强国建设，充分发挥体育在建设社会主义现代化强国新征程中的重要作用。江苏省作为全国率先试点，开展体育强省建设的地区，积极响应，深入贯彻党中央、国务院关于体育强国建设的部署安排，落实和贯彻《江苏省贯彻体育强国建设纲要实施方案》[①]。江苏省体育局发布的《体育强省建设三年行动计划（2023—2025年）》明确了统筹推进全民健身场地设施建设与管理、完善多层次多样化的赛事活动体系、构建运动促进健康新模式、提升竞技体育为国争光贡献度、振兴发展"三大球"、加强青少年体育工作、推进各级各类体校建设发展、优化体育产业发展环境、引导扩大体育休闲消费、培育发展数字体育经济、提升体育服务和治理水平等11项重点任务[②]。

政策方针的谋篇布局，促进着江苏体育事业的发展。2023年江苏共创建13所国家重点高水平体育后备人才基地、20所国家高水平体育后备人才基地，高水平基地数量位列全国第二。江苏还为青少年搭建赛事和活动平台，全年共举办省级青少年比赛110场，超过2万人次参与，足球"省长杯"决赛阶段参赛队伍达到148支，"奔跑吧·少年"主题健身活动参与人次超过50万。全民健身服务不断发展，城市社区"10分钟体育健身圈"和农村乡镇"15分钟体育健身圈"建设情况相关数据信息得以"搬"进信息系统，大幅提升了市民公共健身资源的使用效率。江苏在新媒体平台专门打造《科学健身周周练》系列短视频，视频浏览量近1亿次。江苏发挥专业运动队优势，在全国率先将运动队进协会、进校园、进社区开展健身指导制度化。

江苏在体育强国建设领域不断寻求改进和突破，进一步拓宽发展空间。2024年全省体育局局长会议提出要加强高质量、功能性场地设施建设，培育"体育赛事+"促消费新模式，完善体育产业统计办法，不断提升体育服务高质量发展的贡献度和影响力，在体育治理上多出典型经验，为体育强国建设提供更多江苏方案。在青少年体育发展方面，江苏深入实施"5621"计划，建立绩效评估与动态调整机制，建立、完善全省基层教练员培训长效机制和考核评估制度，做好中小学体育教师专业技能培训。在竞技体育方面，深入推进竞技体育改革创新，研究制定《江苏竞技体育"633"项目振兴行动方案》，加快"三大球"振兴发展，加强对职业俱乐部的服务与监管。在体育产业方面，江苏提出加快构建更具活力的体育赛事体系，并推动体育赛事活动进景区、进商圈、进乡村，培育"体育赛事+"促消费新

---

① 张婧.解读江苏体育文化的影响力[J].文化产业，2024(8)：25-27.
② 江苏省体育局.《江苏省贯彻体育强国建设纲要实施方案》解读[EB/OL].（2020-07-16）.https://jsstyj.jiangsu.gov.cn/art/2020/7/16/art_79908_9559771.html.

模式。同时,江苏还将完善体育产业统计办法,增强数据发布的及时性和引导力。

(二) 江苏体育文化的分类及特征

1. 江苏体育文化的分类

(1) 竞技体育文化

竞技体育文化是关于竞技运动的形态方式、规则制度、仪式符号、知识技术、行为价值、理念精神的总和。竞技体育文化作为竞技体育活动的一种体现方式,将社会文化和体育文化紧密结合,与国家建设、民族精神、体育精神、社会文化等方面融合发展,具有深厚的精神、文化内涵,是江苏体育文化的重要组成部分。江苏省的竞技体育综合实力稳居前列,涌现出优秀的冠军运动员、教练员。

(2) 群众体育文化

群众体育文化,也可以称为"社会体育文化"和"大众体育文化",指人民群众利用闲暇时间,以锻炼身体为主要方式,以增强体质、促进健康为主要目的,不断超越、突破自我,促进物质文明、精神文明和政治文明建设的社会文化实践活动。江苏积极推动群众体育发展,不断丰富赛事供给,为群众创新健身活动场景,着力打造当地群众体育品牌赛事,全方位拓展群众体育文化传播,为全民健身高质量发展积蓄动力。

(3) 学校体育文化

学校体育文化是指以在校学生为参与主体的,以体育活动为主要内容的一种群体文化,主要是通过激发学生的体育兴趣、培养学生的体育态度、调动学生的身体机能、养成学生的运动习惯来构建学生的体育运动体系,增强学生的身体素质,培养学生的道德和意志品质,促进学生的身心健康发展等延伸出的文化精神内涵的总和[1]。江苏注重青少年学校体育教育的工作,着力于提高青少年体育公共服务能力,以体教融合为理念,提升青少年的体质健康水平和竞技体育后备人才质量效益,以此多角度全方位落实工作思路,创新推出江苏青少年"体+育"工作发展方式,构建出具有江苏特色的新时代学校体育文化。

(4) 民族传统体育文化

民族传统体育文化是指在多元文化氛围中形成的独具江苏特色、民族色彩的运动形式所涵盖的文化生活等内容。江苏具有丰厚的文化底蕴,民族传统体育文化作为江苏体育文化的重要组成部分,孕育于江苏传统文化环境与思想土壤,江南船拳、风筝、石锁、龙舟、舞龙舞狮等民族传统体育项目有较高的知名度和影响力。

(5) 体育文化产业

体育文化是体育产业化的市场基础,同时也是一个国家体育事业的基础。江苏省在体育文化产业发展过程中形成了独特文化现象和价值观念。体育文化产业涵盖了体育的各个方面,包括体育赛事、体育设施、体育旅游、体育教育等。江苏体育文化产业强调全民参与,通过广泛开展全民健身活动,推动体育强国建设;注重市场效益和经济效益,通过市场化运作,实现体育产业的良性循环发展;注重体育与教育、卫生、旅游等领域的融合发

---

[1] 李发军,刘治国."互联网+教育"时代的学校体育发展路径探析[J].青少年体育,2017(2):56-57.

展,推动江苏体育文化产业体系的优化升级。

2. 江苏体育文化的特征

（1）开放多元的竞技体育文化

江苏坚持开放办队，积极整合社会体育资源。《江苏省参加综合性运动会与社会体育机构联办参赛队伍实施办法》挖掘了社会体育机构在联办优秀运动队和承担综合性赛事参赛任务中的重要作用，鼓励社会体育机构联办省优秀运动队并承担综合性运动会备战参赛任务。开放办队有效地拓宽了后备人才选拔的机制，让办队模式由封闭的单一模式向开放多元的联合办队模式转变，省队市办、省队校办和省队企办等，形成多渠道、多层次、多元化的人才培养模式。

江苏竞技体育科技赋能，不断提升硬软件实力。训练人才的"软实力"和基地建设的"硬保障"同步升级，全方位科学化训练，为江苏竞技体育勇攀新高提供关键动力。江苏省棒球队作为开放办队的年轻队伍，曾聘请韩国的教练，并与韩国、日本等棒球强队训练过招，以赛代练，不断提升队伍的竞技水平。江苏坚持自主培养和引进人才相结合，系统培养一批体能教练，抓好优秀退役运动员转岗教练员培训培养工作，在多个项目上外聘、特聘了一批优秀教练员和多名高水平运动员，由此建设了快速发展、成绩优异的一支支队伍。江苏探索建立竞技训练、科技服务、科技创新"三位一体"科技助力复合团队工作模式，推动科技助力方式由"全能型单兵作战"向"复合型团队攻坚"转变。

江苏竞技体育实力稳居全国第一方阵，优势项目多点开花。在2019年第二届全国青少年运动会上，江苏省运动员共获得130枚金牌、85枚银牌、98枚铜牌，金牌数列34个参赛代表团第2位；在第十四届全国冬运会提前决赛项目上，江苏省运动员获得4枚金牌、2枚银牌，创造了江苏参加冬运会新的历史；在2023年杭州亚运会中，江苏共有81名运动员入选中国体育代表团，参加了田径、游泳、射击、羽毛球、赛艇、射击等21个大项28个分项70个小项的比赛，共获得30项次43人次金牌、12项次17人次银牌、13项次22人次铜牌，总计55项次82人次奖牌，打破1项世界纪录、4项亚洲纪录、7项亚运会纪录；2024年巴黎奥运会，江苏省共有41名运动员入选中国体育代表团，参加16个大项19个分项40余个小项的角逐比拼，共摘得4金5银7铜，所获金牌数和奖牌数较东京奥运会都有提升，奖牌总数位于全国首位。江苏以竞技体育为引领，发扬体育精神，逐渐形成开放多元的竞技体育文化，上下联动大力加强青少年体育工作，强化体育育人功能，促进青少年学生健康成长，夯实竞技体育后备人才基础。同时，竞技体育文化中蕴含着深厚的精神力量不断激励、引导着广大人民群众参与体育、热爱体育，树立积极乐观、阳光自信的生活态度。

（2）以人为本的群众体育文化

江苏不断扩大群众体育的覆盖范围，加强建设全民健身场地设施，持续完善公共体育服务体系。江苏在全国率先提出并建成城市社区"10分钟体育健身圈"，实现行政村体育设施全覆盖，人均体育场地面积进一步扩大。此外，体育场地的建设与维护并行，江苏把体育器材的维修、更新纳入管理系统并进行智慧化、数据化改造，群众可以线上登录"江苏体育"小程序,直观了解到本地区的场地设施、周边站点精准分布地图,还可以进行"一键报修",录入设施故障的相关信息,专业维修人员便会根据平台生成的报修工单到现场进行处理,维修进展情况及时可查,群众日常健身活动和管理单位日常管护工作都更加便利。

江苏不断挖掘专业体育场馆资源,定期修缮体育场馆软件、硬件等基础设施,推动体育场馆与城市协同发展,下放场馆,落实群众体育惠民政策。南京五台山体育中心是江苏省内最早尝试对外实行低收费或免费开放的体育场馆之一,通过低价服务、发放健身券、举办公益赛事等渠道丰富群众体育活动,便捷群众体育生活。场馆根据群众实际需求与反馈,将全民健身活动范围延伸,为全年龄段的群众提供相应的运动器械或场所。在五台山体育中心外围,户外区域被合理规划,健身点种类多样,健康服务设施便利高效,体育场馆多方资源得到有效利用。

江苏为群众提供大量赛事资源,打造品牌赛事并持续挖掘新兴项目。江苏连续多年举办省全民健身运动会、全民健身大联动、全民健身日活动,在电竞、定向越野、航海(空)模型等新兴赛事项目领域中也不断提供赛事和活动支持,为群众体育文化发展搭建舞台。2024年6月,江苏省第九届全民健身运动会暨第五届网络全民健身运动会在南京开幕,活动设置奥运文化、体彩公益、设区市全民健身工作成就展等展示区域,赛车模拟、VR骑行等互动体验项目,为群众设计了趣味多彩的体育项目和赛事,丰富群众精神文化活动,并提供体卫融合专家义诊服务,免费为群众进行体质测试,开具运动处方,进一步惠及科学健身指导等服务。

江苏注重城乡群众体育文化的协同融合发展,先后出台《关于构建更高水平的全民健身公共服务体系的实施意见》《关于推进体育助力乡村振兴工作的实施意见》等文件,推动城乡全民健身基本公共服务均等化发展,乡村体育发展设施建设、传统体育品牌打造以及产业发展水平得到较大幅度提升。苏州市积极承办国家级、省级重要赛事,打造市级创新赛事,打造了美丽乡村健康行、农民体育文化节系列活动以及"千村万人·幸福乡村"篮球比赛等十项提升全市农民体育影响力的赛事活动。其下辖的昆山市、太仓市先后承办了第二、第三届全国"美丽乡村健康跑"活动,吸引了全国18个省(市、自治区)的1 500名运动员参赛;农民田径运动会、江南水乡摇橹赛、广场健身舞大赛、江南水乡掼蛋联赛、风筝邀请赛等一系列具有农耕、农趣、农味且农民群众喜闻乐见的体育活动相继开展。江苏各地积极促进农文体旅有机融合,因地制宜打造精品旅游线路,吸引越来越多的城市居民前来"打卡",乡村产业的发展迎来了新的发展契机与活力。

(3) 体教融合的学校体育文化

2020年,国家体育总局和教育部印发《关于深化体教融合促进青少年健康发展的意见》,深化发展体教融合,共促聚焦青少年健康水平的提升[①]。江苏作为全国最早一批尝试与高校联办高水平运动队的省份,经过长期以来的改革、探索和不懈努力,在体教融合发展策略方面积累了丰富的实践经验,逐渐形成具有体教融合特色的学校体育文化。通

---

① 隋晓航.南阳理工学院学生体育社团特色发展策略研究[J].当代体育科技,2022,12(20):66-69.

过持续发挥老牌体育特色的学校运动队伍,增强青少年身体素质;积极开展优秀体育冠军进校园活动、优质体育项目校园推广活动,进一步丰富广大青少年的学校体育文化内容。

江苏在体育后备人才联合培养方面独具自身特色,通过"一校一品"和"一校多品"建设,全面推进青少年体育"5621"计划,即每个县(市、区)至少推动5个运动项目,每个项目至少布局6所小学、2所初中、1所高中,推动县域学校体育优势、特色项目建设。江苏省从2021年全面推行青少年体育"5621"计划至今,全省13个设区市的107个县(市、区)共4 879所中小学对61个项目进行布局,布局率达到100％[①]。

2023年成都大运会,共有来自江苏省内9所高校的34名大学生运动员在8个大项中登场亮相,参赛高校数量位居全国第2,参赛运动员数量排名全国第3。其中,江苏体育专业院校南京体育学院输送运动员15人,其他综合性高等院校如南京大学、东南大学、南京师范大学、苏州大学、扬州大学也为赛会输送了一批优秀大学生运动员。在江苏体教融合的发展下,更多高水平运动员从高校走出来。

江苏充分利用冠军资源,在大中小学开展冠军进校园活动,丰富青少年体育活动,进一步落实学校体育教育、竞技体育人才培养和学校体育文化相互促进,有机融合。例如,亚洲游泳冠军徐祺恒和帆船冠军陈昕然走进南京金陵小学,通过训练、比赛亲身经历的讲述,传递出了"坚持不懈、勇往直前、团结协作、吃苦耐劳"的精神文化,在科普项目的过程中,不断激励和鼓舞着每一位青少年积极参与体育锻炼活动。

(4) 历久弥新的民族传统体育文化

江苏的民族传统体育源远流长,石锁、龙舟、舞龙舞狮以及放风筝等民族传统体育项目以新的形式活跃在大众视野中,给群众带来更多运动健康体验。江苏多地积极结合地方特色,以传承为基石、创新为手段,在专业体育协会指导下,使得民族传统体育更加丰富多彩,江苏民族传统体育文化也进一步得到了弘扬。为了让民族传统体育文化焕发新的活力,鼓励更多群众参与相关体育活动,江苏成立省石锁运动协会、省龙舟协会、省风筝协会、省龙狮运动协会等民族传统体育项目协会,通过多元的活动和赛事,以及民族传统体育运动指导人才的培养,让更多江苏民族传统体育文化走进学校、社区和村镇。

江苏南通作为最具代表性的风筝四大产地之一,将北宋流传的风筝制作特色技艺传承至今,形成别具特色的板鹞风筝,其有"空中交响乐"之称。2024江苏省风筝精英赛(连云港海州站)开赛,比赛汇聚全省13个城市18支队伍同台竞技、交流学习,吸引近200名省内顶尖风筝高手参赛,共同感受放风筝这项民族传统体育文化的风韵与乐趣。国家级非遗南通板鹞风筝,因其会随着风的变化在空中发出高低不同的声音,成为全场亮点,吸引了很多群众了解其蕴含着的深厚文化传统,放风筝也以自由、方便、有益身心健康等特点受到广大群众的喜爱。

源于隋唐军队训练的石锁项目从造就士兵强健身体的运动逐渐演化为老少皆宜的技巧性、健身性休闲竞技运动,在江苏地区盛行。石锁文化在江苏分布广泛,典型代表包括

---

① 顾宁. 加快落实体教融合[EB/OL]. (2024-01-18). https://www.sport.gov.cn/n20001280/n20067626/n20067766/c27387419/content.html.

南京江宁石锁、无锡宜兴石锁和泰州姜堰石锁,其中以省非物质文化遗产的南京殷巷石锁最负盛名。2004年,南京江宁体委正式宣布江宁区石锁协会成立,上海等地的石锁大师被请到江苏交流竞技,南京殷巷石锁文化不断发扬光大①。自2009年起,秣陵杯全国石锁邀请赛在南京江宁连续举办数年,曾吸引1 300多位来自全国的石锁大师参赛。民族传统体育文化空间在交流中不断被拓宽,传统体育项目形式更加新颖,民族传统体育文化持续兴盛,文化成果惠及更多群众,丰富其体育运动生活。同时,在文化传播中结合科学技术,开展线上线下相结合的石锁活动,打造民族传统体育项目、赛事品牌,将民族传统体育文化中蕴含的民族历史积淀、生活习惯、民俗风情,折射出的民族精神特质深植人民的日常生活,不断丰富群众的精神文化生活。

(5)商体联动的体育文化产业

国家高度重视体育文化产业的发展,习近平总书记多次对发展体育文化、体育产业提出明确要求和重要指示。随着社会经济的发展,体育文化产业的战略定位、发展格局都有待革新,实施乡村振兴战略,促进各区协调发展具有重要意义,要把发展体育文化产业作为培养新质生产力、促进现代化体系建设、满足人民群众高品质生活需求的重要抓手,推动江苏体育文化产业的发展。江苏省积极发展体育文化产业,实施商体融合,推进体育赛事进商圈,释放体育休闲服务消费潜力并形成具有区域特色的体育文化产业。

江苏各地推动"体育+"模式,体育文化产业发展驶入商体联动快车道。2024年3月,江苏无锡马拉松吸引了来自全国乃至世界各地的跑友参赛,赛前博览会通过线上线下结合的形式,充分挖掘体育赛事参与者资源,实现线上与线下的同步宣传。同时,赛事带动群众在观赛之余走进无锡,扩大了当地特色企业品牌知名度。江苏盐城以马拉松赛事为契机,采用"体育+"新模式,促进体育赛事与区域特色文化紧密结合。2024年4月,盐城马拉松配套体育消费节首次尝试将专业精品运动展会与特色品牌赛事融合举办,活动包含体育用品、教育、医疗、新能源、智能制造等行业,超过100家企业单位参展,将江苏体育与其他各个领域行业进行紧密联系。2024年6月,南京江宁"和美乡村·足梦田园"江苏乡村足球嘉年华系列活动拉开帷幕,活动充分整合商体资源,在全省13个地级市开展选拔赛,将商业品牌、体育文化融入群众生活,通过比赛、节日、市集、展览等形式,丰富参与群众的体验,传递足球激情,进一步助力体育文化产业的发展。

(三)江苏体育文化的社会影响

1. 丰富群众的精神文化生活

江苏持续不断为群众输送体育赛事活动,为多样化赛事搭建舞台,为构建、完善高水平全民健身公共服务体系持续努力。通过多元的赛事活动、创新的比赛形式,带动广大群众养成参与体育、热爱体育的习惯,将江苏体育文化渗透到群众中去,不断丰富群众的精神文化生活。

江苏持续办赛,打造赛事品牌,不断提升办赛水平、质量、格局,进一步扩大赛会参与

---

① 孙蛟,杨少雄.对南京殷巷石锁的传承与保护研究[J].武术研究,2021,6(10):124-127,131.

度，多层次完善群众体育活动体系，让群众在享受中参与比赛、观看比赛，注重以民为本，提出"周周有比赛，人人可参与"的口号，致力于实现全民参与、全民共享、全民健康的目标。国家体育总局、中华全国体育总会主办的第一届全国全民健身大赛，将赛事、展演、学习、交流等元素融为一体，成为群众体育典型盛会。大赛注重创新办赛、灵活办赛，具有各地区域特色，淡化比赛竞技色彩，鼓励群众广泛参与其中。其中，2024年10月26日至30日，第一届全国全民健身大赛总决赛足球（五人制）比赛在江苏常州举行。

第五届网络全民健身运动会以创新办赛的特点，拓宽了江苏体育赛事的呈现形式，以"互联网＋体育"的模式，采取线上线下联动的方式打造体育赛事，竞赛项目由全民投票产生，是具有网络化、趣味性、综合性的新型赛事，系列赛事一经推出，就掀起"云"健身热潮，不少群众慕名而来。

2. 弘扬体育文化的育人效能

作为从体育运动延伸而来的精神文化，体育文化凝聚着教人育人的思想理论体系和精神内涵，逐渐成为人民群众的精神信仰和支柱。江苏体育文化渗透体育人才的培养，从大中小学等多层多方育人，助推江苏体育文化的下渗，激发广大青少年对体育运动、体育文化的兴趣，为江苏体育后备人才的综合培养奠定基础，塑造其健康向上的精神风貌。同时，江苏通过利用体育文化的精神引导作用，积极挖掘体育思政资源，加强体育文化在人民群众思政教育中的育人效能，提高群众的政治判断力、政治领悟力和政治执行力，促进道德风尚的培养。

江苏无锡新洲小学以体育智、以体育心，深度挖掘学校体育项目，将啦啦操项目打造为学校特色体育文化名片，通过丰富的课程和"学、练、赛、评"一体化的教学模式，激发了学生在啦啦操运动项目中的兴趣与潜能，学校成立的"诚毅"啦啦操队连续5年荣获区级一等奖并在省市级比赛中多次斩获佳绩。体育特色文化的打造，培养了学生坚持锻炼的良好习惯，促进了学生间的团结互助、师生间的友好交流、亲子间的情感沟通。

位于江苏常州的江苏理工学院注重体育文化立德树人的价值引导，将思政育人和体育教学进行融合，为爱国主义精神、传统体育文化精神、团结协作等品质的育人作用拓展空间，在注重学生体验感的同时，以润物细无声的隐性教育形式弘扬体育文化的教育功能。南京体育学院作为世界冠军的摇篮，是江苏省唯一一所独立建制的体育高等学府和重要的省级竞技体育训练基地，积极利用学校体育文化资源的融通共享，开展"冠军进课堂"系列活动和讲座，鼓励优秀运动员走进校园，先后邀请奥运冠军许安琪、黄旭、陈玘、骆晓娟、陆春龙、张雨霏等进入课堂，分享运动生涯中的成长经历，通过运动员的个人魅力和影响力，提升体育文化的教育效果，他们所展现的坚持不懈的毅力、拼搏奋斗的勇气都对大学生今后的学习生活产生深刻的教育意义，受到了广大学生的欢迎。

3. 传承地域体育文化的精髓

江苏依托多元的地域文化基础，结合民族传统体育项目的"引入"和"引出"，在省内各地区举办以民族传统体育为主的群众体育赛事。民族传统体育文化作为江苏体育文化的重要组成部分，与江苏地域优秀传统文化息息相关，反映着地域社会制度、经济发展、教育思想等内容特征,蕴含着深厚的体育文化内涵,也是江苏体育文化谋求新发展、构建新格局的重要依据。

江苏南京将拥有深厚文化积淀和历史渊源的龙舟项目融入全民健身运动中,在每年4月至10月,组织形式多样的群众性龙舟赛事及相关活动,参加龙舟培训和健身的人数破万,南京大学、东南大学等高校也纷纷推进龙舟进课堂,开设龙舟选修课,建立龙舟队。2023年,江苏南京举办了多级别的龙舟赛事,其中包括第十七届南京市中学生龙舟大赛、文旅产业职工龙舟大赛、第十二届"石化情"龙舟友谊赛等,龙舟运动项目中蕴含的同舟共济、奋力争先的集体主义精神和民族精神吸引了民众积极参与赛会。江苏扬州依靠武术、太极拳、围棋、健身气功等市级体育协会,开展多彩的展示、交流、培训,为民族体育文化发展营造全社会共同关注和传承的良好氛围,在舞龙舞狮方面持续打造品牌优势,促进龙狮民族传统体育项目的发展,通过举办中华龙狮大赛等民族传统体育国际赛事,加强弘扬地域体育文化,增进国际文化交流和互动。

4. 促进体育文化品牌的打造

江苏体育赛事品牌多元创新,依托赛事IP凸显江苏体育文化特色。江苏南京联动举办2023年中国田径街头巡回赛、体育嘉年华,在街头运动、新兴项目、体育消费三大领域不断探索,为广大市民提供了趣味多彩的运动体验。结合大学生开学季、毕业季等时间节点,挖掘大学生专属的品牌赛事,在江苏省体育局、省教育厅的指导下,南京市体育局和江苏省学生体育协会联合举办的2023年南京市大学生篮球联赛(NUBA),通过线上线下结合的办赛模式特点,在南京各大高校引起强烈反响,整个赛季直播观看量达131.53万人次,视频播放量超5 615万次,全网曝光量高达1.8亿次。

体育公共服务品牌综合发展,构建江苏全民健身数字化平台。江苏苏州打造"运动苏州+"数字生态圈,为广大市民群众及时提供、更新区域的运动健身资源,重点围绕场馆设施、赛事活动、体育惠民、运动健康、体卫康养等应用场景,开创数字化系列赛事,涵盖苏州市首届数字运动会电子竞技(王者荣耀)比赛暨苏州大众体育联赛电子竞技冠军杯赛、数说运动·热力续航定向打卡赛、冰雪筑梦·韵动苏城市民冰雪欢乐季、数字趣动·奔跑未来数字马拉松等赛事活动,为群众持续优化体育公共服务、拓宽体育赛事资源,切实满足群众需求。

江苏体育宣传品牌各方矩阵,结合群众需求打造江苏精品项目。江苏开展"媒体走基层"采风活动,结合时代、热点背景,选取不同主题,邀请中央级、省级媒体进行采风,集中报道和总结江苏体育改革发展方面的成果和细节。江苏着重发展"四个一"品牌和"四个新"系列,连续8年开展"魅力江苏,最美体育"的评选和颁奖活动。江苏构建传播矩阵,主动加强与各级主流媒体的沟通,积极开展合作共建,促进"体育+媒体"的创新发展,提升体育宣传品牌与体育文化发展。

(四)江苏体育文化的发展目标

1. 传承与弘扬体育文化精神内涵

当今社会,文化伴随着个人、国家、社会的发展,影响力无处不在,传承与弘扬体育文化中的精神内涵是江苏不断建设体育强省,实现竞技体育、群众体育、体育产业和综合实力四大方面强盛的重要抓手。从竞技体育文化精神来看,江苏运动员们在日常训练和比赛场上诠释出的祖国至上、顽强拼搏、永不言败的体育精神,作为江苏体育文化发展的重要支撑,需要不断深入地传承和弘扬其中的精神内涵。

在传承和弘扬体育文化精神内涵的过程中,江苏利用地域民族传统体育文化,大力弘扬传统体育文化中蕴藏的深厚的道德理念和人文精神。持续挖掘江苏省内体育类非遗项目,并根据非遗项目特点进行详细分类,不断扩大群众对民族传统体育文化精神内涵的接受度和熟悉度。

做好体育文化精神内涵的传承和弘扬,江苏需要提升体育文化理论水平和实践能力。弘扬社会主义核心价值观,以传承和弘扬体育文化精神内涵助力体育强省、强国建设,促进民族自信、文化自信,重视体育文化人才队伍思想政治、文化教育方面的培养和发展,不断引导体育文化工作发展,实现良性循环。

2. 持续丰富体育文化宣传载体

江苏体育文化的发展,需要构建全媒体传播新格局,打造"体育＋传媒"的传播体系,进一步扩大体育文化的影响力。要充分发挥江苏媒体的资源优势,积极主动与各地各级主流媒体交流沟通,持续打造精品力作、品牌栏目,把江苏体育文化发展的变革与内涵传导出去,充分发挥体育文化的社会教育功能。

江苏体育文化的发展,需要精心打造体育文化宣传产品,坚持丰富产品形式。江苏省官网官微可以推出科学健身指导服务项目,引导广大群众参与体育健身活动;邀请江苏奥运冠军分享大赛经历,讲述成长故事;通过新媒体平台制作系列宣传片,传扬体育文化精神与内涵。

江苏媒体要有效借助各方力量和资源,做好"体育文化＋"工作,发挥政府在资源配置中的积极供给和支持作用,结合各部门优势,探索体育文化宣传新方向。将体育文化宣传与各地市文化产业特征相结合,商业化运作带有鲜明体育文化元素的影视、动漫、音乐、文学等作品,打造体育文化宣传新载体。

3. 挖掘与构建体育运动项目内涵

江苏体育文化发展需要不断挖掘与构建体育运动项目内涵,通过多层次、多形式的体育文化活动形式,增强体育产业、体育协会、文化部门之间的联动,持续发展已有特色体育运动项目,并挖掘群众喜闻乐见的新兴体育运动项目,增强体育项目间的拉力作用。

深挖江苏品牌体育运动项目,充分发挥体育文化内涵,赋能各领域融合发展。需要深入挖掘江苏各地现有精品项目的内涵,利用好丰厚的体育文化底蕴,拓展江苏体育文化发展新形式与新场景。

积极尝试新兴体育运动项目,构建新兴项目发展平台,促进江苏体育文化交流沟通。江苏应坚持走出去和引进来相结合,推动体育文化走向世界,促进体育项目的内涵构建。积极推动国际赛事落户江苏,着力打造对外交流品牌,提升江苏体育项目在国际的影响力。

4. 拓展体育文化创新路径

随着社会经济文化等的发展,江苏体育文化发展需要进一步开拓创新发展路径,为体育文化活动的落地建设和实际成效奠定可持续基础。要发挥主观能动性,推进体育与商业、旅游、休闲娱乐、文化创意等的融合发展,学习运用新兴技术打造"体育+"模式,推进江苏体育文化科技化、数字化发展,使得体育文化资源得以更好地整合利用,提升体育文化的宣传效果和社会影响力。

要重视发展体育文化创意产业,提高体育领域的创新能力,延伸体育文化的附加值。倾听群众健身需求,切实落地惠民构想,建设和完善符合江苏省省情的公共体育设施。江苏应不断满足群众在体育领域的新需求,让人民群众的安全感、获得感、幸福感更加充实,且有保障,可持续。

要充分利用新兴科技,推动江苏体育文化数字化发展,提升体育资源的整合利用。借助先进数字技术,深化体育文化建构,一方面,开设线上线下平台,建设多种服务渠道,拓展公共体育服务空间范畴,有效扩大教学指导时空。另一方面,整合各地级市体育资讯,形成更加全面、查询便捷的智库系统,完善各大体育场馆的实时使用情况统计监测,提升各项全民健身赛事报名渠道的流畅度,促进科技创新赋能江苏体育文化发展。

5. 推进体育文化对外交流

体育文化作为体育活动影响衍生的重要载体,具有跨越语言沟通、种族文明、社会制度等的独特传播优势,是推动世界各地区域间文化交流、文明互鉴的强有力支点,推进体育文化的对外交流是江苏体育文化发展的重要目标之一。

江苏要积极主动融入"一带一路"倡议、长三角地区一体化发展大局,全力推动江苏地区国际赛事的举办和组织,结合地域文化特色和民族传统体育文化发展体育旅游。江苏要促进对外交流特色体育文化品牌打造,鼓励引导民族传统体育项目协会的国际交流互动,推动文化资源的流通,在交流、交融、交往中,不断拓宽江苏体育文化传播和发展的渠道。

培养体育文化对外交流人才,提高专业素养,增强传承意识。江苏要注重对民族传统体育项目传承团队的建设和培养,鼓励青年人才了解、熟悉民族传统体育项目,提升江苏体育文化传承意识,注重培养跨专业交流人才,打造一批具有较好文化交流功底、对江苏体育文化有较深了解、对江苏体育文化传播形式有敏感认识的"复合型"优秀人才。

搭建智库平台,构建体育文化合作枢纽,增强体育文化知识的更新与共享。江苏要及时收集、整理、汇总、更新江苏体育文化发展成果,建设信息化、数字化的智慧数据库,为对外交流构建江苏体育文化合作枢纽,加强各方对话,形成多元互动的网络"云"平台,加强江苏体育文化理念、体育文化发展实践经验等内容的交流和传播,开设线上研讨会、国际体育论坛会等对外交流活动的新形式,促进区域间、国际间的江苏体育文化知识传播发展内外双循环。

第五章
新发展阶段江苏体育文化发展的概况

一、江苏竞技体育文化发展的概况

(一) 江苏竞技体育构成要素

1. 管理机构

江苏省现有竞技体育管理机构包括省体育局训练中心、省体育局竞技体育处、省体育局青少年体育处、省体育竞赛管理中心、省五台山体育中心、省体育局青少年训练与反兴奋剂管理中心、省体育总会秘书处、省体育信息中心(省体育文化中心)、省体育人才流动服务中心、省方山体育训练基地(省射击射箭运动管理中心)、省江宁足球训练基地(省足球运动管理中心)、省体育局水上运动管理中心等,均隶属于江苏省体育局,它们各司其职的同时相互配合,共同致力于江苏省竞技体育的发展和管理。

(1) 省体育局训练中心

制定所属运动项目发展规划并组织实施;负责所属运动队训练管理、参赛、反兴奋剂、思想政治教育、运动员文化教育和后勤服务保障等工作;承担所属运动项目教练员、裁判员业务培训和考核工作统筹,指导所属运动项目业余训练管理和后备人才培养工作;承办所属运动项目国际或国内比赛,承接国内外体育团队训练;负责资源开发利用,开展公共体育服务,推进有条件运动项目职业化发展;拟订所属运动项目国际交流计划并组织实施;完成省体育局交办的其他工作。

(2) 省体育局竞技体育处

拟订竞技体育发展规划草案;指导竞技体育训练和省优秀运动队的业务管理、思想政治工作以及训练基地发展工作;组织重大国际、国内比赛备战和参赛工作;负责训科医管一体化和省优秀运动队教练员考核、培训及继续教育工作;负责省优秀运动队训练、竞赛和建设工作[1]。

---

[1] 宋明奇.江苏省乒乓球队人才培养运行机制研究[D].南京:南京体育学院,2023.

(3) 省体育局青少年体育处

拟订青少年体育工作发展规划草案、青少年业余训练管理制度;指导、协调青少年业余训练及后备人才培养工作;指导、监督青少年体育锻炼标准的实施和青少年体育俱乐部的建设;组织、指导重大青少年国际、国内体育比赛参赛工作[①]。

(4) 省体育竞赛管理中心

承担省内举办的全国及全国以上竞技体育比赛的申办、组织、管理、指导和协调工作;协助拟订全省体育竞赛发展计划及体育竞赛理论研究工作;负责江苏省举办的全国及全国以上体育项目竞赛裁判员的选派工作;协助做好省级及省级以上综合性运动会的组织工作;指导全省体育品牌赛事产品孵化、培育、推广、开发工作;负责全省体育竞赛的专业技能培训;完成省体育局交办的其他工作。

(5) 省五台山体育中心

负责全省体育场馆运行管理的业务指导与培训;拟订中心发展规划并组织实施;负责所属体育场馆运营管理和公共体育服务;承办各类国际、国内体育赛事和大型文体活动;负责本单位所属设施的工程建设、维护保养和安全运行,做好固定资产的使用和管理工作,确保国有资产保值增值;负责省体育场馆协会的日常事务工作及相关服务;承办上级部门交办的其他事项。

(6) 省体育局青少年训练与反兴奋剂管理中心

参与制定全省青少年训练发展规划和反兴奋剂管理规章制度;承担全省体育后备人才选拔、培养、输送工作;指导全省青少年体育教练员培训和培养工作;承担省级青少年竞赛计划规程制定、运动员教练员注册和赛事组织、督导、评估等相关工作;组织兴奋剂检查和违规事件的调查取证工作;组织落实并开展反兴奋剂宣传、教育、培训等工作;完成省体育局交办的其他工作。

(7) 省体育总会秘书处

拟订全省体育社会组织改革与发展规划、政策、制度,承担省级体育社会组织业务管理工作;负责省级体育社会组织筹备、申请成立、换届、年审等业务工作;对省体育局系统处级以下干部兼任省属体育社团、省属体育类民办非企业单位职务提出任职建议;协助开展政府购买公共体育服务,指导各级体育社会组织举办俱乐部业余联赛,开展业余运动员等级评定工作;指导市、县(市、区)体育总会和省本级体育社会组织开展各类体育活动;开展与境内外体育组织的友好交往和国际(或地区)间体育交流活动;完成省体育局交办的其他工作。

(8) 省体育信息中心(省体育文化中心)

协助拟订全省体育文化及信息化工作政策、规划和计划,指导、协调全省体育文化和信息化工作;协助推行政务公开、信息公开、信息安全等电子政务工作,组织全省体育文化信息工作培训;负责省体育局网站、基础网络的建设与运维,提供局系统信息化咨询、建设与维护服务;推进智慧体育建设,整合利用体育信息资源,推动成果的市场开发和运用;负责体育文物、史料的征集、整理、展陈和利用,《江苏体育年鉴》等文史刊物的编辑、印发;推进传统体育文化的保护和传承,组织开展体育文化宣传、教育、研究和创作活动,开展体育文化交流;完成省体育局交办的其他工作。

（9）省体育人才流动服务中心

拟订全省体育人才流动和体育行业特有工种职业技能鉴定工作规划和政策,承办全省体育人才交流、培训、招聘、推荐、测评、咨询等工作;承办省优秀运动队运动员职业辅导、技能培训,退役运动员职业转换过渡期服务工作;承担局直属单位工作人员、运动员档案管理及各项保险等人事代理服务工作;负责全省体育行业职业技能鉴定工作,做好体育职业技能鉴定考评员和培训师的培训、管理等工作;举办体育行业职业技能竞赛活动;组织优秀运动员、职业社会体育指导员开展全民健身志愿服务工作;协助做好运动员进队和退役材料审核及局系统教练员职称评审、援外等工作;完成省体育局交办的其他工作。

（10）省方山体育训练基地（省射击射箭运动管理中心）

制定全省射击、射箭项目发展规划并组织实施;负责射击、射箭运动队训练管理、参赛、反兴奋剂、思想政治教育、运动员文化教育和后勤服务保障等工作;承担射击、射箭运动项目教练员、裁判员业务培训和考核工作;统筹、指导射击、射箭项目业余训练管理和后备人才培养工作;负责运动枪支弹药的安全管理工作;承办射击、射箭运动项目国际或国内比赛,承接国内外体育团队训练,拟订射击、射箭运动项目国际交流计划并组织实施;完成省体育局交办的其他工作。

（11）省江宁足球训练基地（省足球运动管理中心）

制定全省足球运动项目发展规划并组织实施;负责足球运动队训练管理、参赛、反兴奋剂、思想政治教育、运动员文化教育和后勤服务保障等工作;承担足球运动项目教练员、裁判员业务培训和考核工作;统筹、指导足球运动项目业余训练管理和后备人才培养工作;组织开展全省青少年校园足球系列活动;承办足球运动项目国际或国内比赛,承接国内外体育团队训练;负责资源开发利用,开展公共体育服务;拟订足球运动项目国际交流计划并组织实施;完成省体育局交办的其他工作。

（12）省体育局水上运动管理中心

制定全省水上、海上运动项目的发展规划并组织实施;负责水上、海上运动队训练管理、参赛、反兴奋剂、思想政治教育、运动员文化教育和后勤服务保障等工作;承担水上、海上运动项目教练员、裁判员业务培训和考核工作;统筹、指导水上、海上运动项目业余训练管理和后备人才培养工作;承办水上、海上运动项目国际或国内比赛,承接国内外体育团队训练;负责资源开发利用,开展公共体育服务;拟订水上、海上运动项目国际交流计划并组织实施;完成省体育局交办的其他工作。

2. 人才队伍

"全面提高体育人才自主培养质量,加快建设体育强国"是中国的一项重要任务。体育作为国家软实力的重要组成部分,不仅关系着国家形象,对于促进国民身心健康、塑造良好的社会风气也有着重要意义。人才是建设体育强国的重要支撑,推动中国体育事业健康发展、加快实现体育强国目标,必须提高体育人才培养的质量和水平。

随着竞技体育发展环境的不断变化,中国出现基层训练人数收缩、体育人才培养低效等难题,运动人才主要来源于体校,与学校青少年竞技水平差异显著,同时人才培养主体单一,严重影响了中国竞技体育后备人才供给。《"十四五"体育发展规划》明确指出青少年社会体育组织将作为竞技体育后备人才培养的主要力量,社会体育组织也作为推动体育有效治理的重要主体,在人才培养的提质增效方面起到显著作用。

2021年江苏省教育厅发布《省教育厅省体育局关于推进实施青少年体育"5621"计划的通知》,要求以普通高中为龙头,联合周边初中以及初中学区内的小学,以传统、优势、新兴体育运动项目为纽带,构建项目发展共同体,在运动项目普及的基础上,实现运动竞技水平的提升①。江苏省中小学推动体育教育工作的深入开展,开齐开足上好国家规定课程,开展好早操、体育大课间、体育课后延时服务等活动。积极推动家庭—学校—社会多元联动机制,举办亲子体育、夏令营等活动,促进学生全面发展、培养健康生活方式。建设体育特色项目并常态开展足球等体育活动,同时成立体育俱乐部,开发学生的体育潜能,发掘青少年体育人才。2022年,江苏省体育局联合省委人才工作领导小组办公室印发《江苏省体育人才发展"十四五"规划》,系统提出加强体育领军人才、复合型训练管理团队、高素质体育管理人才、竞技体育优秀人才、全民健身人才、体育产业人才等六支重点人才队伍建设,合力推动人才培育、人才引进、人才激励和人才服务机制创新②。

优秀的教练员,不仅拥有慧眼识才的能力,还具备丰富的训练经验和科学合理的训练方法,他们能够发现运动员的潜在能力,帮助运动员不断突破自我,创造更加优异的成绩。每一位运动员取得辉煌成绩的背后,往往离不开一位或多位默默付出的教练员,作为竞技体育人才培养的主导者,教练员不仅是技术上的指导者,还是思想上的引领者,他们对于一名运动员的成长与发展起着重要作用。江苏省人才服务云平台2023年12月15日发布的通知显示,2023年度江苏省共有42名同志通过了江苏省体育教练员高级专业技术资格评审,包括9名国家级教练、26名高级教练和7名中级教练。根据国家体育总局《社会体育指导员管理办法》及有关规定,2024年江苏省共有1 897名同志获批"一级社会体育指导员"等级称号,数量位于全国领先位置。

为了提高教练员队伍思想业务素质、加强教练员的责任心和爱心,江苏省体育局制定印发《关于加强全省青少年体育训练基层教练员培训工作的意见(2020—2026年)》,联合江苏省教育厅、5所江苏体育高校和江苏省体科所编印《青少年儿童科学训练理论基础》教材,每年选派35名体育高校专家进行青少年训练基础理论授课,选派江苏省优秀运动队教练进行项目技术和身体素质训练指导,并将省业余体校教练员纳入相关业务培训计划。每年开展13期通识知识、10期专项技能、2期体能康复培训班,并定期选派优秀教练员参加国家体育总局教练员培训和到国外交流学习,通过持续培训,基层教练员的业务能力、执教水平得到明显提高③。江苏省还持续探索构建教师资格证与教练员资格证双证

---

① 杨兰.江阴市中小学校啦啦操发展的SWOT分析及对策研究[D].苏州:苏州大学,2022.
② 傅潇雯.江苏瞄准率先建成体育强省目标 全面加强体育人才队伍建设[EB/OL].(2024-11-05). https://www.sport.gov.cn/n315/n20066836/c28230922/content.html.
③ 江苏省体育局.对省十四届人大一次会议第4143号建议的答复[EB/OL].(2023-06-20).http://jsstyj.jiangsu.gov.cn/art/2023/6/20/art_79485_10928501.html.

培养新模式,为教练员进校园提供了强有力的保障。

体育裁判员是在运动竞赛的过程中,依据竞赛规程和竞赛规则评定运动员(队)成绩、胜负和名次的人员。裁判员既是竞赛中的"执法人员",又是竞赛进行的组织者和领导者。在体育比赛中,体育裁判员发挥着至关重要的作用,随着江苏省体育事业的快速发展与竞技水平的不断提高,竞技比赛愈发重视公平性与规范性,对于高素质的体育裁判员的需求也越来越大。为保证江苏省体育竞赛公平、公正、有序进行,切实提升江苏省裁判员队伍治理体系和治理能力现代化水平,进一步规范体育竞赛裁判员管理工作,2023年,江苏省体育局正式颁布《江苏省体育竞赛裁判员管理办法实施细则》,2024年正式开始实施。

3. 体育场馆

一直以来,江苏持续推进体育场地设施建设,人均体育场地面积呈逐年增长势头,竞技体育场馆丰富,在全国处于领先水平。江苏省体育局局长陈少军表示,体育早已成为江苏人民现代文明生活中不可缺少的重要组成部分,江苏群众体育围绕"补短板、增活力、建标准、促融合、强组织",深入贯彻全民健身国家战略,加快构建更高水平全民健身公共服务体系。

南京作为江苏省省会城市,其体育物质文化非常丰富。位于南京体育学院的中央体育场,是民国时期中国最大的体育场,也是亚洲规模最大的运动场,有着"远东第一体育场"之称,是中国近代体育的重要遗址。中央体育场包括田径场、国术场、篮球场、游泳池、棒球场及网球场、足球场、跑马场等,占地1000亩,当时的造价达140余万元,一次可接纳观众6万人,中心建筑为田径场,四周全部看台可容纳观众35 000余人,是当时远东地区最大的运动场。现代体育场馆,如南京奥林匹克体育中心,是亚洲A级体育馆、世界第五代体育建筑的代表,曾是2005年全国十运会、2013年南京亚青会和2014年南京青奥会的主会场,中心包括体育场、体育馆、游泳馆、网球馆等;五台山体育中心,是南京市重要的体育设施之一,可举办篮球、羽毛球、乒乓球等多种体育赛事;南京青奥体育公园,是为2014年南京青奥会而建的现代化体育设施,包括体育场和体育馆,体育馆具备举办NBA篮球赛的资质。此外,还有江苏省体育局训练中心、高淳区体育中心体育馆、溧水区体育公园体育馆等资源。

常州奥林匹克体育中心是常州地区规模最大、功能性最齐全的集体育健身、运动休闲、展会展览、赛事演艺、群众文体活动为一体的综合性基地和体育公园。中心总占地面积28.5公顷,总建筑面积17.5万平方米,包含一个有4.1万个座位和6条室内跑道的体育场,一个有6 200个座位、1个篮球训练中心和1个乒羽中心的体育馆,一个有2 300个座位的游泳跳水中心,一个有1 000个标准展位的会展中心和一个4 400平方米的室内网球馆。常州奥林匹克中心的游泳馆、网球馆、乒羽中心等常年对外开放,中心开设了游泳、羽毛球、乒乓球、篮球、足球、网球、跆拳道、中国舞、爵士舞、拉丁舞、街舞等培训项目。在大型体育赛事的举办上,中心成功保障了江苏省十七届运动会的开展,连续两年承办了世界跳水锦标赛,先后成功举办了2018年亚足联U23锦标赛、中国羽毛球公开赛、国际泳联跳水世界杯、CBA江苏男子篮球联赛以及2019年中加国际女篮对抗赛等一系列国际国内品牌赛事。

苏州奥林匹克体育中心位于苏州工业园区,是集体育竞技、休闲健身、商业娱乐、文艺演出于一体的多功能、综合性、生态型的甲级体育中心,总建筑面积约为37.4万平方米,多次承接举办国家级综合性运动会和国际单项赛事。苏州奥林匹克体育中心设有完善的体育场、体育馆、游泳馆、服务配套中心(含商业设施和运动员酒店)等基础运动场所,可为大众提供约20项体育运动,既包括游泳、足球、篮球、网球、羽毛球、乒乓球、壁球、棒球、滑冰、自行车道、健身步道等常规运动项目,还包括攀岩、拳击、壁球、瑜伽、舞蹈等特色项目。除主要场馆外,苏州奥林匹克体育中心还配备有3 000平方米的真冰场供群众使用。苏州奥林匹克体育中心获得过中国建设工程鲁班奖(国家优质工程)、第十八届中国土木工程詹天佑奖,因采用德国GMP建筑事务所设计的总体方案,以"园林、叠石"为创意点,用现代建筑设计语言诠释园林意韵,通过自由曲线布局将建筑物巧妙融入自然景观。体育场屋顶采用大跨度索膜结构,轻盈通透;体育馆屋面采用鱼腹梁交叉钢桁架结构;游泳馆屋顶为马鞍型平面索网结构,最大跨度约为110米。苏州奥林匹克体育中心已成功引进并执行多项大型赛事活动,包括中国之队国际足球热身赛、冰壶世界杯、2019中国足协超级杯赛、2019—2020亚洲青年羽毛球锦标赛、中国体育彩票2018年全国青少年校园铁人三项赛、2019"中国杯"水下曲棍球锦标赛等高品质赛事,其中最引人瞩目的当属2021年的苏迪曼杯赛事,这些国际赛事的举办也极大地提升了苏州的品牌形象。

徐州体育馆,占地66 700平方米,可同时容纳6 000位观众入馆观赛,是一处集体育赛事、文化演出和市民休闲活动于一体的现代化体育场馆。徐州体育馆由澳大利亚COX公司设计,馆内设施完备,包括中央空调、全自动消防报警灭火系统、全彩大屏显示、无线网络电信通信和电视转播等系统,能够满足各类室内体育比赛和文化演出的需求。"软硬兼施"的绿化满足动感和休闲区域的不同要求,"以人为本"的设施按照国际标准设置来保证观众欣赏比赛时能够获得最佳角度,主场馆和市民锻炼馆在造型设计、环境建设上考虑到与云龙湖自然景观的结合,采用最先进的结构和工程系统支撑新馆建设。

4. 精神风貌

精神的旗帜引领前进的方向,体育的力量镌刻时代的荣光,体育承载着国家强盛、民族振兴的梦想。党的十八大以来,在以习近平同志为核心的党中央的坚强领导下,中国体育事业不断开新局、谱新篇,达到了新的历史高度:全民健身运动蓬勃发展,竞技体育取得历史性突破。

"加快建设体育强国,就要弘扬中华体育精神。"习近平总书记的铿锵话语,时刻激励着广大体育工作者继承发扬中华体育精神、努力书写中国体育事业的精彩华章。中华体育精神符合社会主义核心价值观,是对中华民族传统体育思想的继承与发展,是中华民族精神和体育精神共同作用的结晶。江苏体育健儿们也高扬爱国主义伟大旗帜,坚持发扬以"为国争光、无私奉献、科学求实、遵纪守法、团结协作、顽强拼搏"为主要内容的中华体育精神,勇担使命、奋勇争先、屡创佳绩,用汗水与努力使中华体育精神绽放出更加耀眼的时代光芒。

在2021年各类大型体育赛事比赛期间,江苏省代表团组织有序、文明守规、凝心聚力,荣获"体育道德风尚奖",向全国展示了江苏体育健儿的精神风貌。省委省政府作出

《关于表彰奖励在奥运会全运会上作出重大贡献的个人的决定》,授予张雨霏"江苏省体育发展杰出贡献个人"称号,授予吕俐等44名运动员、王芳等15名教练员"江苏省体育发展突出贡献个人"称号,给予孙炜等109名运动员、葛晓通等24名教练员、樊晓丹等11名科研医疗保障人员个人记大功奖励。省人力资源社会保障厅、省体育局联合对一批在全运会作出重大贡献的集体和个人给予了记功奖励和通报表扬。2024年3月8日,中宣部、全国妇联授予张雨霏"最美巾帼奋斗者"称号,此外,3月3日全国妇联举行的纪念"三八"国际妇女节暨表彰大会上,张雨霏还被授予"全国三八红旗手标兵"称号。"最美巾帼奋斗者"是新时代巾帼力量的杰出代表,是新征程上奋斗女性最美剪影标杆;而"全国三八红旗手标兵"是全国妇联授予优秀女性的至高荣誉。

(二)江苏大型赛事备战项目的发展情况

对待大型体育赛事,江苏省全力以赴,狠抓备战,建立实施了训练备战专家督导制度,积极推进高水平竞技运动训练负荷评价体系建设,大力加强基础体能和专项体能训练,着力提高科医保障水平。十三大市目标统一、团结一致,坚持全省一盘棋,心往一处想、劲往一处使,加强联办、输送人才,为顺利完成目标任务提供了坚实保障。自2008年北京奥运会以来,中国的体育成果显著增加,不仅在奥运会上取得了优异成绩,还在群众体育、体育产业等方面取得了长足进步。因此,大型赛事金牌获得情况将从2008年举办的赛事开始记录。

1. 夏季奥林匹克运动会金牌获得情况

(1)2008年北京奥运会

2008年第二十九届夏季奥林匹克运动会在北京举行,江苏健儿在本届奥运会、残奥会上获得的金牌数均位列全国第一,江苏省成为北京奥运会中国代表团贡献金牌最多的省份。

8月8日至24日的奥运会上,江苏省共有51名运动员、19名教练员入选中国体育代表团,其中10人次获8枚金牌,获金牌数位列全国第一,取得了参赛人数、项次、成绩和对国家贡献全面超历史的优异成绩[①]。

2008年8月12日,南通籍运动员黄旭、陈若琳、仲满先后在北京奥运会上夺得金牌,创造了"一日三金"的历史。为此,南通市人大常委会通过决议,将每年的8月12日确定为"南通体育日"。

表5.1 2008年北京奥运会江苏运动员金牌获得者情况

获奖运动员	获奖项目
肖 钦	体操男子团体、体操男子鞍马
黄 旭	体操男子团体
陈艳青	举重女子58公斤级

---

① 江苏省体育局. 2008年江苏十大体育新闻揭晓[EB/OL]. (2009-01-07). https://jsstyj.jiangsu.gov.cn/art/2009/1/7/art_40686_3517263.html.

(续表)

获奖运动员	获奖项目
陈若琳	跳水女子单人10米跳台、跳水女子双人10米跳台
邱健	射击男子50米步枪三姿
陆春龙	蹦床男子个人
仲满	击剑男子佩剑个人

(2) 2012年伦敦奥运会

2012年伦敦奥运会上,江苏运动员共有5人获得3.5枚金牌,为中国体育代表团创造境外参赛奥运会最好成绩作出了重要贡献,获国家体育总局颁发的"2012年伦敦第三十届夏季奥运会重大贡献奖"和"特殊贡献奖"[①]。

赛后,省人民政府授予获得金牌的运动员陈若琳、吴静钰、蔡赟、骆晓娟、许安琪,教练员王志杰、许学宁、张军、孙志安、高峰"江苏省劳动模范"称号。

表5.2　2012年伦敦奥运会江苏运动员金牌获得者情况

获奖运动员	获奖项目
许安琪	击剑女子重剑团体
骆晓娟	击剑女子重剑团体
蔡赟	羽毛球男子双打
陈若琳	跳水女子单人10米跳台、跳水女子双人10米跳台
吴静钰	跆拳道女子49公斤级

(3) 2016年里约奥运会

2016年第三十一届里约奥运会,江苏省共有33名运动员入选里约奥运会中国代表团,分别在13个大项15个分项37个小项上参赛,5人获得3枚金牌[②]。

北京时间8月10日凌晨4时,2016年里约奥运会跳水比赛女子双人10米跳台决赛在热内卢玛丽亚·莲克水上运动中心举行,江苏省运动员陈若琳与队员刘蕙瑕组合一路领先,最终以354.00分的成绩获得冠军,为江苏夺得了里约奥运会首金,中国队实现这个项目的奥运五连冠。女子双人10米台,被誉为中国跳水的"金牌自留地",陈若琳创造奥运会女双十米台三连冠纪录,同时也是她个人的第5枚奥运金牌,成为江苏连续三届奥运会获得金牌的第一人[③]。

在女子排球决赛中,由惠若琪、张常宁和龚翔宇等组成的中国女排以3∶1的比分战

---

① 江苏省体育局.省体育局领导走进"中国江苏"网在线访谈介绍我省奥运健儿征战情[EB/OL].(2012-08-27). https://jsstyj.jiangsu.gov.cn/art/2012/8/27/art_40686_3515558.html.
② 江苏省体育局.江苏健儿征战2016巴西奥运会[EB/OL].(2017-10-16). https://jsstyj.jiangsu.gov.cn/col/col40570/index.html?uid=180169&pageNum=2.
③ 江苏省体育局.我省运动员陈若琳夺得里约奥运女子双人十米跳台冠军[EB/OL].(2016-08-10). https://jsstyj.jiangsu.gov.cn/art/2016/8/10/art_40815_3079901.html.

胜塞尔维亚女排,夺得冠军。这是中国女排时隔12年后再次获得奥运会冠军[①]。

里约奥运会跆拳道男子58公斤级决赛中,江苏省运动员赵帅以6∶4的成绩击败泰国选手汉帕,成为中国跆拳道首位夺得奥运冠军的男选手。这也是中国代表团本届比赛的第19枚金牌[②]。

表5.3　2016年里约奥运会江苏运动员金牌获得者情况

获奖运动员	获奖项目
陈若琳	跳水女子双人10米跳台
惠若琪	排球女子
张常宁	排球女子
龚翔宇	排球女子
赵　帅	跆拳道男子58公斤级

(4) 2020年东京奥运会

第三十二届夏季奥林匹克运动会,江苏省共有37名运动员入选东京奥运会中国代表团,共获2枚金牌、5枚银牌、2枚铜牌、6个第四名、2个第五名、1个第六名、4个第七名和1个第八名,圆满完成参赛任务,为中国体育代表团作出了江苏贡献。

其中,游泳"蝶后"张雨霏仅1人就获得2金、2银和1个第四名,成为本届奥运会中国体育代表团获得奖牌最多的运动员。她在女子蝶泳200米决赛中夺冠并打破奥运会纪录,与队友团结合作获得女子自由泳4×200米决赛金牌并打破世界纪录。

射击项目的盛李豪作为本届奥运会江苏年龄最小的参赛运动员,也是奥运史上中国射击队派出的年龄最小的运动员,第一次参加奥运会便斩获男子10米气步枪个人银牌[③]。

表5.4　2020年东京奥运会江苏运动员金牌获得者情况

获奖运动员	获奖项目
张雨霏	游泳女子200米蝶泳、游泳女子4×200米自由泳接力

(5) 2024年巴黎奥运会

2024年第三十三届夏季奥林匹克运动会,是在法国巴黎举办的国际性奥林匹克赛事。中国代表团共收获40金、27银、24铜,共91枚奖牌,金牌总数与美国并列第一,创造了境外奥运会参赛的最好成绩。江苏省共有41名运动员、14名教练员和3名工作人员入选中国体育代表团,参赛运动员人数位居全国第二,最终摘得4金、5银、7铜共16枚奖牌的好成绩。2024年巴黎奥运会上,江苏省获金牌数和奖牌数全面超过2020年东京奥

---

① 江苏省体育局.我省运动员惠若琪、张常宁和龚翔宇获得里约奥运女排冠军[EB/OL].(2016-08-22). https://jsstyj.jiangsu.gov.cn/art/2016/8/22/art_40815_3079915.html.
② 江苏省体育局.我省运动员赵帅跆拳道58公斤夺冠 夺中国男子首金创历史[EB/OL].(2016-08-18). https://jsstyj.jiangsu.gov.cn/art/2016/8/18/art_40815_3079912.html.
③ 江苏省体育局.东京奥运会闭幕 江苏体育健儿赛场绽放最美姿态[EB/OL].(2021-08-13). https://jsstyj.jiangsu.gov.cn/art/2021/8/13/art_83216_9973763.html.

运会,奖牌数更是位居全国第一,金牌数位居全国第六,创造了江苏运动员参加境外奥运会奖牌数历史性突破[①]。

表5.5 2024年巴黎奥运会江苏运动员金牌获得者情况

获奖运动员	获奖项目
王赐月	花样游泳团体
盛李豪	射击混合团体10米气步枪、射击男子10米气步枪
郝 婷	艺术体操集体全能

2. 亚洲夏季运动会金牌获得情况

亚洲夏季运动会,简称"亚运会",是国际奥林匹克委员会承认的亚洲地区的夏季综合性运动会,是亚洲地区规模最大的夏季综合性运动会,由亚洲奥林匹克理事会主办,各成员国轮流承办,每四年举办一届,与夏季奥林匹克运动会相间举行。

表5.6 2010年广州亚运会江苏运动员金牌获得情况[②]

获奖运动员	获奖项目
骆晓娟	击剑女子重剑个人
包盈盈	击剑女子佩剑团体
朱 敏	击剑女子佩剑团体
仲 满	击剑男子佩剑团体
蒋科律	击剑男子佩剑团体
陈 金	羽毛球男子团体
蔡 赟	羽毛球男子团体
徐 晨	羽毛球男子团体
王适娴	羽毛球女子团体、羽毛球女子单打
卢 兰	羽毛球女子团体
蒋燕皎	羽毛球女子团体
成 淑	羽毛球女子团体
任成远	自行车女子山地越野赛
吕 博	体操男子团体
陈若琳	跳水女子双人10米跳台
史 欣	花样游泳女子组合

---

① 江苏省体育局. 摘得4金5银7铜,江苏健儿巴黎奥运交出精彩答卷[EB/OL]. (2024-08-12). https://jsstyj.jiangsu.gov.cn/art/2024/8/12/art_40686_11321753.html.

② 江苏省体育局. 江苏体育健儿广州亚运会参赛成绩全面超上届 多项指标超历史[EB/OL]. (2010-12-02). https://jsstyj.jiangsu.gov.cn/art/2010/12/2/art_40686_3515076.html.

(续表)

获奖运动员	获奖项目
陆 斌	田径男子4×100米接力
周春秀	田径女子马拉松
唐正东	篮球男子
卞 兰	篮球女子
吴鹏根	沙滩排球男子
张 希	沙滩排球女子
薛 晨	沙滩排球女子
俞继康	射击男子气步枪团体
丁 峰	射击男子速射团体
杨 曾	射击女子移动靶团体
薛 丰	赛艇男子2 000米八人单桨
王鑫楠	赛艇女子2 000米轻量级四人双桨
刘欢缘	柔道女子+78公斤级
吴静钰	跆拳道女子49公斤级
陈 倩	现代五项女子团体
吴严严	现代五项女子团体
赵佳芹	手球女子
韦秋香	手球女子
马 威	曲棍球女子

表5.7 2014年仁川亚运会江苏运动员金牌获得情况

获奖运动员	获奖项目
许安琪	击剑女子重剑团体
王适娴	羽毛球女子团体
徐祺恒	游泳男子4×100米自由泳接力
史婧琳	游泳女子100米蛙泳
沈 铎	游泳女子4×100米自由泳接力、游泳女子100米自由泳、游泳女子4×200米自由泳接力、游泳女子200米自由泳
张雨霏	游泳女子4×100米自由泳接力
陈若琳	跳水女子双人10米台
顾 笑	花样游泳女子集体、花样游泳女子自由组合
呙 俐	花样游泳女子集体、花样游泳女子自由组合
梁馨枰	花样游泳女子集体、花样游泳女子自由组合

(续表)

获奖运动员	获奖项目
丁　峰	射击男子25米标准手枪个人、射击男子25米标准手枪团体、射击男子25米中心发火手枪团体
张　杰	射击男子10米移动靶团体、射击男子10米移动靶混合速团体
杨　曾	射击女子10米移动靶团体
雍智伟	射箭男子反曲弓团体
倪旭林	赛艇男子八人单桨有舵手
汪　敏	赛艇女子四人双桨
陈　倩	现代五项女子个人
杨　敏	橄榄球女子

表5.8　2018年雅加达亚运会江苏运动员金牌获得情况

获奖运动员	获奖项目
王嘉男	田径男子跳远
吴照华	武术套路男子刀术棍术全能
孙　炜	体操男子团体
石宇奇	羽毛球男子团体
张心妍	射箭女子反曲弓个人
沈　铎	游泳女子4×200米自由泳接力
张雨霏	游泳男女混合4×100米混合泳接力、游泳女子200米蝶泳
史婧琳	游泳男女混合4×100米混合泳接力
郭　亮	自行车场地男子4公里团体追逐赛
姜佳音	篮球女子三人
钱佳睿	击剑女子佩剑个人
许诚子	击剑女子重剑团体
龚翔宇	排球女子
刁琳宇	排球女子
张常宁	排球女子
呙　俐	花样游泳集体自由自选
梁馨枰	花样游泳集体自由自选
胡　雯	桥牌混合
李　梁	桥牌混合

第五章 新发展阶段江苏体育文化发展的概况

表 5.9　2023 年杭州亚运会江苏运动员金牌获得情况

获奖运动员	获奖项目
袁琦琦	田径女子 4×100 米接力
张　影	曲棍球女子
李新欢	曲棍球女子
孙启豪	田径男子十项全能
韦　奕	国际象棋
石雨豪	田径男子 4×100 米接力
隋高飞	田径男子 4×100 米接力
王嘉男	田径男子跳远
张雨霏	游泳女子 200 米蝶泳、游泳女子 4×100 米自由泳接力、游泳女子 100 米蝶泳、游泳男女混合 4×100 米混合泳接力、游泳女子 50 米自由泳、游泳女子 50 米蝶泳
盛李豪	射击 10 米气步枪混合团体、射击男子 10 米气步枪
包英凤	马术三项赛团体
孙华东	马术三项赛团体
王　琦	田径男子链球
蔡鹏鹏	赛艇男子八人单桨有舵手
臧　哈	赛艇男子四人双桨
闫美玲	七人制橄榄球
王婉钰	七人制橄榄球
陈可怡	七人制橄榄球
胡　宇	七人制橄榄球
窦欣蓉	七人制橄榄球
左　彤	体操女子个人全能、体操女子团体
王雨婷	击剑女子花剑团体
王馨雨	篮球女子三人
石宇奇	羽毛球团体
陆光祖	羽毛球团体
吴云轩	射击团体
路　垚	电竞刀塔 2
杨沈仪	电竞刀塔 2
赵子星	电竞刀塔 2
於之莹	围棋女子团体

(续表)

获奖运动员	获奖项目
金维娜	篮球女子
罗欣棫	篮球女子
龚翔宇	排球女子
刁琳宇	排球女子
吴梦洁	排球女子
吴云轩	双向飞碟团体
王赐月	花样游泳集体

3. 夏季青年奥林匹克运动会金牌获得情况

夏季青年奥林匹克运动会，简称夏季青年奥运会或青奥会，是世界规模最大的青年综合性运动会，由国际奥林匹克委员会的成员国轮流主办，每四年举办一届，与冬季青年奥林匹克运动会相间举行。参与国主要分布在世界各地，自2010年开始第一届，每四年一届。

表5.10 2010年至2018年夏季青年奥林匹克运动会江苏运动员金牌获得情况

青奥会名称	获奖运动员	获奖项目
2010年新加坡青奥会	高霆捷	射击男子10米气步枪
	沈怡	篮球女子三对三
	徐欢	足球女子
	陈霞	足球女子
	金坤	足球女子
	沈铎	游泳女子100米自由泳、游泳女子200米自由泳、游泳女子4×100米自由泳接力、游泳女子4×100米混合泳接力、游泳男女混合4×100米混合泳接力、游泳混合4×100米自由泳接力
2014年南京青奥会	石宇奇	羽毛球男子单人
	张雨霏	游泳女子100米蝶泳、游泳女子4×100米自由泳接力
	何冰娇	羽毛球女子单人
	曹伟清	散打女子52公斤级
	成昱龙	田径男子铁饼
	王逸蓬	武术女子剑枪全能
	孙康平	田径女子铁饼
	吴圣平	跳水女子10米跳台、跳水女子3米跳板
2018年布宜诺斯艾利斯青奥会	周欣茹	自由式摔跤女子65公斤级
	尹德行	体操男子鞍马

4. 中华人民共和国全国运动会金牌获得情况

中华人民共和国全国运动会,简称"全运会",是中国国内水平最高、规模最大的综合性运动会。全运会的比赛项目除武术外基本与奥运会相同,其原意是为国家的奥运战略锻炼新人、选拔人才。全运会每四年举办一次,一般在奥运会年前后举行。前九届全运会由北京、上海、广东三地轮流举办。从1959年第一届全国运动会在北京举行,到2021年第十四届全国运动会在陕西开幕,全运会已走过了62年历程。

表 5.11 1959 年至 2021 年中华人民共和国全国运动会江苏运动员奖牌获得情况

单位:枚

年份	金牌	银牌	铜牌	奖牌总数
1959 年第一届	4	20	17	41
1965 年第二届	6	6	17	29
1975 年第三届	10	13	8	31
1979 年第四届	19	20	34	73
1983 年第五届	13	17	11	41
1987 年第六届	9	15	16	40
1993 年第七届	18	12	18	48
1997 年第八届	23	15	24	62
2001 年第九届	24.5	21.5	25	71
2005 年第十届	56	38	42	136
2009 年第十一届	49	37	36	122
2013 年第十二届	45	35	37	117
2017 年第十三届	35	26	45	106
2021 年第十四届	42	35	39	116

二、江苏群众体育文化发展的概况

党的十九大以来,江苏体育坚持以习近平新时代中国特色社会主义思想为指导,认真贯彻省委、省政府决策部署,加快建设体育强省,扎实推进全民健身,全省群众体育事业持续健康发展,人民群众在体育领域的获得感和对体育事业的满意度不断提升。

(一)江苏体育公共服务体系建设

1. 公共体育设施建设日趋完善

江苏已建成覆盖城乡、功能齐全的五级体育设施网络,推动公共体育场馆信息化改造,成功构建城市社区"十分钟体育健身圈"。截至2024年,江苏省体育场地达35.57万个,总面积3.69亿平方米,人均面积4.32平方米,位居全国第一;累计建成各类规模体育公园(广场)1 400余个,健身步道3.46万个、总长5.16万公里;经常参加体育锻炼人口占比40.6%,国民体质达标率93.4%。2024年上半年江苏省各区域新改扩建24个体育公园(广场),新建健身步道81条,共188.55公里①。此外,江苏积极组织体育赛会活动,持续发挥体育赛事"长尾效应",让赛事引领群众参与、凝聚产业动能、弘扬体育文化精神、塑造城市名片。

基础大项在体育领域中是指具有广泛参与性与基础性作用的运动项目,它们是体育发展的基石,对于提升国家体育整体实力和促进全民健身具有重要意义。基础大项通常包括田径、游泳、篮球、足球等,这些项目不仅是竞技体育的重要组成部分,更是推动体育产业发展的重要力量。自2015年北京成功申办冬奥会以来,国家大力鼓励群众参与冰雪运动,江苏积极响应号召,支持冰雪场馆设施建设,因地制宜、科学规划、合理布局冬季项目发展,形成了冰雪运动发展的良好态势。无论是相对靠北的徐州、连云港和淮安等地,还是长江沿线的南京、无锡和苏州等地,滑冰、滑雪都不再是群众遥不可及的运动项目。

表5.12 2023年江苏省体育场地主要数据②

序号	指标名称	面积/平方米	数量/个
一、综合指标			
1	人均体育场地面积	4.32	—
2	体育场地数量	—	35.57万
二、基础运动场地			
3	田径场地	7 092.31万	1.10万
4	游泳场地	864.33万	3 261
三、球类运动场地			
5	足球场地	3 286.88万	10 891
6	篮球场地	3 697.60万	6.41万
7	排球场地	231.76万	6 778
8	乒乓球场地	400.20万	5.77万
9	羽毛球场地	400.85万	1.98万
四、冰雪运动场地			
10	滑冰场地	3.36万	23
11	滑雪场地	60.71万	22

---

① 刘敏.江苏省群众体育工作会议召开[EB/OL].(2024-04-26). https://www.sport.gov.cn/n20001280/n20001265/n20067533/c27674192/content.html.

② 江苏省体育局.2023年江苏省体育场地统计调查数据[EB/OL].(2024-04-02). http://jsstyj.jiangsu.gov.cn/art/2024/4/2/art_79626_11208540.html.

(续表)

序号	指标名称	面积/平方米	数量/个
五、体育健身场地			
12	全民健身路径	386.62万	8.36万
13	健身房	676.78万	2.59万
14	健身步道	13 174.30万	5.16万

2. 全民健身赛事活动蓬勃开展

江苏高度重视全民健身,通过举办各类体育赛事和活动,极大地推动了全民健身的发展。江苏每年由各级体育组织牵头开展的50人(含)以上规模的全民健身赛事活动不少于一万项次,参与人次超千万[1]。开展的大型全民健身赛事活动如下:历时半年的第三届省网络全民健身运动会,参与人次480万,关注人次2 600万;第二届"中国银行杯"健身气功·八段锦网络公开赛,参与人次12.4万,关注人次270万;第二届"长三角"体育节、"长江经济带"全民健身大联动、"行走大运河"全民健身健步走活动、全民健身进家庭亲子趣味运动会、冰雪项目推广等。为省级机关部门送八段锦培训超60多场,举办省级棋类赛事167场,创建棋类特色学校、社区(村)176个,棋牌项目参与人口超过5万人。此外,江苏省举办的"江苏广场舞'美好生活公益工程'志愿者行动项目"等13个志愿服务项目入选国家体育总局全民健身志愿服务项目库,总数居全国第三。

江苏省全民健身运动会是江苏省规模最大、影响最广的群众性运动会,旨在推动全民健身与全民健康深度融合,建设体育强省。江苏省全民健身运动会四年一届,是省内规格最高、规模最大的群众性综合运动会。2024年,江苏省第九届全民健身运动会吸引了7 947名群众运动员和技术官员参加比赛,展示了江苏全民健身的风貌和成果。运动会分散在全省各地举办,包括"三大球"、"三小球"、民族传统、健身操舞、益智棋牌等5大类,32个大项,255个小项比赛。此外,运动会还设有12项主题活动和4个系列活动,吸引了近8 000名群众参赛和320万人次参与网络火炬传递,线上累计关注人次达4 229.3万。

3. 全民健身服务建设发展迅速

江苏省不断完善省、市、县(市、区)、乡镇(街道)体育组织网络,加大对民间健身团队、社区体育组织的扶持力度,探索体育社会组织服务群众健身的"最后一公里"路径。江苏省体育社团、社会体育俱乐部等组织持续向基层延伸,桥梁纽带功能日益凸显,不断推动体育赛事活动进景区、进商圈、进乡村,激发基层全民健身活力。截至2023年底,全省共有乡镇(街道)以上体育社团7 621个,民办非企业1.5万余家,在体育部门备案的健身团队1.8万多个。江苏省每年安排5 000万元专项资金用于补助各地承办高端国际赛事、精品竞技赛事和大众特色赛事,持续开展"魅力江苏·最美体育"、"行走大运河"健步走、老年人体育节等省级大型群众性赛事活动。2024年1—7月,全省共举办国际赛事34项、

---

[1] 江苏省体育局. 省体育局关于印发《体育强省建设三年行动计划(2023-2025年)》的通知[EB/OL]. (2023-09-05). http://jsstyj.jiangsu.gov.cn/art/2023/9/5/art_79487_11005468.html.

全国赛事194项、省级赛事265项,覆盖各类人群的群众体育赛事活动共2 776场①。

江苏社会体育指导员是全民健身的宣传者、科学健身的指导者、群众健身活动的组织者、体育场地设施的维护者、健康生活方式的引领者,他们活跃在城乡健身公园、群众体育赛事赛场以及众多健身点,指导广大群众更科学、更专业地健身,以志愿服务方式带动全民健身热潮。《江苏省社会体育指导员积分奖励规则(试行)》,依托省社会体育指导员平台,通过在线注册、培训、打卡、审批等形式,激发社会体育指导员队伍活力。截至2024年,平台活跃人数6.1万人,累计签到523.3万人次,志愿服务打卡456.6万人次,志愿服务时长509.6万小时②。利用学雷锋纪念日、全民健身日,组织动员全省10万余名社会体育指导员开展健身技能传授、科学健身知识宣讲等活动。江苏省社会体育指导员协会通过举办各类宣传、培训、讲座、咨询和交流活动,进行国内外全民健身活动的学术研究,维护群众的合法权益,提升协会的凝聚力和公信力。

(二)江苏群众参与体育的情况

1. 引导群众参加全民健身

崇尚全民体育,共创美好生活,如今参与体育运动已成为人民群众追求幸福指数的一种社会潮流。随着社会的快速发展,人民群众的生活水平得到了提高,他们潜意识中的健身意识不断提高,对健康生活水平的需求逐渐增加,健康生活的概念和方式逐渐流行起来。体育活动在江苏群众的生活中占据重要地位,不仅有助于保持健康,还能增强体质、提高生活质量。通过参与团队运动,群众可以学会与他人合作,学会倾听和沟通,有利于培养团队意识和团队精神。

江苏省政府办公厅《关于构建更高水平的全民健身公共服务体系的实施意见》强调,要均衡配置城乡全民健身功能,创新健身设施建设思路,充分体现儿童友好理念和老龄化社会现实需求。《江苏省全民健身实施计划(2021—2025年)》提出,要科学规划布局全民健身场地设施,根据镇、村空间布局和群众需求,统筹考虑城镇化、人口老龄化因素,有效利用公共空间,合理规划体育设施。《江苏体育发展"十四五"规划》强调,要推进全民健身均衡协调发展,加强老年人、残疾人、农民等群体的健身服务,创新适合老年人特点的体育健身项目和方法,办好老年人体育节。江苏持续开展全省老年人体育节、重阳节健身联动等品牌活动,积极向市民普及广场舞、健步走、太极拳、门球、桌上冰壶球等老年特色项目。

江苏省政府投入大量资金建设体育设施,通过政策鼓励群众参与体育活动,营造全民健身的运动环境,进一步推动了体育在江苏群众中的普及,加快建设了更高水平的江苏健身服务体系,帮助实施了保障全民健康、增进健康中国、建设体育强国进程中的重要目标。

2. 群众体育消费情况

2022年,江苏省城乡居民体育消费总规模达2 271亿元,人均体育消费支出达2 667元,在全国范围内处于较高水平。

---

① 陈少军.完善全民健身公共服务体系筑牢人民健康根基[J].群众,2024(19):6-7.

从支出结构来看,江苏体育用品消费人均支出907.0元,占比34.0%;健身休闲消费人均支出555.1元,占比20.8%;体育培训和教育服务消费人均支出322.5元,占比12.1%;体育旅游消费人均支出182.9元,占比6.9%;体育观赛消费人均支出64.2元,占比2.4%;其他与体育相关消费人均支出635.6元,占比23.8%[①]。

从地区来看,2022年,苏南地区居民人均体育消费最高,为2 934.2元;苏中地区居民人均体育消费次之,为2 454.6元;苏北地区居民人均体育消费最低,但同样超过2 000元,为2 311.0元。从城乡来看,城市居民人均体育消费2 911.8元,农村居民人均体育消费1 999.7元。从性别看,男性居民人均体育消费2 989.5元,女性居民人均体育消费2 327.7元。从年龄来看,3~17岁居民人均体育消费2 483.8元,18~34岁居民人均体育消费3 062.2元,35~44岁居民人均体育消费3 062.5元,45~59岁城乡居民人均体育消费2 335.1元,60岁以上城乡居民人均体育消费2 174.2元[①]。

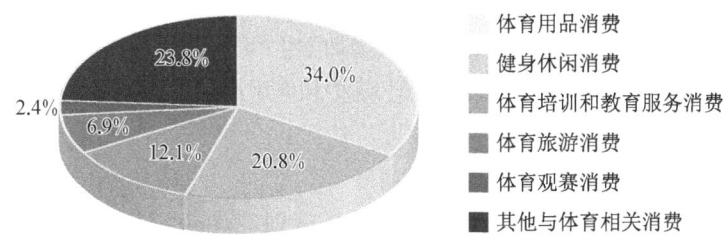

图5.1 2022年江苏省城乡居民体育消费支出结构

三、江苏学校体育文化发展的概况

学校体育是落实全民健身国家战略、助力健康中国建设的根基。2021年8月27日,中共江苏省委办公厅、江苏省人民政府办公厅印发《关于全面加强和改进新时代学校体育工作的实施意见》,其重点任务包括严格落实体育与健康课程标准,开齐开足上好体育与健康课程、加强学校体育教学训练;全面改善学校体育办学条件,配齐配强体育教师、加强场地器材建设、整合社会体育资源;大力推进学校体育评价改革,突出对学校的评价、完善对教师的评价、改进对学生的评价;加强学生体质健康监测管理,健全学生体质健康监测体系、强化体质健康监测结果运用;深入推进体教融合工作,打造完善青少年体育赛事体系、积极打造体育传统特色学校、畅通优秀退役运动员任教渠道、统筹组织体育师资队伍培训。

(一)江苏学校体育场馆、场地

根据江苏省教育厅发布的数据,江苏省中小学体育场馆建设显著增加。大多数县市的中小学体育馆和运动场数量逐年上升,室内体育馆通常配置篮球场、排球场、羽毛球场

---

① 江苏省体育局. 2022年度江苏省城乡居民体育消费统计调查主要数据[EB/OL]. (2023-11-22). http://jsstyj.jiangsu.gov.cn/art/2023/11/22/art_79626_11077944.html.

和乒乓球场等多功能场地,江苏高校中的体育馆还配备健身房、舞蹈室等用以开展多元化的体育活动。学校设有专职人员负责体育场地的日常维护和管理,确保安全和设施的良好使用状态。

江苏省政府及教育部门对学校体育器械的购买和维护给予支持,许多学校每年都有一定的预算来更新和采购新器械,以保证设施的现代化和安全性。学校配备的器械种类较多,包括篮球架、排球网、健身器材、田径器械(铅球、标枪等)以及各类球类(足球、篮球、羽毛球等)等。江苏省中小学在课外活动中的器械利用率很高,学生参与体育活动的积极性也得到大幅度提升。

根据《江苏省中等体育运动学校建设标准及评估细则》,落实改善各级各类体校办学条件,对场馆设施有经费保障,加快推进少年儿童体育学校建设发展,健全学校、体校、俱乐部资源共享。江苏正在推进对学校体育设施建设的长期规划,希望到2030年实现广泛覆盖的室内外体育场馆,确保每所学校都配备足够的体育器械和场地。鼓励学校与社区、企业合作,开放体育场馆和器械资源,提升使用效率,同时增加学生和居民的体育活动机会。提倡建立数字化管理系统,便于学校对场馆和器械的登记、维护和使用情况进行实时监控和优化。

(二)江苏学校体育认识观

江苏省学校将体育教育纳入人才培养的整体规划,不仅关注学生的学术成绩,更重视学生的身体素质和运动技能,强调学生应"德、智、体、美、劳"全面发展。2024年8月,江苏省教育厅印发《江苏省小学〈体育与健康〉课程改革实施方案(试行)》,要求2024年秋季学期全面推行实施小学每天一节体育课。江苏省教育厅副厅长、省委教育工委委员顾月华表示,江苏省教育厅在全国率先推出小学体育健康改革的试行意见,规定在全省13个设区市进行试点。小学1~2年级采取"4+1"模式,即在原4节体育课的基础上增加1节"趣味田径""快乐体操"等学校特色体育项目课;小学3~6年级按照"3+1+1"模式,采用"基础必修课+体能课+走班选项课"的模式科学规划课程。小学已经通过招聘引进、返聘等各种方式增加2 000多名体育教师,经过改扩建新增50万平方米场地,另外增加了六万套体育设施。下一步还要在提升课程质量上下功夫,在监督管理服务上下功夫。教育厅承诺,2025年秋季学期"每天一节体育课"全省小学全覆盖。

为全面深化体教融合,培养青少年参加体育锻炼的兴趣,促进青少年身心健康发展,江苏省坚持"健康第一"的教育理念,加强体育资源整合与供给、全面普及和推广传统体育运动项目,构建更加完善的全省青少年体育公共服务体系,激发儿童青少年参与健身锻炼的热情,促进儿童青少年在体育锻炼中享受乐趣、增强体质、健全人格、锤炼意志。在青少年赛事中,江苏各地区展现出了地方特色,取得了不错的成绩。例如,苏州运动员在首届全国学生(青年)运动会上表现优异,共获得24金14银18铜的成绩;苏州青少年皮划艇代表队在2024年全国青少年皮划艇U系列联赛中斩获7个冠军、4个亚军、7个季军;苏州U12男子足球队在2023年江苏省青少年U12足球锦标赛上勇夺冠军。

江苏体育师资队伍建设整体较为完善,学校体育工作的开展对教师的要求都能得到落实,江苏省的教师们也能充分认识到体育对于学生成长的重要性。他们在体育教学过程中，不仅关注学生的运动技能培养，还注重培养学生的团队精神、拼搏精神和自律意识，以自身专业的职业道德素养与丰富的教学经验成为学生健康成长的引路人。江苏省的学生也对体育运动展现出极高的热情和积极性，不仅在课堂上认真参与，还自发组织各类体育社团，丰富课余生活。在这种氛围中，学生们的身体素质和运动技能得到显著提高。南京市第十二中学是江苏省羽毛球特色学校之一，这里曾走出过刘永、孙俊、戴韫、钱虹、陈金等多位世界冠军。如今，学校把羽毛球项目以校本课程、社团活动等方式推广到各个年级，所有学生都可以参与。此外，南京市中学生运动会成绩连续多年位居全国前列，这正是对江苏省体育教育成果的最好证明。

四、江苏民族传统体育文化发展的概况

（一）江苏民族传统体育活动的组织情况

1. 民族传统体育活动百花齐放

民族传统体育，是具有独特中华文化符号的体育活动，是体育文化的重要组成部分，是在漫长的历史中创造和积淀下来的传统体育文化资源。江苏拥有丰富的民族传统体育活动，例如龙舟、风筝、舞龙舞狮、石锁、太极拳等。在越来越多的新兴体育项目被挖掘传播的同时，此类民族传统体育项目也备受关注。在江苏，特色各异的传统体育项目，以传承为基石，在专业体育协会的引导和助力下，绽放出勃勃生机。

（1）龙舟竞渡

龙舟竞渡在中国有着深厚的文化积淀与源远流长的历史渊源。纵观竞龙舟的发展历史，在南北朝时期，竞龙舟便作为一项体育活动以竞渡的形式在民间流传，广受百姓青睐。现在，龙舟赛事早已遍布中华大地，而各地的龙舟赛事又各具特色，蕴含着浓厚的地域文化韵味。在江苏龙舟中，苏州是端午节龙舟竞渡的发祥地，苏州龙舟竞渡的最早起源当为"胥门塘河"，即现在的胥江河，又称姑苏型龙舟。

2024年金鸡湖端午龙舟赛在苏州工业园区月光码头鸣锣开赛，来自国内外的66支队伍共计1418人参赛。自2010年金鸡湖端午龙舟赛首度亮相以来，到2023年已连续成功举办了13年，作为园区经典赛事，不断传承着园区人勇往直前、坚毅果敢的龙舟精神。苏州金鸡湖端午龙舟赛2021年入选中华体育文化优秀节庆项目，2022年上榜"2022中国体育旅游十佳精品项目"。

（2）健身气功

健身气功是以自身形体活动、呼吸吐纳、心理调节相结合的民族传统体育项目，是中华悠久文化的重要组成部分。练习健身气功对于增强人的心理素质、改善人的生理功能、提高人的生存质量、提高人的道德修养等具有独特的作用[①]。

---

① 张继华.健身气功与太极拳异同之研究[J].武术研究,2017,2(9):72-74,78.

2011年,无锡市华佗五禽戏被国务院批准为国家级非物质文化遗产名录。近年来,无锡加强以五禽戏为主的健身气功项目建设,健身气功协会建设实现市、市(县)区全覆盖,全市建成市、市(县)区两级健身气功主题公园6个、健身气功站点服务中心15个。各级协会(站点)每年组织健身气功站点联赛、健身气功管理干部培训、健身气功"五进"推广,组织志愿者深入基层送"戏"授"诀"、传"经"递"锦",营造了习练健身气功的良好氛围。2018年,无锡成为首批完成全国健身气功管理方式改革试点工作的城市之一,国家体育总局在无锡召开现场会,无锡市体育局被国家体育总局健身气功管理中心评为百城千村健身气功交流展示活动一等奖。新冠疫情防控期间,无锡市积极推广八段锦、明目功等功法居家习练方案,开出抗击疫情的"运动处方"。

(3) 石锁

掼石锁(无锡花样石锁)于2013年、2016年先后列入市级、省级非物质文化遗产代表性项目名录。无锡于2009年成立石锁协会,通过布点发展、比赛组织、交流展示,使传统的无锡花样石锁得到传承和推广,目前全市拥有石锁项目健身点23个,石锁爱好者超万人。2016年,无锡市石锁协会改进的新型石锁结构获得国家级实用新型专利,改进后的结构既提高了使用的安全性,也突破了石锁项目的场地限制,扩大了项目习练规模。2017年,无锡首座以石锁为主题的公益展示馆建成投用,疫情期间还通过线上直播等方式进行了云展出。2020年,石锁展演节目《精忠报国》在第二届大运河文化旅游博览会上演出,收获众多关注。2022年,市石锁协会组织非遗进校园活动,推动石锁运动薪火相传。

(4) 太极拳

太极拳项目于2006年入选国家级非物质文化遗产名录,2020年正式列入人类非物质文化遗产代表作名录。无锡太极拳项目群众基础良好,拥有江苏省"太极健身特色之乡"称号的江阴市现已形成太极拳协会分会、站点镇(街道)全覆盖格局,通过常态化开展培训、交流、比赛和展示活动,太极拳队伍活力日益提升,目前注册会员超3 000人、习练人数超万人。2020年,无锡启动省体旅融合示范基地创建,通过引进优质武术资源,联合国家非物质文化遗产太极拳发源地河南省焦作市,积极打造太极拳项目文化聚集地。近年来,江阴市以太极拳成功"申遗"为契机,推动国家武术研究院太极拳研究中心落地,积极开展太极拳应用研究。

(5) "凤羽龙"龙灯舞蹈

"凤羽龙"是无锡市惠山区洛社镇特有的传统舞蹈,属于舞龙项目,以做工精美、套路灵动闻名。2004年,无锡市惠山区投入400万元建设凤羽龙宫,设置了展示馆和培训传承基地,在宣传"凤羽龙"人文历史、传承沿革的同时,定期开展制作工艺、龙舞套路等培训。2007年,"凤羽龙"入选江苏省首批非物质文化遗产名录,成为苏南农村优秀传统体育文化的典型代表[①]。洛社镇深耕龙舞技艺,组织研习了近100种龙舞动作和精品龙舞套路(节目),竞技舞龙水平持续提升,在省运会、省农民运动会、中华舞龙大赛等比赛中摘得多项荣誉,有力促进了传统体育项目的传承和推广。

---

① 中国农民体育协会.洛社"凤羽龙"振翅舞乾坤[J].农民科技培训,2017(12):49.

(6) 船拳

船拳，顾名思义，就是在船上打拳。江南船拳的传播是以苏州为原点，向外辐射的三个叠加的江南船拳文化圈。以苏州太湖为中心的核心文化圈主要包括滨湖的苏州、无锡、湖州三个地区，以苏州吴中区的越溪、相城区的北桥和常熟市的沙家浜为三个主要的支撑点。江南船拳的第二个文化圈主要包括浙江嘉兴、江苏常州和上海市。江南船拳最外围的文化圈主要包括江苏镇江和浙江杭州、温州等地区。苏州船拳最早作为一种防身自卫、适于水战的武艺应运而生，后来开始表现为一种健身休闲文化，并成为太湖民间民俗文化中一项重要的休闲娱乐项目。新中国成立以后，船拳活动未再开展，直到1985年江苏省体委武术挖整组经过多方查询，特邀船拳传人高泉根、陈松年在吴县阳澄湖表演船拳，予以录像记载，江南船拳才重现于世[①]。而后江苏省体育部门组织"江南船拳"抢救挖掘组联手专家团队，对这一古老拳种文化进行了挖掘与整理，并历时5年，在吴中区越溪实验小学、常熟市沙家浜镇、相城区北桥街道和苏州大学民族传统体育系建立"江南船拳"传承基地。

(7) 南通板鹞风筝

风筝早期作为传递信息的工具，是为军事需要而制作的。在江苏主要有苏北风筝和苏南风筝。苏北风筝当首推南通风筝，风筝种类可分为板鹞风筝和造型风筝两大类；苏南风筝以南京风筝、苏州风筝为主。

作为最具地方特色的体育项目和省级非物质文化遗产，南通板鹞风筝以其独特的构造和工艺，被誉为"空中交响曲"。南通板鹞风筝制作技艺经国务院批准列入第一批国家级非物质文化遗产名录，如东连续20年举办国际风筝邀请赛，在南通市刘桥、平潮、港闸一带涌现出了一批专门从事风筝制作的专业户。以南通风筝为主题的《风筝史话》《南通风筝》等书籍相继出版。南通政府高度重视传统体育文化遗产的挖掘、保护和推广，南通不仅拥有众多的民间风筝博物馆，而且板鹞风筝作为南通江海体育文化的代表，已经多次走出国门，赴美国、俄罗斯、韩国、法国等地参加文化交流，获得一致好评。

(8) 掼蛋

20世纪60年代，掼蛋游戏发源于江苏淮安，如今，掼蛋火遍大江南北，成为淮安独具特色的"城市文化名片"和"文化产业品牌"，也成为体育总局棋牌中心着力向全国推广的智力运动项目，目前掼牌（掼蛋）已被列为第五届全国智力运动会表演项目。淮安不仅是掼蛋游戏的摇篮，更是掼蛋运动发展的推手。淮安掼蛋联合会举办2023（首届）中国职工竞技掼蛋锦标赛淮安站、2023年全国首届竞技掼蛋裁判员培训班、宁淮合作掼蛋事业推广发展交流活动等赛事，拍摄首部掼蛋题材电影《枪不打四》，创办淮安掼蛋文化有限公司，研发了基于微信生态的掼蛋跨专业竞技平台——掼蛋大师，生产融入淮安历史文化的《掼蛋大师》专业竞技和礼品扑克，展示地方体育文化特色，进一步提升淮安掼蛋在国内外的知名度和美誉度。

(9) 阳湖拳

阳湖拳，又名常州南拳、江苏南拳，是创始于常州武进并流传至江苏乃至全国部分地

[①] 张宗豪. 江南船拳文化研究[D]. 苏州：苏州大学，2014.

区的一种古典汉族拳术,为江苏唯一的地方拳种。据1988年版的《武进县志》记载,阳湖拳源出道家,创发于宋末元初,已有700多年历史,拥有500多种套路。此拳术盛行于农村,并逐渐流传至无锡、苏州、上海等地。阳湖拳集"南拳北腿"之长,独具"南北兼收,拳腿并重,原地旋翻,幅度颇小,快速勇猛,精悍灵巧,近身短打,进多退少"的特点。阳湖拳器械有"十八长与十八短",共36种之多,且套路多样,适合船战和巷战,具有浓郁的江南水乡特色。2009年6月20日,阳湖拳被列入第二批省级非物质文化遗产名录。

2. 民族传统体育活动人才现状

江苏省内有多个民族传统体育协会和组织,致力于推广和发展民族传统体育。协会通常由热爱民族传统文化的人员组成,涵盖多种民族体育项目,比如武术、龙舟、民间舞蹈等,主要的协会包括:江苏省民族传统体育协会,负责组织各类民族传统体育活动,促进各民族体育文化的交流与发展;地方民族体育组织,在各地设有分会,比如江苏南京、苏州、无锡等市的民族体育协会,推动本地的民间传统体育活动。这些组织通常与政府、学校和社区合作,举办培训班、研讨会和比赛,培养专业人才。

江苏在民族传统体育活动人才的培养方面采取了多种措施,包括定期组织民族传统体育教练员和裁判员的培训班,提高他们的专业技能和教学能力;与高校合作开设民族传统体育相关课程,比如南京体育学院、苏州大学等,培养学生对民族体育的兴趣和专业知识;鼓励有经验的传承人和年轻人之间的师徒传承,保持传统技艺的延续。

每两年举办一次的江苏省传统体育节,吸引了来自全省各地近2 000名参与者。2023年举办的传统体育节上,共有来自不同民族的20个传统体育项目参与展示,吸引了群众的广泛参与。通过民族文化节、民间艺术展等活动推动各民族传统体育项目的交流与学习,比如武术比赛、龙舟赛等,不仅增强了民族体育的影响力,也为运动员提供了展示才华的舞台。

(二)江苏民族传统体育文化的传承与发展

江苏省成立了省龙舟协会、省石锁运动协会等民族传统体育项目协会,通过举办活动、讲座等方式,启动全省各类各级别赛事,培训社会体育指导员技能,推广和普及项目进校园、进社区、进村镇。历史悠久的民族传统体育项目,通过家中长辈教授年轻人或师徒传承的方式代代相传。江苏省内的多所高校开设了民族传统体育相关课程,不仅教授理论知识,还强调实践训练,鼓励学生参与实际的民族体育活动,培养专业人才。

江苏宿迁作为西楚霸王项羽的故乡,拥有5000多年的文明史和2700多年的建城史,素有"华夏文明之脉、江苏文明之根、淮河文明之源、楚汉文化之魂"的称号。大运河穿城而过,造就了宿迁市地域特色的民族体育文化,可以分为竞技类、娱乐休闲类、启智技巧类和庆典类,包括举石锁、龙舟竞赛、斗鸡、放风筝、六路周、踢毽子、侍岭舞狮、顺河舞龙、潼河龙舞、高渡花船等,具有娱乐性、竞技性、水文性、历史色彩性的特点[①]。

江苏省龙舟协会致力于弘扬龙舟精神,传承龙舟文化,举办省龙舟精英赛、省龙舟俱

---

① 杨飞.大运河文化带建设背景下宿迁市民俗体育文化旅游开发路径研究[J].武术研究,2022,7(6):91-94.

乐部联赛、省城市龙舟公开赛等精彩纷呈的赛事活动,组织龙舟进校园活动,截至目前,龙舟运动已经进入了南京大学、东南大学、南京理工大学、常州大学、常熟理工学院、苏州大学、常州工程学院、江苏海洋大学等,培养了一批专业的教练和运动员。

江苏省石锁运动协会坚持石锁进学校、进社区、进企业、进机关的"四进活动",介绍石锁的起源、发展和现状,传授石锁技能技艺,传播非遗石锁文化,使更多的人对石锁有了更深层次的认知,接受并喜欢上了这项运动;同时通过改革创新撂锁技艺,打造协会特色品牌,提升江苏石锁在全国石锁界知名度。

江苏省政府高度重视民族传统体育文化的传承与发展,通过政策和资金的支持,推动相关活动的开展。例如,设立专项资金用于支持民族传统体育项目的发展和相关赛事的举办。定期举办培训班与讲座,向广大群众和从业人员普及民族传统体育知识,提高其整体水平与专业素养。通过社交网络、视频平台等新媒体,江苏民族传统体育文化得以广泛传播,年轻人群体通过网络学习传统技艺,参与活动,将民族传统体育与现代文化、艺术相结合,促进江苏传统体育文化的创新与发展。

第六章
新发展阶段江苏竞技体育文化高质量发展路径

一、江苏竞技体育文化高质量发展的目标描述

在新时代背景下,江苏作为中国经济、文化、体育发展的重要区域,其竞技体育文化的高质量发展承载着提升区域软实力、增强民众体质、弘扬体育精神、发展体育新质生产力的多重使命。因此,江苏竞技体育文化高质量发展的目标,应聚焦于以下几个方面。

第一,江苏将致力于加大竞技体育相关政策扶持力度,优化体育赛事组织和管理机制。通过引入先进的管理理念和技术手段,提升赛事的信息化、智能化水平,建立健全赛事安全管理体系,确保赛事的顺利进行和高质量呈现。同时,积极探索赛事市场化运作模式,鼓励社会资本参与赛事运营和推广,提升中国竞技体育的国际影响力和市场竞争力。

第二,江苏将深化竞技体育文化内涵的丰富与传承。通过举办形式多样的纪念活动、展览、讲座等,让公众深入了解竞技体育的深厚底蕴和独特魅力,这样不仅能够激发公众对竞技体育的兴趣与热爱,还能推动竞技体育精神在社会各界的广泛传播。同时,注重推动竞技体育与其他文化领域的融合,创造出独具特色的文化体验,使竞技体育成为展现江苏乃至中国多元文化魅力的重要窗口。

第三,江苏将积极推动竞技体育文化的国际交流与合作。通过引进和举办高水平国际赛事,促进国际间竞技体育的深入交流与合作。这些赛事不仅有助于提升中国竞技体育的竞技水平,还能促进各国文化的深度交融与理解。同时,江苏将加强竞技体育精神的传承与发展,弘扬追求卓越、勇于挑战、团结协作等优秀品质。

第四,江苏将注重培养高素质竞技体育人才。加强与高校、科研机构等合作,推动科技成果在竞技体育领域的转化和应用,促进竞技体育文化产业的创新发展,构建完善的竞技体育人才培养体系。注重运动员的全面发展,不仅要在技能训练上精益求精,还要加强文化素养和职业道德的培养。通过实践教学和理论教育相结合的方式,提升运动员的综合素质和竞争力。

二、江苏竞技体育文化高质量发展的建设路径

(一) 政策引领,构建竞技体育文化发展新格局

竞技体育作为体育事业的重要组成部分,是以体育竞赛为主要特征,以攀登运动技术高峰、创造优异成绩、夺取比赛优胜为主要目标的体育活动。习近平总书记在党的二十大报告中提出"促进群众体育和竞技体育全面发展,加快建设体育强国",为新阶段中国竞技体育发展指明了方向。在政策引领的背景下,构建竞技体育文化发展的新格局,是推动江苏省乃至全国竞技体育事业健康、持续发展的关键环节。法律法规作为保障体育事业健康发展的基石,对竞技体育文化的影响不容忽视,江苏省需要重点分析现行法律法规对竞技体育文化的影响,提出完善法律法规的建议和措施,提升法治水平和治理能力,为竞技体育高质量发展提供良好的法治环境,以构建更加科学合理的竞技体育文化发展新格局。

1. 明确政策导向与目标,促进竞技体育精神文化发展

(1) 分析和完善竞技体育相关法律法规

竞技体育是国家体育法中必不可少的重要内容,它不仅关乎国家体育事业的发展水平,也是展现国家综合实力和民族精神风貌的重要窗口。2022年新修订的《中华人民共和国体育法》(简称《体育法》)提出"国家促进竞技体育发展,鼓励运动员提高竞技水平,在体育赛事中创造优异成绩,为国家争取荣誉"[①],并将1995年《体育法》中的"提高体育运动技术水平"修改为"提高竞技水平",表述上变得简洁明了。从国家法的层面对竞技体育进行规定,对国家发展竞技体育的基本定位再次强化,以达到发展竞技体育的基本目的[②]。在美国,尽管职业体育联盟能够通过出售赛事转播权和门票收入获得可观的收益,但联邦政府和各州政府也会通过提供体育场馆建设资金、税收优惠政策和直接的资金补助等方式支持竞技体育的发展。在英国,政府不仅会通过体育彩票等公益性质的活动为竞技体育筹集资金,还会制定专门的体育发展战略和计划,以确保竞技体育的持续繁荣。

现行构建的法律法规体系应新时代竞技体育的需求,对其自身进行系统性的审视与修订,从体育竞赛管理、运动员权利保护、职业体育规范与促进等方面修改、完善了部分体育条款。例如,在反兴奋剂方面,国家高度重视反兴奋剂工作,坚决维护体育运动的公平竞争理念,禁止在体育运动中使用兴奋剂,新修订的《体育法》新增"反兴奋剂"一章,规定国家建立健全反兴奋剂制度,国务院体育行政部门负责制定反兴奋剂规范等,这些措施再次表明了中国在反兴奋剂问题上的坚定立场和坚决态度。在运动员权利保护方面,采取

---

① 杨国庆,方泰,林郁箐,等.新阶段我国竞技体育高质量发展的法治保障:基于新版《体育法》竞技体育部分内容的分析[J].北京体育大学学报,2023,46(10):99-110.
② 姜熙.新修订《体育法》"竞技体育"章的条文解读、立法评析和配套立法完善[J].武汉体育学院学报,2022,56(9):45-55.

多种措施,要求对运动员实行科学、合理的训练,维护运动员的身心健康,依法保障运动员接受文化教育的权利①。在职业体育方面,贯彻落实职业体育是体育市场化、社会化发展的重要形态的意识。新修订的《体育法》在第四章"竞技体育"中规定,国家促进和规范职业体育市场化、职业化发展,提高职业体育赛事能力和竞技水平;在第七章"体育产业"中规定,国家完善职业体育发展体系,拓展职业体育发展渠道,支持运动员、教练员职业化发展,提高职业体育的成熟度和规范化水平,职业体育俱乐部应当健全内部治理机制,完善法人治理结构,充分发挥其市场主体作用③。

但是面对快速变化的体育环境与市场需求,仍有一些挑战与问题亟待解决。比如如何确保新修订的法律法规得到有效落实执行,如何利用丰富多元治理手段构建"政府主导、社会自治、市场自主"的竞技体育治理体系。同时,随着科技的发展进步,尤其是互联网、大数据、人工智能等新兴技术在体育领域的广泛应用,如何规范并促进科技在体育竞赛、运动员训练、赛事管理等方面的合理应用,也是需要深入研究与探讨的问题。此外,尽管在运动员权利保护方面取得了显著进步,但实际操作中仍需关注运动员权益保护的细节落实,比如如何确保运动员在商业化运作中的合法权益不受侵害,以及如何建立更加有效的机制来处理运动员权益纠纷等。职业体育方面的发展虽已明确方向,但在具体实施过程中,如何平衡商业化与体育精神的关系,如何促进俱乐部健康可持续发展,以及如何在激烈的市场竞争中保持职业体育的公平竞争环境,都是需要进一步细化与探索的重要内容。

(2) 丰富竞技体育文化内涵

竞技体育的文化内涵丰富多元,承载着记录人类不断挑战自我的运动文化,展现了人类在体育领域中的卓越追求与非凡成就;蕴含着提升社会道德水平、规范社会行为的深刻内涵,通过竞技体育所倡导的公平、公正、民主、协作等原则,对社会道德观念产生积极影响。它还是一种提高审美意识的情感文化,能够净化人的社会情感,提升社会的审美情趣,并在深层次上影响着社会心理和民族精神。通过竞技体育的熏陶,人的教育、社会化进程以及个性发展均能得到显著的促进,为个人的全面发展和社会进步奠定了坚实的基础。竞技体育精神文化的独特价值,为中国人民树立了积极进取的典范,它作为现实生活中不可或缺的精神食粮,激发了中国人民的民族自尊心和爱国主义情怀。

然而,在肯定成绩的同时也应正视中国竞技体育在国际化、市场化、商业化、职业化发展进程中的一系列问题,诸如体育贪污腐败、让球、假球、黑哨现象,以及运动员间的打架斗殴、赛场观众行为过激等。竞技体育事业作为社会主义精神文明建设的重要组成部分,其当前的发展状况与社会主义精神文明建设的要求尚存在一定的不协调之处,为了丰富竞技体育的文化内涵,江苏需要从多个维度出发,采取一系列切实可行的措施:江苏媒体要深入挖掘和宣传运动员背后的故事和付出,让公众更加深刻地理解竞技体育所蕴含的价值和意义;江苏省政府应加强对竞技体育历史的研究和传承,包括重要赛事的回顾、传奇人物的纪念、经典瞬间的再现等,让公众了解和感受竞技体育的深厚底蕴和独特魅力;

---

① 中华人民共和国体育法[Z].全国人大常委会办公厅,2022.

江苏省体育局应引进更多的国际赛事,促进中国体育文化的传播,使公众体验多元化体育文化魅力;江苏省教育厅应注重青少年的教育与培训,让运动员成为具有高尚品德和良好文化素养的楷模;江苏媒体应利用现代科技手段,提升观众的赛事体验,提升竞技体育的文化品质和吸引力;江苏省政府应鼓励竞技体育与环保、公益等社会议题相结合,举办绿色赛事、公益赛事等,推动竞技体育产业的可持续发展。

2. 完善法律法规体系,提供坚实的制度保障

政府应继续增加对竞技体育的财政投入,确保重点项目、关键领域和薄弱环节得到充足资金支持。同时,鼓励社会资本参与竞技体育发展,形成多元化投入机制;建立健全科学的资金分配机制,确保资金精准投放。加大对基层体校、青少年训练基地等基础设施建设的投入,提升竞技体育后备人才培养能力。加大对优秀运动员、教练员的奖励力度,激发其积极性和创造力;探索多元新型财政支持方式,提高资金使用效率。通过设立专项基金、引导基金等形式,支持竞技体育相关产业和项目的发展。

建立以青少年为重点的人才培养体系,注重基础训练和专项技能培养相结合。党的二十届三中全会中提出优化文化服务和文化产品供给机制,完善公共文化服务体系,建立优质文化资源直达基层机制,健全社会力量参与公共文化服务机制[①]。对此,江苏可以建立优质竞技体育资源直达基层机制,推动高水平教练、先进训练技术和设施等资源向基层体校、俱乐部和社区延伸,提高基层竞技体育的水平和质量。加强与教育部门的合作,推动体教融合,拓宽运动员成长渠道;建立健全公开、公平、公正的选拔机制,确保优秀人才脱颖而出。加强运动员选材的科学性和针对性,注重运动员的身体素质、心理素质和技战术水平的综合评价;加大对教练员的培养和引进力度,提高教练员的执教水平和职业素养,为竞技体育文化的高质量发展奠定人才基础。

3. 建立健全行为准则,确保竞技体育的公平公正

加强赛事组织团队的专业化建设,提高赛事策划、执行和评估能力。引入先进的管理理念和技术手段,提升赛事的信息化、智能化水平;建立健全赛事安全管理体系,制定完善的安全预案和应急处理机制。加强赛事现场的安保力量和医疗救护保障,确保赛事安全顺利进行;积极探索赛事市场化运作模式,鼓励社会资本参与赛事运营和推广。通过举办高水平国际赛事、打造品牌赛事等方式,提升中国竞技体育的国际影响力和市场竞争力。

完善体育法律法规体系,制定出台一批符合中国国情和竞技体育发展需要的法律法规和政策文件。加强对体育领域新兴业态和问题的法律研究,及时填补法律空白;建立健全体育监管机制,加强对竞技体育领域的监督管理。加大对违法违规行为的查处力度,维护公平竞争的市场秩序。同时,加强对运动员、教练员等从业人员的职业道德教育和监管,促进其遵守法律法规和行业规范;加强体育法治宣传教育工作,提高全社会对体育法律法规的认知度和遵守度。通过举办法律知识讲座、发放宣传资料等形式,普及体育法律知识,营造良好的法治氛围。

---

① 中华人民共和国中央人民政府. 中共中央关于进一步全面深化改革 推进中国式现代化的决定[EB/OL]. (2024-07-21). https://www.gov.cn/zhengce/202407/content_6963770.htm.

4. 加强基础设施建设，提升竞技体育物质水平

在推动江苏竞技体育文化高质量发展的进程中，加强基础设施建设是提升竞技体育物质水平、优化运动员训练与比赛环境、提高竞技成绩的关键环节。这一举措不仅符合江苏省体育事业发展的战略规划，也是落实国家体育政策、备战奥运会等国际大赛的必然要求。江苏省体育局在"十四五"规划中明确提出，要加大对竞技体育基础设施的投入，建设一批具有国际先进水平的训练基地和竞赛场馆[①]。江苏省已经成功建设了多个高标准、现代化的体育场馆，如南京奥林匹克体育中心、苏州奥林匹克体育中心等，这些场馆不仅成为举办国内外重大体育赛事的重要场所，也为江苏省竞技体育运动员提供了优质的训练条件。

在基础设施建设过程中，江苏省不仅强调本土创新与优化，还积极融入国际视野，力求与国际先进地区并轨。江苏省通过定期举办国际体育论坛、诚挚邀请国外专家莅临指导等举措，深入了解并吸收全球体育设施建设的最新动态与前沿经验。2024年巴黎奥运会作为国际体育领域的一次重大盛会，其在基础设施建设方面的创新实践为江苏省提供了宝贵的参考蓝本。巴黎奥运会尤为重视体育场馆的可持续性和智能化建设，大量采用环保材料与节能技术，采用了先进的通风系统和空气净化技术，既确保室内空气质量达到最佳状态，又有效降低了对环境的影响，树立了绿色奥运的新方向。同时，在郊区的部分赛道也充分利用了当地的地形特点，结合智能监控系统实现了对比赛全程的精准掌控，也为全球竞技体育的发展树立了新的标杆。

（二）文化共享，剖析和发展江苏竞技体育竞争优势

1. 江苏省竞技体育竞争优势的形成分析

（1）适宜发展的地方管理制度与发展战略

江苏省竞技体育竞争优势的形成，首先得益于其符合发展需求的地方管理制度与发展战略。江苏省体育局在制定竞技体育发展规划时，始终紧密围绕国家奥运战略，大力发展奥运优势项目，同时坚持奥运项目与非奥运项目并举，保持非奥运项目的竞争优势。这种战略眼光不仅确保了江苏省在奥运会、亚运会、全运会等国际国内大赛中的优异表现，还促进了竞技体育项目的全面、协调发展。通过实施"321424工程"计划，明确东京奥运会、北京冬奥会和第十四届全运会、冬运会的目标任务、工作措施和时间进度。围绕目标任务，建立由奥运会、亚运会、全运会和年度最高水平比赛组成的一整套指标体系，分解指标到项目、到队、到人，强化目标引领和过程管理[②]。此外，江苏省还不断探索和创新省优秀运动队联办共建机制，通过与社会体育机构、高校、企业等多方合作，拓宽了优秀运动队的来源渠道，提高了竞技体育的整体实力。

---

① 江苏省体育局.《江苏体育发展"十四五"规划》解读[EB/OL].（2021-12-22）. https://jsstyj.jiangsu.gov.cn/art/2021/12/22/art_79908_10222143.html.

② 江苏省体育局.省体育局关于印发江苏竞技体育发展"十四五"规划的通知[EB/OL].（2022-01-04）. http://jsstyj.jiangsu.gov.cn/art/2022/1/4/art_79489_10276885.html.

(2) 多元区域环境与充沛体育人口资源的双重驱动

江苏省地处长江三角洲地区，地理位置优越，经济发达，这为竞技体育的发展提供了得天独厚的条件。多样化的区域环境和丰富的人口资源为江苏省竞技体育提供了充足的人才储备和广泛的选材基础。江苏省内各市、县体校、学校等体育机构众多，为竞技体育后备人才的培养提供了有力保障。江苏省在竞技体育项目的布局上，充分考虑了区域特色和人口资源分布。在羽毛球、乒乓球、网球等小球项目上，江苏省拥有广泛的群众基础和深厚的文化底蕴，这些项目在江苏省内得到了广泛普及和发展。同时，江苏省还注重跨界跨项跨季选材，通过多批次、多项目、多年龄段的选材活动，选拔出了一批具有潜力的优秀运动员，为竞技体育的发展注入了新的活力。

其中，江苏常州拥有国际知名的"曲棍球之家"。江苏女子曲棍球队是常州承办的省队市办项目之一，落户常州已经20余年，已经为女子曲棍球国家队输送了数十名队员，比如闪耀2024年巴黎奥运会的运动员张影和范云霞。为方便国内各省队到常州冬训，江苏省武进曲棍球训练基地于2013年易地新迁至西太湖畔，总占地面积达120亩，有3片标准曲棍球比赛场地，配有运动员食宿酒店。基地是国家手曲棒垒球运动管理中心授牌的国家级曲棍球训练基地以及国家曲棍球奥林匹克后备人才基地，也是江苏省唯一一家省队区办项目训练基地，更是全国唯一一家符合承办国际赛事条件的训练基地。基地先后承办了"2018年女子曲棍球世界冠军杯赛""2019年女子曲棍球世界超级联赛""2020年东京奥运会资格预选赛"等国内外大型赛事，并常年为国家男女曲棍球队、江苏省女子曲棍球队、全国各省市曲棍球队的日常训练提供保障，在一定程度上推动了常州以及江苏乃至全国曲棍球发展。

(3) 经济繁荣与科技领先的双重支撑

江苏省作为中国经济最为发达的省份之一，其较高的经济水平为竞技体育的发展提供了坚实的物质基础。江苏省在体育设施、训练器材、科研设备等方面的投入不断加大，为运动员的训练和比赛提供了良好的条件。此外，江苏省还积极探索科技助力竞技体育发展的新途径，通过引进高水平教练员、运动员和科研人才，建设一流的训科医教一体化的综合性科学训练保障服务基地，提高了竞技体育的科技含量和训练水平。江苏省在备战奥运会、全运会等大赛时，注重运用科技手段提高训练效果。通过建设训练数据库、开展运动员身体机能监测、引进先进训练器材等方式，为教练员和运动员提供了科学、系统的训练指导。同时，江苏省还加强与高水平医疗机构的合作，为运动员提供便捷的医疗康复服务，确保运动员的身体健康和竞技状态。江苏省竞技体育竞争优势的形成离不开符合发展规律的地方管理制度与发展战略、多样化的区域环境和丰富的人口资源以及较高的经济水平和科学技术水平等多方面的因素。这些因素相互作用、相互促进，共同推动了江苏省竞技体育事业的蓬勃发展，也为江苏省竞技体育优秀文化的传播打下坚实的基础。

2. 传承与发扬优秀竞技体育精神文化

江苏可以将竞技体育精神文化教育作为学校体育课程的重要组成部分，在体育课中融入相关教学内容，开设专门的系列主题班会等，通过专题学习与案例分析相结合的方式,让学生深刻理解体育精神的内涵与外延。利用课余时间组织丰富多彩的体育活动和竞赛,比如校际运动会、体育文化节、体育社团活动等,让学生在参与中亲身体验团队协作的力量、感受拼搏进取的激情、学会尊重对手与裁判的职业道德。同时,通过举办体育精神主题演讲、征文比赛、摄影展等活动,进一步激发学生的体育热情,深化对体育精神的理解。

江苏可以编写相关竞技体育文化教材与读本,组织由体育学、教育学、社会学等多领域专家组成的编写团队,确保教材与读本内容的权威性、科学性和系统性。内容应涵盖竞技体育精神文化的历史渊源、理论框架、实践案例等多个方面,并且针对不同年龄段学生的认知特点和兴趣爱好,既要有深度的理论阐述,也要有生动的实践案例,便于学生理解和接受。在保持内容准确性的基础上,注重语言的生动性和趣味性,采用图文并茂、故事化叙述等方式提高可读性;注重教材的实用性和可操作性,为学生提供具体的行动指南和反思空间。

3. 创新文化发展形式,丰富行为文化

(1) 鼓励跨界合作,融合多种艺术形式

跨界合作不仅是形式上的结合,更是理念与内容的深度融合。江苏竞技体育文化应积极寻求与艺术、游戏、旅游等多个领域的跨界合作,通过创意碰撞和资源共享,共同打造具有鲜明特色和广泛影响力的文化产品。习近平总书记曾在北京冬奥会、冬残奥会总结表彰大会上发表重要讲话:"伟大的事业孕育伟大的精神,伟大的精神推进伟大的事业。"①习近平总书记的重要讲话精神感召和激励着大家携手联动、艺体融合,共创未来。对此,江苏可以与影视公司合作拍摄以江苏籍运动员为原型的励志电影或纪录片,展现他们的奋斗历程和体育精神;与动漫工作室联手创作以竞技体育为主题的动画作品,吸引年轻观众群体;与游戏开发商合作开发竞技体育题材的游戏,让玩家在虚拟世界中体验运动的乐趣和挑战等。江苏还可以将竞技体育元素融入时尚设计、旅游产品等领域,打造独具特色的品牌形象和文化符号。

(2) 举办竞技体育文化创意大赛,推动产品创新

为了激发社会各界的创新潜能和创造力,江苏可以定期举办竞技体育文化创意大赛。这类大赛应设置多样化的奖项和参赛类别,鼓励不同领域、不同背景的人才积极参与。参赛作品可以包括但不限于体育用品设计、赛事活动策划、文化传播方案、数字技术应用等多个方面。通过线上线下的广泛宣传和推广,吸引更多的创意人才和团队加入其中。设立专业的评审团和公正的评选机制,确保评选结果的公正性和权威性。对于获奖作品和团队,赛事组织者应给予丰厚的奖金、荣誉证书以及后续的支持和推广机会,以激励他们继续投身于竞技体育文化的创新事业中。例如,2024年第十一届"紫金奖"文化创意设计大赛中的体育创意设计赛,旨在通过挖掘中华体育文化的悠久历史与独特魅力,全面推进体育文化的创造性转化和创新性发展,丰富江苏体育文化内涵,提高江苏体育文化的品牌

---

① 张慧颖,王耀东.后奥运时代冰雪运动助力我国学校体育高质量发展的机遇挑战与对策[C]//2023年首届国际体育科学大会论文集.北京:中国矿业大学(北京)体育教研部,2023:1246-1253.

知名度,优化文体融合,激发更多优秀的创新创意设计力量参与到体育文化繁荣发展中去。

(3) 利用虚拟技术打造沉浸式体育文化体验

随着虚拟现实(VR)、增强现实(AR)、混合现实(MR)等技术的不断成熟和普及,沉浸式体验已成为文化娱乐领域的新宠。江苏竞技体育文化应紧跟时代潮流,积极引入这些先进技术,为观众和参与者带来前所未有的体育体验。在大型体育赛事中引入 VR 直播技术,打造通融的运动场景。跨越空间限制提供全景式虚拟场域,带来竞技体育的运动场景实景体验,让观众能够在家中通过 VR 设备身临其境地观看比赛。在训练场馆中设置 AR 互动装置,让运动员在训练中就能感受到比赛的真实氛围和对手的压力。利用 MR 技术打造虚拟与现实相结合的体育训练系统,让运动员能够体验虚实融生的运动场景,选择更有针对性的训练器材和运动装备。通过动作捕捉、人工智能等技术,实时监测技术动作、肌肉力量等数据并上传分析平台,生成个性化运动处方和优化方案①。2024 年巴黎奥运会就是蕴含"AI 浓度"极高的一届奥运会,超三分之二的直播信号基于阿里云向全球传播。在沙滩排球、网球和柔道等多个项目竞赛中,阿里云运用了 AI 增强的全新转播技术——多镜头回放系统,让观众多角度看到运动员动作的慢镜头。江苏应吸取成功赛事经验,积极引入新技术,将 AI 广泛用于赛前训练、云端直播等方面,为观众呈现全流程、全场景的精彩赛事。

(三) 媒体融合,拓宽竞技体育文化传播渠道

1. 加强媒体合作与资源整合

(1) 与主流媒体建立战略合作关系

主流媒体作为信息传播的重要渠道,拥有庞大的受众群体、丰富的传播资源和较高的公信力,与主流媒体建立战略合作关系,对于竞技体育文化的传播具有不可估量的价值。这一策略不仅能够显著提升竞技体育内容的传播力、引导力、影响力和公信力,还能促进文化产业的繁荣发展,满足人民群众日益增长的精神文化需求。

在与主流媒体建立战略合作关系之前,首先需要明确合作的目标和定位,应就竞技体育文化传播的具体内容、形式、渠道等方面进行深入沟通,确保合作方向明确、目标一致。同时,还应根据各自的优势和资源,明确各自在合作中的角色和定位,以实现优势互补、资源共享。主流媒体拥有丰富的新闻采编能力和深厚的行业影响力,而竞技体育领域则拥有大量精彩纷呈的比赛、运动员故事及背后的文化价值;主流媒体在新闻传播技术、大数据分析等方面具有领先优势,而竞技体育传播可能更侧重于实时直播、高清画面等技术。双方可以通过技术互补,为观众提供更加丰富、多元的信息服务,共同提升传播效率和用户体验。

在与主流媒体的合作中,应注重内容的创新和深度挖掘。江苏可以通过联合策划、共同制作等方式,推出具有创新性和吸引力的江苏竞技体育文化传播特色项目。主流媒体

---

① 曹宇,李芳馨.元宇宙赋能竞技体育的生成逻辑、现实困境与发展路径[J].青少年体育,2023(5):60-62,69.

与竞技体育机构可以联合策划、制作高质量的节目或栏目,比如深度报道、纪录片、访谈节目等,深入挖掘江苏竞技体育背后的故事和文化内涵,提升内容的深度和广度,以多样化的形式展现竞技体育的魅力和价值。

(2) 整合线上线下资源,构建全媒体传播矩阵

随着互联网的普及和移动设备的广泛应用,线上传播已成为信息传播的主要渠道之一。线上媒体具有传播速度快、覆盖范围广的特点,以视频、图片、文字等多种形式呈现信息,能够通过社交媒体、短视频等平台迅速吸引用户关注。而线下媒体则通过稳定的受众群体和深度报道,为竞技体育文化提供持续的影响力。通过整合线上线下资源,可以实现传播范围的全面覆盖,满足不同受众的需求。

构建全媒体传播矩阵是实现线上线下资源整合的重要途径。全媒体传播矩阵通过整合多种媒体形态和平台资源,形成立体化、多维度的传播网络,实现竞技体育文化的全方位、多层次传播。江苏媒体机构应积极搭建官方网站、社交媒体账号、移动应用等多种媒体平台,形成多元化的传播渠道。江苏省体育局、赛事主办方等应注重与主流媒体、体育类垂直媒体等建立合作关系,扩大传播范围和提升传播效果。在全媒体传播矩阵中,江苏省内各媒体平台之间应实现内容的共享与互推。通过共享赛事直播、新闻报道、专题策划等内容资源,各平台可以相互补充、相互借力,形成传播合力。通过设置链接、转发等方式,实现不同平台之间的流量互导和用户共享。江苏媒体机构应充分利用社交媒体等平台的互动功能,设置话题讨论、投票调查、观众互动等环节,激发受众的参与热情和表达欲望。通过大数据分析受众的兴趣偏好、行为习惯等信息,江苏媒体机构可以更加精准地推送相关内容和服务。人工智能技术的应用可以帮助江苏提升内容制作的效率和质量,为江苏人民群众提供个性化推荐和精准传播。

2. 创新媒体传播方式

(1) 利用短视频、直播等新媒体手段提高传播效率

在数字化时代,媒体传播方式的不断创新为竞技体育文化的传播开辟了新路径。短视频以其短小精悍、内容丰富的特点,迅速成为当下最受欢迎的媒体形式之一。在竞技体育文化传播中,短视频能够迅速捕捉比赛中的精彩瞬间,通过剪辑、配乐等手段进行包装,形成具有视觉冲击力和感染力的内容。用户可以在短时间内获取大量信息,同时享受观看的乐趣。

直播技术的发展使得观众能够实时观看比赛,享受身临其境的观赛体验。在竞技体育文化传播中,直播不仅满足了观众对于赛事信息的需求,还通过弹幕、评论等互动功能,增强了观众的参与感和归属感。此外,直播平台还可以邀请专业解说员、嘉宾进行赛事解读和点评,为观众提供更加全面、深入的赛事分析。这种实时互动、沉浸式体验的传播方式,极大地提升了竞技体育文化的传播效率和影响力。在 2024 年巴黎奥运会期间,国内共有央视、咪咕、腾讯、快手、抖音 5 家持权转播商,其中,央视就巴黎奥运会与咪咕达成公共互联网、电信运营商领域版权合作,咪咕拥有赛事实时转播、延时转播、点播(包括回看)等权益,央视体育、腾讯体育等媒体平台通过高清直播技术,将赛事现场实时呈现给全球

观众。此外，这些平台还开设了弹幕评论、在线投票、专家解读等互动环节，让观众在观看比赛的同时，能够参与讨论、表达观点，增强了观众的参与感和归属感。这种实时互动、沉浸式体验的直播方式，极大地提升了竞技体育文化的传播效率和影响力。

在未来的赛事宣传方面，江苏可以利用短视频、直播等新媒体手段，提高赛事的传播效率，体现江苏的品牌赛事与特色文化。

（2）举办展览与奥运冠军讲座宣传江苏体育荣耀

自新中国成立以来，中国竞技体育事业取得了举世瞩目的成就，江苏作为其中的佼佼者，始终扮演着重要角色。从全运会到奥运会，江苏体育健儿屡创佳绩，为国家争得了无数荣誉。为了进一步弘扬江苏竞技体育精神，传播竞技体育项目文化，江苏省体育局及社会各界力量应携手合作举办相关展览与奥运冠军讲座，让更多人了解江苏体育的辉煌历程与成功经验。

江苏竞技体育项目成就展览应围绕江苏竞技体育的多方面展开，展示江苏竞技体育从起步到壮大的历史进程和江苏运动员在奥运会、亚运会、全运会等国际国内重大赛事中获得的奖牌及背后的感人故事和奋斗历程，同时还可以展示介绍江苏在田径、击剑、体操、羽毛球、乒乓球等竞技体育项目上的独特优势和成功经验，展现江苏体育的多元化发展。展览可以采用线上线下相结合的方式，在实体场馆内设置丰富的展示内容，并通过官方网站、社交媒体等渠道进行线上直播和互动，扩大受众范围，提高传播效率。

奥运冠军讲座活动可以邀请多位江苏籍奥运冠军及世界冠军作为主讲嘉宾，讲座内容可以涵盖奋斗历程、成功经验和体育精神等多方面，讲述运动员从初入队伍到站上领奖台的艰辛历程，激励更多人勇于追梦、敢于挑战，分享运动员在训练、比赛、心理调适等方面的成功经验，为后来者提供宝贵借鉴。阐述体育精神的内涵与外延，强调团结协作、拼搏进取、永不言败等核心价值观的重要性，结合个人经历，探讨江苏竞技体育项目的发展现状与未来趋势，提出建设性意见和建议。讲座活动可以采用现场演讲与线上直播相结合的方式，确保更多观众能够参与进来。同时，设置互动环节，邀请观众提问，增强讲座的互动性和参与感。

南京体育学院作为江苏省著名的专业体育院校，曾邀请过国家游泳队奥运冠军教练崔登荣，为师生带来了题为《张雨霏东京奥运周期的备战及教练员执教心得》的讲座，分享了张雨霏在东京奥运周期的训练过程，以及自己在执教过程中的心得和体会。诸如此类的讲座，应在江苏学校和社会中展开，传承江苏体育文化，传承江苏体育精神，提升江苏体育项目文化的知名度和影响力。

（四）开放共融，共筑竞技体育文化国际交流新桥梁

1. 推动竞技体育精神传承发展

竞技体育精神，是运动员在赛场上展现出的坚韧不拔、勇于挑战、团结协作等优秀品质的总和。它不仅是体育竞技的核心价值所在，更是人类共同的精神财富。推动竞技体育精神的传承与发展，对于增强民族自豪感和凝聚力、促进国际文化交流具有重要意义。

竞技体育体现了追求卓越、勇于拼搏的精神。在赛场上，运动员们面临着巨大的压力和挑战，但他们从不轻言放弃，而是勇往直前，奋力拼搏。无论是领先还是落后，他们都保持着高昂的斗志和坚定的信念，用汗水和努力书写着自己的传奇。这种精神激励着人们不断进取，勇于面对生活中的困难和挑战。

竞技体育还体现了公平竞争、团结协作的价值观。在比赛中，运动员们遵守规则，尊重对手，这种公平竞争的精神是体育精神的核心。同时，团队项目中的团结协作也展现了集体力量的重要性，这种精神对于培养人们的团队意识和合作精神具有重要意义。

竞技体育还蕴含着丰富的历史文化底蕴。不同国家和地区的竞技体育项目往往具有独特的文化背景和历史传承，这些元素构成了竞技体育丰富多彩的文化内涵。通过挖掘和传播这些文化元素，可以增进人们对不同文化的了解和尊重，促进文化的多样性和交流性。

江苏文化丰富多元、底蕴深厚，地域文化对江苏竞技体育产生了深远的影响，形成了具有江苏特色的体育文化和竞技风格。如吴文化的灵动睿智在江苏体操、跳水等项目中得到了充分体现，长江文化的善于吸纳则促进了江苏体育与国际先进训练理念的交流融合。同时，江苏的竞技体育历史可以追溯到很久以前，自改革开放以来，江苏竞技体育取得了令人瞩目的成绩。从1978年至今，江苏健儿在国内外竞技场上奋力拼搏，为国家和民族争得了无数荣誉[①]。2024年巴黎奥运会，江苏运动员参加境外奥运会奖牌数有了历史性突破。这些成就不仅是江苏体育的辉煌篇章，也是竞技体育精神的生动体现。

2. 加强国际赛事合作与引进，促进物质文化交流与合作

在推动竞技体育精神传承与发展的同时，加强国际赛事的合作与引进，成为构筑竞技体育文化国际交流新桥梁的关键环节。这不仅有助于提升部分地区乃至全国竞技体育的竞技水平，还能促进各国文化的深度交融与理解。

南京青奥会作为一次成功的国际体育盛会，为加强国际赛事合作树立了典范。2014年，南京以青春、活力、绿色的姿态，向世界展示了中国青年的风采和竞技体育的无限魅力。青奥会期间，来自世界各地的青少年运动员在赛场上奋力拼搏，留下了许多令人难忘的精彩瞬间。同时，场下的文化交流活动也丰富多彩，加深了各国青少年之间的友谊与理解。青奥村内设有多个文化小屋，展示了五大洲63个国家和地区的风土人情、特色文化艺术等，并设有各种互动体验游戏，这些小屋成为青少年运动员们近距离感受世界多元文化的窗口。此外，青奥村内还开设"与冠军对话"论坛，邀请国际奥委会主席、奥运冠军等体坛名人与青少年运动员面对面交流，分享他们的运动经历和人生感悟，激励青少年追求梦想、勇于挑战。青奥村外也开展多个系列活动，让青少年运动员感受中华文化的博大精深，"触摸南京"系列活动组织青少年运动员参观南京的历史文化遗址，比如明城墙、夫子庙等，让他们近距离体验南京的悠久历史。由此，南京青奥会不仅成为展示中国体育风采的窗口，更成为促进全球体育文化交流与融合的桥梁。

加强国际赛事合作与引进还需注重赛事的可持续发展。在赛事筹备和举办过程中，

---

① 李鹏程，程传银. 对江苏省奥运争光战略的回顾与展望[J]. 辽宁体育科技，2011,33(6):1-4.

要注重环境保护和社会责任,确保赛事的绿色低碳和经济效益。通过引入先进的赛事管理理念和技术手段,可以提高赛事的组织效率和服务质量,为参赛运动员和观众创造更加优质的赛事体验。巴西里约热内卢奥运会的部分场馆采用了太阳能光伏发电系统,为场馆提供清洁能源,减少碳排放;北京冬奥会期间,延庆赛区的国家高山滑雪中心在建设中充分考虑了生态保护,采用"生态修复"和"绿色施工"理念,最大限度减少对自然环境的破坏,并实现了雨水、雪水的收集再利用;东京奥运会期间,实施了严格的垃圾分类制度,并在场馆内外设置大量回收站,鼓励观众和运动员参与垃圾分类,有效提高了资源回收利用率。江苏筹备赛事和建设场馆设施时,应借鉴绿色理念、引入环保技术,实现环境保护、社会责任与经济效益的共赢。

(五) 创新驱动,打造竞技体育文化高质量发展新引擎

1. 加强科技研发与应用,为竞技体育文化发展提供坚实的物质保障

(1) 支持高校、科研机构开展竞技体育文化相关科技研发

为了推动竞技体育文化产业的创新发展,江苏应建立产学研合作机制,促进高校、科研机构与产业界的紧密合作。通过共同设立研发项目、建立联合实验室等方式,实现资源共享、优势互补,推动科技成果的转化和应用。江苏省政府应加大对竞技体育文化相关科技研发的投入力度,为高校和科研机构提供充足的经费支持。在2024年巴黎奥运会转播报道中,中央广播电视总台4K/8K超高清转播车"中国红"抵达巴黎法兰西体育场,业界首创的竖屏轻量化超高清摄像机是由江苏高校东南大学团队和中央广播电视总台合作,依托石城实验室联合产业上下游合作研发的拥有31寸广播级超高清HDR显示器、55寸超高清MiniLED-LCD显示器,它满足新兴媒体更多的竖屏内容制作需求,支持节目横竖一体同步生产,并满足摄像日常操控功能。

在竞技体育文化产业的科技研发中,江苏应聚焦关键技术领域进行重点突破。在运动员训练方面,可以重点研发智能训练系统、运动数据分析平台等关键技术;在赛事组织方面,可以重点研发赛事管理系统、智能裁判系统等关键技术。为了推动竞技体育文化产业的创新发展,江苏应加强对科技成果的转化与应用工作。通过建立科技成果转化平台、举办科技成果展示会等方式,促进科技成果与产业界的对接与合作。鼓励企业加大对科技成果的转化力度,推动科技成果在竞技体育文化产业的广泛应用[1]。通过引入新技术、新设备、新方法,可以提高赛事组织效率、优化运动员训练效果、丰富赛事观赏体验,吸引更多观众和赞助商的关注,促进产业的繁荣发展。通过创新驱动,江苏可以开发出更多具有创新性和差异性的产品,比如智能运动装备、个性化训练课程、虚拟现实赛事体验等,满足消费者的多样化需求。

(2) 推动科技成果在竞技体育文化领域的转化和应用

在竞技体育的激烈竞争中,科学的选材与训练是奠定胜利基石的关键。通过深度融

---

[1] 杨昊昊,陈照明,陈力.新质生产力赋能文化产业高质量发展:基于TOE的分析框架[J].重庆理工大学学报(社会科学版),2024,38(9):65-76.

入生物科技手段,江苏得以对运动员的遗传背景进行精准解析,揭示其潜在的体能优势与运动天赋,为选材过程提供科学依据。这不仅帮助了教练团队更加高效地识别出具有发展潜力的苗子,还确保了选材工作的科学性和前瞻性。江苏省体育局可以引入智能训练系统,实时捕捉运动员在训练中的各项生理指标、技术动作及心理状态,通过大数据分析技术,为每位运动员量身定制训练计划,并在训练过程中进行即时反馈与动态调整。这种精准化、个性化的训练模式,不仅提高了训练效率,还显著降低了运动员因过度训练或错误训练而导致的伤病风险,为运动员的长期发展奠定了坚实的基础。

随着科技的飞速发展,大数据和人工智能技术的深度应用,赛事数据的收集、处理与分析变得更加高效与精准。通过对赛事数据的深度挖掘,江苏可以清晰地洞察观众偏好、赛事热点及潜在风险点,为赛事策划提供有力支持,确保赛事活动的精彩纷呈与顺利进行。在科技的推动下,江苏体育产业正逐步打破传统界限,与其他相关产业实现深度融合发展。通过"体育+旅游"的模式创新,江苏可以开发出集运动体验、休闲度假、文化观光于一体的体育旅游产品,满足消费者多元化、个性化的需求。这种跨界融合不仅丰富了体育产业的内涵和外延,还带动了旅游、文化等相关产业的协同发展。"体育+互联网"的模式创新也为体育产业的数字化转型和智能化升级提供了强大动力。通过互联网平台,江苏可以实现体育赛事的在线直播、票务销售、数据分析等功能,为观众提供更加便捷、高效的观赛体验。

2. 规范行为文化,强化竞技体育文化教育体系建设

传统竞技体育文化教育往往侧重于技能训练和体能提升,江苏忽视了运动员文化素养、心理素质和社会责任感的培养。在新时代背景下,江苏应确立全面发展的教育理念,将文化教育、技能训练、心理素质培养和社会责任感教育有机结合,培养既有高超竞技水平又具备良好综合素质的运动员。江苏应根据运动员的成长规律和特点,设计涵盖体育理论、运动技能、文化素养、心理健康、职业规划等多方面的课程,确保教学内容的丰富性和针对性。此外,实践教学是提升运动员综合素质的重要途径。江苏应加强与省内高校、科研机构、职业俱乐部等的合作,建立实习实训基地,为运动员提供参与高水平比赛、科研项目、社会服务的机会。通过校企合作,不仅可以让运动员在实践中学习新知识、新技能,还能促进其与社会的深度融合,增强社会责任感和职业素养。

传统竞技体育文化教育体系往往存在"重技轻文"的倾向,即过分强调技能训练和体能提升,而忽视了运动员作为全面发展个体的其他重要方面。在新时代背景下,为了适应竞技体育的国际化、专业化发展趋势,江苏需深化部门协同、融合发展,深化体卫、体教融合,尊重基层首创精神,完善资源整合机制,加快构建运动促进健康新模式,健全完善体教融合的体育后备人才培养机制,以培养具备高超竞技水平与良好综合素质的运动员。

第七章
新发展阶段江苏群众体育文化高质量发展路径

一、江苏群众体育文化高质量发展的目标描述

江苏群众体育文化的高质量发展，旨在通过多维度、多层次的措施构建完善的体育公共服务体系，全面提升群众体育的参与度、满意度和影响力，丰富群众体育文化生活，提升人民群众的身体素质和健康水平，促进体育文化的传承与创新，形成具有江苏特色的群众体育文化品牌。

江苏群众体育文化高质量发展的核心在于构建更高水平的全民健身公共服务体系[①]。根据《江苏体育发展"十四五"规划》及《体育强省建设三年行动计划（2023—2025年）》，江苏致力于实现人均体育场地面积达到 3.6 平方米，确保全省每千人拥有社会体育指导员 3.6 名，以及经常参加体育锻炼的人数比例达到 43% 以上。具体指标的设定旨在从根本上解决群众参与体育活动的场地、指导和参与率问题，为群众提供更加便捷、高效、优质的健身服务[②]。

在江苏推进群众体育文化高质量发展的实践中，江苏省体育局关于印发《加快推进体育高质量发展在中国式现代化江苏新实践中展现新作为的意见》的通知成为关键指引。江苏需立足本地实际，通过优化体育设施布局，促进城乡体育资源均衡配置，利用智能化手段提升设施效能，为群众打造便捷高效的健身环境。江苏应深化全民健身活动普及，创新赛事与活动形式，融入地方文化元素，激发民众参与热情，让体育活动成为日常生活的亮点。

江苏群众体育文化高质量发展强调创新发展、协调发展、绿色发展、开放发展和共享发展的理念。全省体育系统将坚持创新发展，不断增强全民健身公共服务体系建设的动能，通过科技赋能、模式创新等方式，提升体育服务的智能化、个性化和便捷化水平。坚持协调发展，优化全民健身公共服务体系建设的布局，促进城乡、区域间体育资源的均衡配

---

① 陈丛刊,陈宁.构建更高水平全民健身公共服务体系:基础、重点与实践[J].上海体育大学学报,2024,48(7):43-55,65.

置,缩小体育服务差距。坚持绿色发展,丰富全民健身公共服务体系建设的内涵,推动体育与自然环境的和谐共生,倡导低碳环保的健身方式。坚持开放发展,激发全民健身公共服务体系建设的活力,加强与其他国家和地区的体育交流与合作,引进优质体育资源,提升江苏体育的国际影响力和竞争力。坚持共享发展,提升全民健身公共服务体系建设的质量,确保体育成果惠及全体人民,让人民群众在参与体育活动中收获健康、快乐和幸福。

江苏注重优化体育产业发展环境,引导扩大体育休闲消费,培育发展数字体育经济。到2025年,全省体育产业总规模将超过7 200亿元,服务业增加值占体育产业增加值的比重超过70%。这一目标的实现,将为群众体育文化的繁荣发展提供坚实的经济基础。江苏还将动态创建100个以上体育产业基地,新增30个以上体育服务综合体,推介发布100个体育消费创新场景典型案例,全省城乡居民体育消费总规模将超过3 000亿元[①]。这些举措将进一步丰富群众体育文化的供给,满足人民群众多样化的体育需求。

江苏群众体育文化的高质量发展离不开赛事活动的有力支撑。江苏将支持各地申办承办国际国内高端体育赛事,培育富有地域人文特色的精品赛事,提升大运河、长三角等系列赛的影响力。通过举办高水平体育赛事活动,能够激发群众的体育热情,提升城市形象和文化软实力,为群众提供更多参与体育、享受体育的机会和平台。

二、江苏群众体育文化高质量发展的建设路径

(一)以协调发展为基石,加强政策保障与监管力度

在当今中国式现代化全面推进的新征程中,政策作为国家发展的风向标和催化剂,对包括群众体育文化在内的各个领域均产生了深远影响。党的二十届中央委员会第三次全体会议通过的《中共中央关于进一步全面深化改革 推进中国式现代化的决定》,不仅为全面深化改革、推动国家治理体系和治理能力现代化提供了行动指南,也为群众体育文化的高质量发展指明了方向,为群众体育文化的高质量发展提供了坚实的制度保障。这一战略部署直接关联到群众体育文化的普及与提升,通过政策引导,能够确保更多优质体育资源向基层倾斜,促进全民健身公共服务体系的完善,让人民群众在家门口就能享受到便捷、高效的体育服务。

江苏作为经济文化大省,其制定的政策对群众体育文化的影响尤为显著。江苏省体育局积极响应国家号召,制定了《加快推进体育高质量发展在中国式现代化江苏新实践中展现新作为的意见》,将群众体育作为体育事业发展的重要基石,通过强化政府全民健身公共服务职能、统筹体育场地设施质的有效提升与量的合理增长、提升全民健身组织程度等一系列举措,推动江苏群众体育文化的高质量发展。

---

① 江苏省体育局.省体育局关于印发《体育强省建设三年行动计划(2023-2025年)》的通知[EB/OL].(2023-09-05). http://jsstyj.jiangsu.gov.cn/art/2023/9/5/art_79487_11005468.html.

1. 制定与完善群众体育文化相关政策制度与法规

(1) 明确战略目标,引领群众体育文化发展方向

江苏应将全民参与作为核心原则,不仅要关注竞技体育的顶尖成绩,更要将重心放在提升广大民众的体育参与度和身心健康水平上。在政策法规中,江苏需要明确规定各级政府和相关部门要积极推动群众体育的普及工作,通过举办多样化的体育活动、建设便捷的体育设施、提供优质的体育服务等方式,激发民众的体育热情、享受体育带来的快乐。江苏需要设定具体而实际的发展目标,包括群众体育的普及率、设施完善程度、服务水平等多个方面。通过设定明确的量化指标,比如人均体育场地面积、群众性体育赛事举办次数等,江苏可以对群众体育发展水平进行客观评估,并根据评估结果调整和完善相关政策法规。这样的做法有助于确保群众体育事业朝着既定目标稳步前进。

由于不同地区、不同群体的实际情况存在差异,应根据这些差异制定分阶段的发展规划。这样的规划可以确保群众体育事业在稳步推进的同时,也能满足不同群体的需求。在制定规划时,江苏需要充分考虑各地区的经济发展水平、人口结构、文化特色等因素,制定合理的发展目标和实施计划。通过分阶段推进的方式,江苏可以逐步提高群众体育的普及率和水平,促进群众体育事业的全面发展。

(2) 规范市场秩序,构建健康的群众体育文化环境

规范群众体育市场秩序,是保障广大体育爱好者权益、促进体育事业健康发展的必然要求。随着体育市场蓬勃发展,不乏出现一些不规范的行为和市场乱象,给群众体育活动的正常进行带来了诸多困扰。江苏要规范群众体育市场秩序,通过制定和完善相关法律法规,明确体育市场的主体责任和监管责任,为体育市场的健康发展提供法律保障。江苏应加大对违法违规行为的处罚力度,形成有效的震慑效应,让违法者付出应有的代价。

江苏省体育市场监管部门要建立健全监管机制,切实履行监管职责,加强对体育市场的日常巡查和监管,及时发现和处理市场中的问题;加强与公安、工商等部门的协调配合,形成合力,共同维护体育市场的良好秩序;加强行业自律和诚信体系建设,鼓励体育行业组织建立自律机制,制定行业规范和标准,推动行业健康发展;加强诚信体系建设,建立健全信用记录和奖惩机制,让守信者得到应有的回报,让失信者受到应有的惩罚。

(3) 推动法治化进程,奠定坚实的制度文化基础

推动体育法治化进程,是中国体育事业发展的必由之路。江苏应响应国家政策,全面贯彻落实依法治体的基本方略,健全符合江苏省省情和体育改革发展要求的体育法规体系。江苏需要进一步完善对体育经营活动的监督管理制度,建立起体育市场管理体系以及行政执法队伍,坚决维护体育经营者与消费者的合法权益[①]。随着社会的不断进步和法治建设的日益完善,体育领域的法治化也显得尤为重要。这不仅关乎体育事业的健康发展,更关乎广大人民群众的体育权益和福祉。

江苏省政府应注重体育法治化进程中的监督和执法。只有加强对体育领域的监督和

---

① 张玉超,马金凤.江苏省建设体育强省的内涵及实施措施研究[J].山东体育学院学报,2012,28(5):27-32.

执法力度，才能确保体育法律法规得到有效执行，维护体育比赛的公平、公正和秩序，建立健全的体育纠纷解决机制，为体育领域的各种纠纷提供公正、高效、便捷的解决途径。江苏还应注重与国际体育法治化的接轨，加强对国际体育法规的研究和了解，积极参与国际体育法治化的进程，推动江苏体育事业与国际接轨，提高江苏体育事业在国际上的影响力和竞争力。

2. 加大财政投入，保障群众体育文化发展资金

（1）扩展资金投入渠道，缩减区域性差距

群众体育是一项惠及全民、与群众切身利益相关的事业，是实现体育现代化的基础。投入资金是群众体育稳定开展的保障，江苏省政府应加强对体育基本建设经费的投入，并对体育事业经费预算制度进行改革，以此解决群众体育基本建设经费和事业发展经费过少与比例过低的问题。江苏省政府实现群众体育现代化的首要任务是拓宽资金投入的渠道，完善资金筹集机制，将多种融资渠道和融资方式相融合，形成具有江苏特色的投资方式。适当调整群众的收入分配和财政的支出结构，来解决江苏省区域性资金投入的差异性。

江苏应借鉴发达国家群众体育发展模式，包括国家财政拨款、社会团体自筹等。例如，日本的体育经费来源中，国家财政补贴占比较大；法国依靠社会团体吸纳社会资金，建立国家体育运动发展基金会，并通过体育彩票、企业赞助等方式筹集资金。彩票和博彩收入也是许多国家用来筹集资金的渠道，一些发达国家还会通过出租场地和收取门票来获取资金。这些资金来源模式共同构成了发达国家群众体育发展的多元资金体系，确保了群众体育的持续发展和广泛参与。江苏可以根据省内情况，通过发行体育债券，完善群众体育财政奖励补贴政策，发展公共体育服务政府采购，大力支持群众体育的发展。

（2）优化管理体系，确保群众体育文化财政投入高效利用

江苏省委、省政府《关于进一步加强体育工作加快建设体育强省的决定》明确提出，要大力发展体育运动，增强全民族的身体素质，提高人民生活质量，促进经济社会发展。江苏需通过优化体育管理体制和运行机制，强化精细化管理理念，做好群众体育文化财政投入的每一个环节，推进体育强省建设，推动江苏群众体育发展。

江苏省发展改革委、省体育局等十部门印发《关于加快发展水上运动休闲消费的意见》，支持水上运动体育经纪、高端装备、体育科技等新业态发展，健全水上运动产业及消费统计调查指标体系和监测机制。在对于群众体育适用的休闲体育方面，江苏应大力投入资金，分区、分项目进行群众体育文化的财政流程管理，确保资金的有效利用和体育产业的健康发展。

江苏需加快群众体育管理流程互联网平台信息化建设，有效推进有效信息与合理管理的对接，加强江苏省体育部门的办公自动化、服务一站化服务，做到人力资源统一管理、大数据公共化、统计分析共享化等信息化建设，从而提高信息化对江苏群众体育文化财政支出管理的支撑作用。

(二) 以共享发展为核心,完善群众体育服务设施建设

1. 科学规划体育设施布局

(1) 构建覆盖广泛的体育场地设施网络

依托于快速发展的经济水平,江苏省地方体育事业经费投入稳步增长,通过科学规划和政策扶持,覆盖江苏城乡的公共体育场地设施网络体系初步建成。

江苏在全国范围内率先提出建设社区"10分钟体育健身圈",江苏省体育产业集团通过连锁经营、委托经营和管理输出等方式,增加了健身场地设施供给,年均服务各类健身人群600万余人次。江苏全省各市县健身圈已基本建成,社区居民正常步行10分钟范围内即有公共体育设施和基本的体育健身服务。并且,江苏省体育产业集团通过运营南京奥体中心等项目,成功将竞技赛场转变为全民健身阵地,年均接待健身人群10万人次以上。江苏应继续推动体育与文化旅游、乡村振兴等领域的深度融合,通过高质量完成大型群体赛事活动,进一步推动群众体育产业的发展①。

(2) 加强区域体育服务设施建设协同

江苏积极响应《长江三角洲区域一体化发展规划纲要》和《体育强国建设纲要》精神,推动长三角地区体育一体化高质量发展。通过跨区域流动优质体育资源和生产要素,促进群众体育的高质量合作,全面把握江苏居民对体育的需求,为群众体育健身提供服务设施。

江苏立足于水乡的特色风貌,加强水上运动休闲消费发展。江苏省发展改革委、省体育局等十部门印发《关于加快发展水上运动休闲消费的意见》,提出13条政策举措,旨在培育壮大水上运动休闲消费市场经营主体,提升水上运动休闲场地设施和产品服务供给能力。通过深化消费场景融合,江苏支持水上运动体育经纪、水上休闲运动保险、高端水上运动装备等新业态发展,推进水上运动休闲产业链延伸、优化和升级。

江苏省政府应出台配套政策,积极打造江苏体育服务融合综合体,建立体育与江苏省内其他部门的协同治理机制。对大型体育场馆、体育公园以及体育小镇的规划,江苏需考虑资源的整合与融合,推动全民健身,加强体育与旅游等行业的紧密结合。

(3) 提高体育场馆设施利用率

江苏省政府应加大体育场馆设施的投入力度,增加体育场馆设施的数量,建设体育服务综合体。积极促进《江苏省体育设施向社会开放管理办法》的实行,促进场馆设施的对外开放力度,提高群众的利用率。

江苏体育场馆在建设过程中应合理规划结构布局,缩减江苏城乡的差异,挖掘土地潜力,开发城市"边角地",利用拆迁后的闲置地块、路桥附属用地等合理利用的空间,将其改造成为体育设施。例如,江苏盐城通过改造荒地和废弃厂房,建设了多个体育公园和健身设施,极大地方便了市民就近锻炼。体育场馆建设过程中要遵循与其他相关部门规划布

---

① Xu J W. Integration of vocational physical education and sports culture to promote community sports and mass fitness[J]. Journal of Human Movement Science,2024,5(1):127-131.

局的协调原则,加强体育行政部门与建设、规划等部门联合,避免边建边拆、先建后拆等问题。

江苏在群众体育发展的过程中不应只追求体育场馆设施数量上的增加,而应提升现有体育场馆设施的利用率。江苏企业单位、高校体育场馆设施应严格落实《江苏省体育设施向社会开放管理办法》,加强对外开放力度,合理规划开放的时间,增加公共体育设施的供给。江苏应通过推动改革创新,引入现代企业制度,加强绩效考核,建立激励约束机制,提升大型体育场馆的科学化、集约化管理水平,提高大型体育场馆的运营效能。

2. 提升体育设施质量与服务水平

(1) 引入先进技术提升设施性能,增强物质文化科技感

随着科技的快速发展,先进技术为体育设施的性能提升带来了更多可能性。在巴黎奥运会中,紫色跑道首次出现在田径比赛中,其采用了高科技材料,包括合成橡胶、天然橡胶、矿物成分、颜料和添加剂等,约50%由回收材料或可再生材料制成。MLB球队启用Evolv Express安检设备,通过AI判断入场观众是否携带危险物品,提升了安检效率,每个设备在一小时内可以完成约4 000名人员的安检工作。西甲球队巴塞罗那投资Visualfy公司,其人工智能算法能够将外界的警报声音转化为视觉画面,帮助听障人士顺利进入体育场观赛,体现了对特殊群体的关怀,提升了赛事的包容性和参与度。

在江苏的体育设施建设中,应借鉴国外的先进技术,充分利用现代科技手段,打造智能、高效的体育设施。智能化管理系统是提升体育设施性能的重要手段,通过物联网技术,可以实现对体育设施的实时监控和远程控制。在健身房中安装智能传感器,可以实时监测健身器材的使用情况、运动者的身体状况等,确保设施的安全使用和及时维护。通过大数据分析,可以了解群众的运动习惯和喜好,为设施的进一步优化和升级提供科学依据。在智能化管理系统的建设过程中,需要注重系统的稳定运行,确保数据的准确性和可靠性;系统的界面简洁明了,方便用户操作和使用;加强系统的安全性建设,防止数据泄露和黑客攻击等安全风险。在技术的融合与创新过程中,需要注重技术的适用性和实用性,根据不同体育设施的特点和需求,选择适合的技术进行融合和创新。

(2) 加强设施维护与管理,保障物质文化载体的完好性

为确保体育设施的安全性和可靠性,需要定期对设施进行检查和维修。针对不同类型的体育设施,江苏应制定相应的检查计划和维修标准。例如,在篮球场和足球场等户外场地中,需要定期检查场地平整度、草皮质量等;在健身房等室内场地中,需要定期检查健身器材的完好性和安全性。

在检查与维修过程中,需要注重专业性和规范性。江苏应配备专业的维修团队和工具设备,确保维修工作的专业性和质量;制定规范的维修流程和标准,确保维修工作的规范性和一致性。为保持体育设施的整洁和卫生,室内、室外场地需要加强日常清洁与消毒工作。例如,在篮球场和足球场等户外场地中,需要定期清扫落叶、垃圾等杂物;在健身房等室内场地中,需要定期清洁健身器材和地面等。在日常清洁与消毒过程中,需要注重环保和节能,选择环保的清洁剂和消毒剂,减少对环境的污染和破坏;加强节能意识的培养

和推广,减少能源消耗和浪费。

此外,设施管理团队的建立与运营是确保体育设施正常运行的重要保障。在江苏的体育设施建设中,应加强设施管理团队的建设和培训,提高设施管理团队的专业素质和管理水平。在设施管理团队的建设过程中,需要注重团队协作和沟通能力的培养,加强与其他部门的沟通和协作,形成合力推动体育设施的建设和管理。

(3) 优化设施使用体验,提升群众对体育物质文化的满意度

针对不同人群的需求和喜好进行人性化的设施设计是提升设施使用体验的重要手段。在设施设计阶段应充分考虑用户的使用习惯和心理需求,合理规划设施的布局和功能区域。例如,在健身房中,健身区域设置不同强度的健身器材以适应不同年龄和性别的运动者,休息区设置舒适的座椅和充足的储物空间以满足运动者的休息和储物需求。在人性化设计过程中需要注重细节和实用性,通过细致入微的设计和考虑用户实际使用场景的方式,提高设施的易用性和满意度;加强设施的适应性和灵活性,应对不同用户的多样化需求。

舒适度是影响群众运动体验和满意度的重要因素之一。在设施设计和使用过程中需要充分考虑舒适度的提升。例如,通过改善设施的通风、采光和温度等环境条件提高设施使用的舒适度。对于室内设施,可以安装高效的空调系统和通风设备,确保空气流通,减少闷热感;采用合适的照明系统,避免光线过强或过弱对使用者视觉的不适影响。在户外场地,可以合理规划绿化植被,增加遮阳设施,比如搭建遮阳棚或种植高大的树木,为运动者提供阴凉舒适的休息环境。

在设计和布局设施时,需要充分考虑用户的出行和使用习惯,提高设施的可达性和便捷性。例如,在体育场馆或健身房附近提供充足的停车位和公共交通站点,方便用户前往;在场馆内部设置清晰的指示牌和导向系统,帮助用户快速找到所需的设施和服务。利用现代科技手段提高设施的便捷性,比如开发手机应用程序或在线平台,提供设施预约、课程查询、会员管理等功能,方便用户随时随地获取所需信息和服务;通过引入智能支付系统,减少用户排队等待时间,提高服务效率。

3. 推动体育设施共享与开放

(1) 建立设施共享机制,促进体育资源的有效流动

要实现体育设施的共享与开放,需要建立一套完善的共享机制。这一机制的构建需要政府、社会、市场等多方面的参与和协作,以确保设施的有效利用和服务的持续改进。浙江体育场馆设施经历了从单一功能到市场化、产业化、开放化转型的过程,各地市体育中心通过数字化迭代升级,尤其是杭州亚运会场馆在赛后"还馆于民",解决了群众"健身难"问题。福建莆田社区通过"党建+"社区邻里中心模式,打造"2+3+N"共享体育平台,提供多样化的体育服务。青岛城阳区投放"十八变"共享体育器材设备,居民可以租赁足球、篮球、排球、乒乓球拍、羽毛球拍等器材,租赁价格亲民,丰富了居民的健身选择。这些案例展示了国内在群众体育设施共享方面的创新和实践,通过市场化、产业化和开放化的转型,以及智能化的管理和服务,极大地丰富了群众的体育生活。

江苏省政府可以从财政、税收、土地使用等方面给予支持和优惠,鼓励更多单位、组织和个人参与到体育设施的共享与开放中来。政府可以设立专项资金,用于支持体育设施的建设、维修和更新,对参与共享与开放的组织和个人给予税收减免或补贴,优先考虑体育设施的建设用地需求,确保合理布局和有效利用。江苏建立全省统一的体育设施共享平台是实现资源共享的关键。通过平台,可以整合全省范围内的体育设施资源,实现信息的互联互通。平台应具备设施查询、预约、支付等功能,方便用户随时随地获取所需服务。平台还应提供用户评价、意见反馈等机制,不断优化服务质量。为确保体育设施在共享过程中的安全性和服务质量,需要制定统一的共享标准,包括设施的质量要求、使用规定、维修保养等方面的内容。通过标准化建设,可以确保设施在共享过程中符合相关要求,保障用户的权益。为确保体育设施共享与开放的顺利进行,江苏省监管部门应对设施共享过程进行全程监管,确保设施的正常运行和使用,建立评估体系,对设施共享效果进行评估,为持续改进提供依据,以适应不断变化的市场需求和用户需求。

(2) 促进设施面向社会开放,扩大群众体育文化参与面

江苏应将符合条件的体育设施纳入体育资源共享范围,包括学校、企事业单位、社区等拥有的体育设施。通过扩大开放范围,可以提高设施的利用率和覆盖面,让更多群众享受到优质的体育服务。为了吸引群众参与体育设施的共享与开放,江苏可以通过制定合理的收费标准、提供优惠政策等方式,降低用户的使用成本;可以简化预约、支付等流程,提高用户的使用体验。通过加强宣传与推广,让更多群众了解体育设施共享与开放的好处和便利性。通过媒体宣传、网络推广等方式,提高设施的知名度和影响力。通过组织相关活动,比如开放日、体验活动等,吸引更多群众参与。

在促进体育设施面向社会开放的过程中,江苏可以引入市场竞争机制,以提高服务质量和降低服务成本。江苏省政府可以通过招投标等方式,选择具备实力和经验的运营商来负责设施的管理和运营。这些运营商可以根据市场需求和用户反馈,不断改进服务质量,提高用户满意度。同时,市场竞争还可以推动设施的创新和升级,提高设施的品质和性能。

(3) 实现资源共享与共赢,增强群众体育文化氛围

在推动体育设施共享与开放的过程中,江苏需要注重资源共享与共赢的实现。这不仅可以促进体育文化的普及和群众体育的全面发展,还可以实现经济、社会等多方面的共赢。通过体育设施的共享与开放,江苏可以吸引更多社会资本投入体育设施建设与管理。这不仅可以缓解政府财政压力,还可以引入市场竞争机制,提高设施质量和服务水平。社会资本的参与还可以为相关产业提供新的发展机遇和空间,推动体育产业的整体发展。

体育设施的共享与开放可以降低群众参与体育文化的门槛,提高体育文化的普及率,实现设施所有者、服务提供者和用户之间的互利共赢。设施所有者可以通过出租或共享设施获得一定的经济收益;服务提供者可以通过提供优质的服务和管理获得利润和声誉;用户可以通过使用设施享受到优质的体育服务。这种共赢模式有助于推动体育设施共享与开放的可持续发展,有助于打破区域壁垒,促进区域间的协调发展。通过资源的共享和优势互补,可以实现区域体育文化的共同繁荣。同时,体育设施的共享与开放可以促进相

(三) 以持续发展为目标,提升群众体育健身指导服务水平

1. 加强全民健身知识普及与宣传

(1) 利用新媒体拓宽传播渠道,提升行为文化影响力

江苏传统媒体在传播健身知识方面发挥着不可替代的作用。江苏的电视台和广播电台拥有广泛的观众群体和深厚的群众基础,它们可以通过开设专门的体育健身节目或栏目,邀请知名的健身专家、教练等进行知识讲解和技巧传授。这种方式具有直观、生动的特点,能够吸引大量观众的关注。江苏的电视台可以开设体育主题节目,定期邀请专业健身教练进行现场示范,介绍适合不同年龄段和身体状况的健身方法和技巧,让观众在轻松愉快的氛围中学习到实用的健身知识。江苏的报纸和杂志等纸质媒体可以通过开辟健身专栏,刊发专业的健身文章和其他指导性内容,为读者提供丰富多样的健身信息。

随着互联网的普及和移动互联网的快速发展,新媒体平台在传播健身知识方面的优势日益凸显[1]。江苏可以积极利用新媒体平台来扩大体育健身领域的影响力,以紧跟时代潮流。体育健身机构可以建立官方网站或社交媒体账号,通过发布文章、图片、视频等多种形式,向广大群众普及体育健身知识;通过社交媒体账号与粉丝进行互动,回答他们的问题,提供个性化的指导。短视频和直播等新媒体形式可以为江苏的健身知识传播提供新的渠道,江苏的健身爱好者可以利用抖音、快手等平台,上传健身短视频或直播内容,展示和分享健身成果与健身经验。除了上述平台外,手机 APP 等也在江苏的健身知识传播中发挥着重要作用。这些应用可以提供个性化的健身指导和服务,帮助用户制定适合自己的健身计划、跟踪运动数据和营养摄入情况等。通过智能化的分析和推荐功能,这些应用能够为用户提供更加精准、专业的指导,帮助他们更好地实现健身目标。

(2) 举办体育文化活动,强化行为文化实践

江苏省各市区可以组织各类体育健身比赛和挑战赛,吸引群众的关注和参与。在比赛现场,观众可以看到运动员们矫健的身姿、精湛的技艺,感受到他们坚忍不拔、勇往直前的精神风貌;在比赛过程中,可以设置互动环节,比如观众投票、现场抽奖等,增加活动的趣味性和互动性,让群众在参与中感受到体育健身的乐趣。江苏举办的"全民健身运动会",自创办以来,已成为江苏体育健身领域的一大盛事。每年,来自全省各地的健身爱好者齐聚一堂,共同参与多个项目的比赛。2018 年至 2024 年,"全民健身运动会"的参赛人数逐年攀升,从最初的数千人增长到如今的数万人。这一数据的增长不仅反映了江苏群众对体育健身的热情,也彰显了江苏在体育文化活动组织方面的成果。除了举办比赛外,江苏还可以开展各类体育健身主题的文化活动,为群众提供学习和交流的机会,提高对体育健身的认识和兴趣。

江苏拥有众多传统节日和民俗文化,这些节日和文化不仅具有浓郁的地方特色,还蕴

---

[1] Liang L Q. Construction of sports culture discourse power in the new media era[J]. Frontiers in Educational Research,2023,6(4):22-26.

含了丰富的体育元素。因此，江苏在举办体育文化活动时，可以积极融合这些元素，让群众在参与中感受到体育健身的魅力。例如，在元宵节期间，江苏各地会举办舞龙舞狮表演等民俗活动，这些活动不仅吸引了大量观众的观赏，还激发了群众的参与热情，许多群众自发组队参与表演，通过亲身实践感受到体育健身的乐趣；在端午节期间，江苏各地会举办赛龙舟等水上运动比赛。江苏应继续大力举办这类体育文化活动，这样不仅可以展示选手们的竞技水平，还可以让群众传承江苏丰富的体育文化。

（3）构建全民健身氛围，弘扬体育精神

构建全民健身氛围是加强体育健身知识普及与宣传的重要目标之一。通过营造浓厚的健身氛围，可以让群众更加积极地参与到体育健身活动中来，从而推动群众体育健身事业的持续发展。

江苏省政府应加大对体育健身事业的投入和支持力度，建设更多的公共体育设施、开放更多的体育场馆和公园等公共场所供群众使用，动员社会各界积极参与到群众体育健身事业中来。江苏省各类体育组织、社会团体、企事业单位等可以开展各种形式的体育健身活动和服务项目，共同推动群众体育健身事业的发展，鼓励和支持民间资本进入体育健身领域，推动体育健身产业的多元化发展，为群众提供更多的选择和机会。在营造全民健身氛围的过程中，注重发挥体育精神的引领作用，让群众在参与体育健身活动的过程中感受到积极向上的力量，让群众更加深入地了解和认识体育精神的内涵和价值所在。江苏省政府、江苏省体育局还需加强对体育道德和风尚的引导和教育，让群众在参与体育健身活动的过程中遵守规则、尊重他人、公平竞争。

2. 提升群众体育健身指导服务水平

（1）提高社会体育指导员队伍素质，引领健康行为文化

对于群众参与体育活动的科学指导，江苏省体育局应指派具备扎实体育专业知识、丰富实践经验的体育指导员，根据参与者的身体状况、运动需求和兴趣爱好，提供个性化的指导和建议。为此，江苏省政府应加大社会体育指导员的培训和再培训力度，提高他们的专业素养和服务水平。江苏省体育局可以通过与社会体育指导员协会建立紧密的合作关系，共同开展社会体育指导员的培训和再培训工作。同时，还可以积极探索和挖掘更多的社会体育指导员培训渠道，比如与高校、体育俱乐部等合作开展培训项目等。这些措施将有助于提升江苏社会体育指导员的专业素养和服务水平，为群众体育的发展提供有力的人才保障。

江苏省体育局应紧跟时代脚步，拓宽培训的渠道，规范培训的制度，进一步完善社会体育指导员的登记和注册制度，实行定人、定职、定岗管理，确保他们能够在各自的岗位上发挥最大的作用。为了充分提高工作效率和体育指导效率，江苏省体育局还应组织社会体育指导员深入群众中去，进行体育健身知识的普及和技能指导。通过面对面的交流和指导，可以更加直接地了解群众的需求和反馈意见，从而不断改进和完善工作。

（2）建立健全健身指导服务体系

江苏应进一步完善社会体育指导员监督、考核与评估制度，加强规范管理，对表现突

出的社会体育指导员给予表彰和奖励。加大对优秀社会体育指导员的宣传力度,树立其良好形象,增加人民群众的信任感。除此之外,江苏还可以积极组织社会体育指导员技能大赛,加大奖励力度,提高竞争意识。比赛与活动有助于增强社会体育指导员与参与群众的沟通,使其合理利用新媒体进行科学的指导和咨询。江苏需要高度重视网络在当今社会的重要作用,联合各方力量,引进优秀的技术人才,构建大众参与的体育指导公益网。通过网站、微博、微信、抖音等,发动网格员的力量,增加社会体育指导员与群众的沟通,让社会体育指导员进行线上指导,形成针对性的健身服务体系。

(四)以开放发展为方向,深化群众体育文化宣传推广

1. 利用新媒体拓宽传播渠道,扩大精神文化感染力

(1)打造专业的体育新媒体平台

专业的体育媒体平台需要明确自身的定位和功能,以满足不同用户的需求。江苏体育新媒体平台应定位为权威的体育信息发布平台,及时、准确地发布国内外体育新闻、赛事报道等信息;平台应提供丰富的体育视频资源,包括赛事直播、精彩回放、体育访谈等,以满足用户对体育视频的需求;平台应提供个性化的体育服务,比如定制赛事提醒、个性化推荐等,提升用户体验。

内容是体育媒体平台的核心竞争力。为了打造专业的体育媒体平台,江苏媒体需要加强内容建设,提高内容质量;加强新闻采集和编辑工作,确保发布的新闻信息及时、准确、客观、公正。江苏媒体记者要深入挖掘赛事背后的故事和人物,提供有深度的赛事报道。江苏省广播电视局可以邀请体育专家、教练、运动员等拍摄采访视频,撰写专栏文章,分享他们的经验和见解,提高江苏体育新媒体平台的专业性和权威性。

技术是体育媒体平台发展的基础。为了打造专业的体育媒体平台,江苏媒体需要优化技术支撑,提高江苏体育新媒体平台的稳定性和安全性;不断加强平台的技术研发和创新能力,持续推出新的功能和服务,满足用户的需求;加强平台的网络安全防护能力,确保用户信息的安全和隐私保护;优化平台的访问速度和稳定性,提高用户的使用体验。

(2)提升体育新媒体的传播力与影响力

江苏体育新媒体需要拓宽传播渠道。传统媒体在江苏拥有深厚的群众基础和广泛的覆盖面,因此江苏体育新媒体应加强与电视台、广播电台、报纸等传统媒体的合作,通过共享资源实现体育信息的快速传播和广泛覆盖。江苏是一个互联网发达、移动设备普及率高的地区,体育新媒体应充分利用互联网和移动互联网平台,拓展现代媒体的传播渠道。江苏的体育产业发展迅速,许多知名企业纷纷涉足体育领域。体育新媒体可以与这些企业合作,通过广告、赞助等方式提高企业的知名度和影响力。

提高内容质量,提升传播力与影响力。江苏体育新媒体应关注最新、最热的体育赛事热点,及时报道赛事的进展和结果。江苏媒体记者可以通过采访运动员、教练员、裁判员等相关人员,深入挖掘赛事背后的故事和人物,揭示运动员的成长经历、教练员的执教经验、裁判员的执法过程等,增加报道的深度和广度。江苏体育新媒体应注重内容的创新和

个性化，通过独特的视角和深入的分析，为用户提供有价值的体育信息和观点。根据用户的兴趣和需求，提供个性化的内容推荐和服务，满足用户的多样化需求。例如，可以推出针对不同运动项目的专栏或频道，为用户提供更加专业和深入的报道和分析；根据用户的地理位置和喜好，推荐当地的体育赛事和活动信息。江苏体育新媒体应注重用户体验和互动性，通过用户评论、投票、问答等方式增加用户参与感，让用户成为报道的参与者和传播者。同时，江苏媒体可以邀请体育明星、名人等参与节目录制和访谈，提高节目的吸引力和影响力。例如，邀请江苏籍的体育明星或知名体育人士参与访谈节目，分享运动经历和心得体会，进行互动交流。

2. 群众体育文化节与赛事的品牌建设

（1）完善江苏省群众体育赛事活动

江苏省政府需要积极完善江苏群众体育赛事体系，借鉴国内外群众体育赛事建设经验，形成具有可持续性、文化内涵丰富的群众体育赛事产业。国家体育总局办公厅印发的《关于开展首批群众"三大球"精品赛事案例推荐工作的通知》，推选了54个具有创新性和典型性的优秀案例。在第六届中国国际进口博览会期间，贵州榕江的"村超"和"村BA"等农村体育案例展示了全国农村地区的新风采，为乡村振兴注入了新活力。江苏省体育局可以根据江苏特色研究精选赛事案例，以"三大球"为出发点发展群众体育的多样性与活力，宣扬江苏文化自信，传播与普及江苏传统文化精粹。

青少年体育赛事体系是群众体育强省建设的主要抓手，江苏需进一步强化青少年体育赛事体系建设，打造从学校到县市区再到省级层面的赛事体系，完善配套的赛事审核、运动员选拔、教练员选聘等政策制度，确保江苏青少年体育赛事体系的有效运行与稳步推进。对于江苏学校层面，政府与学校需要注重运动会的开展，促进青少年运动健康习惯的形成，以此推进群众体育整体水平的提升①。

（2）加强群众体育文化节的品牌建设与宣传推广

在推动群众体育文化高质量发展的进程中，体育文化节的品牌建设与宣传推广显得尤为关键。塑造体育文化节的品牌形象是首要任务，这要求江苏深入挖掘并围绕健康、活力、团结等核心价值观进行构建。品牌的形象不仅体现在活动的主题策划上，更需贯穿于活动的筹备、执行及后续影响的全过程中，形成统一且鲜明的品牌特色，以此吸引和连接广大参与者与观众。

在宣传推广策略上，江苏媒体可以采用多元化渠道。线上，借助社交媒体、官方网站、短视频平台等新媒体工具，发布活动预告、精彩瞬间、参与故事等内容，以丰富的形式吸引公众关注；线下，在公共场所、学校、社区等区域悬挂横幅，张贴海报，设置宣传展板，进行面对面的互动推广。江苏省政府可以出台相关政策，鼓励社区积极组织运动会、培训课程等活动，增强群众体育意识和社区凝聚力。

为了持续优化和提升体育文化节的品牌影响力，建立有效的反馈机制和数据收集系统至关重要。可以通过问卷调查、社交媒体分析等方式收集活动参与数据、观众反馈和媒

---

① 刘红建. 新时代江苏群众体育强省建设路径研究[J]. 体育学研究，2019，33(6)：15-22.

体曝光量等关键信息,对活动效果进行全面评估。基于这些数据和分析结果,组织策划活动的团队要总结经验教训,为江苏体育文化活动的举办提供宝贵的改进方向和参考依据。

(五) 以创新发展为导向,深度挖掘与融合江苏群众体育文化特色

1. 江苏群众体育文化的核心特色挖掘

(1) 深度融合历史文化底蕴,丰富群众体育精神文化内涵

江苏各地应深入挖掘地方历史文化资源,将传统体育项目、民间习俗与现代体育理念相结合,打造出独具特色的江苏群众体育文化活动。江苏苏州的"吴地龙舟赛"不仅是对古代吴越地区龙舟竞渡传统的传承,更融入了现代体育赛事的组织形式和规范,成为展示水乡风情、弘扬团结协作精神的体育盛会。江苏南京的"明城墙马拉松"巧妙利用明代城墙这一历史遗迹,将体育竞技与古都风貌相结合,让参赛者在奔跑中感受历史的厚重与城市的活力。江苏各地区应继续传承与举办类似的活动,丰富群众的体育文化。

江苏省各级政府应高度重视传统群众体育文化的保护与传承工作,通过制定相关政策、举办赛事活动、加强宣传推广等方式,积极推动传统群众体育文化的创新发展。江苏省体育局每年应举办群众体育项目比赛和展演活动,融合地方特色历史文化,丰富当地群众体育精神内涵。在全球化背景下,江苏群众体育文化应进一步展现强大的包容性和融合力。这种文化融合不仅体现在传统与现代、本土与外来的交融中,更体现在体育与旅游、文化等产业的深度融合中。江苏需积极保留和传承群众体育文化的精髓,不断创新和发展群众体育项目,为江苏群众体育文化的高质量发展奠定基础。

(2) 创新赛事活动模式,展现江苏体育行为文化的独特魅力

江苏群众体育文化的创新,需大力发展赛事内容的多样化与特色化,满足不同年龄、性别、兴趣爱好的群众需求,形成独具江苏特色的赛事体系。为了方便群众报名参赛,江苏各地体育赛事活动应采用线上线下相结合的报名方式。参赛者可以通过官方网站、手机 APP 等线上渠道进行报名和缴费,也可以前往指定地点进行现场报名。除了传统的个人赛和团体赛外,还应增加亲子赛、家庭赛、趣味赛等多种形式的赛事活动,增强家庭成员之间的互动和交流,激发群众的参与热情和积极性。

在赛事活动的设计和组织过程中,江苏应注重融入传统文化元素。例如,在龙舟赛上设置传统文化展示区,让参赛者和观众在享受体育竞技的同时,也能感受到传统文化的魅力;在马拉松赛道上设置历史文化景点作为打卡点,让参赛者在奔跑中领略城市的历史风貌和文化底蕴。这些举措不仅丰富了赛事活动的文化内涵,也提升了江苏城市的知名度和美誉度。

随着科技的不断发展,江苏体育赛事活动应积极运用智能化手段提升服务质量。例如,通过人脸识别、电子计时等智能设备提高赛事的准确性和公正性;通过大数据分析为参赛者提供个性化的训练计划和营养建议;通过社交媒体平台为参赛者提供实时的赛事信息和互动交流机会。这些智能化服务不仅可以提升赛事的现代化水平,也可以增强江苏群众的参赛体验和满意度。

2. 江苏群众体育文化中价值观与意识的提升

(1) 促进体育价值观的转变与升华,引导积极向上的体育精神

江苏群众体育文化的发展,体现在价值观从单纯追求个体健康向促进社会和谐的跨越上。在传统观念中,体育活动往往被视为增强体质、提高身体素质的手段。然而,在江苏,随着群众体育文化的蓬勃发展,这一观念正逐渐发生变化。江苏省政府和社会各界积极推动体育设施的建设和完善,比如城市公园、社区健身中心、体育场馆等,为市民提供了丰富多样的锻炼场所;各类群众性体育赛事和活动层出不穷,比如马拉松、徒步大会、广场舞比赛等,吸引了不同年龄、不同职业的人群广泛参与。

这种转变的根源在于群众对体育文化内涵的深刻认识。体育不仅仅是身体的运动,更是一种精神的交流和社会关系的构建。在江苏群众体育文化的熏陶下,民众意识到个人的健康与社会的和谐是紧密相连的。通过参与体育活动,不仅能够提升个人的身体素质,还能够增进邻里间的友谊,缓解工作压力,促进社会的和谐稳定。从个体到整体的价值观转变,体现了江苏群众体育文化的深厚底蕴和人文关怀。

在江苏群众体育文化中,应强调公平竞争与团队协作的价值观念,重视团队协作的重要性。强调公平竞争与团队协作的价值观,是江苏群众体育文化发展的必然选择。在快速变化的社会环境中,群众面临着越来越多的竞争和挑战。只有保持公平竞争的态度,才能在竞争中脱颖而出,团队协作也能够帮助民众更好地应对复杂多变的任务和挑战。通过弘扬这两种价值观,不仅促进了江苏群众体育文化的健康发展,也为社会的和谐与进步提供了有力支撑。

(2) 增强群众体育文化意识,促进全民健康行为文化的形成

江苏通过举办各类群众性体育赛事和活动,可以激发群众的参与热情。从国际马拉松赛事到社区运动会,从青少年足球联赛到老年人健步走,这些赛事活动覆盖了各个年龄段、不同兴趣爱好的人群。赛事的举办不仅可以为选手们提供展示自我、挑战自我的舞台,也可以吸引大量观众前来观赛助威,形成浓厚的体育氛围。在这种氛围的熏陶下,越来越多的群众开始关注体育、参与体育,将体育作为生活的一部分。

江苏应积极培育和发展体育社团组织,鼓励社会各界参与体育志愿服务,推动群众体育普及并提高运动技能水平。随着社会经济的快速发展和居民收入水平的不断提高,江苏群众的体育消费观念正发生深刻变化。传统的"重实物轻服务"的消费观念逐渐被打破,群众越来越注重体育服务的品质和体验。从购买运动装备到参加健身课程,从观看体育赛事到体验户外运动,江苏群众的体育消费呈现出多元化、个性化的趋势。

在科技的推动下,江苏体育消费市场正加速向智能化、数字化、可持续方向迈进。智能穿戴设备、在线健身平台、虚拟现实技术等新兴科技的应用,让体育消费变得更加便捷、高效。群众可以通过手机预约健身房课程、监测运动数据、参与线上挑战赛等,享受科技带来的便捷与乐趣。在选择体育用品和服务时,江苏群众越来越注重环保健康与绿色消费,倾向于购买环保材料制成、低碳节能的产品。并且,户外运动、徒步旅行等低碳环保的体育运动方式也受到江苏群众的青睐。

3. 体育赛事助力江苏群众体育文化高质量发展

（1）江苏各市赛事璀璨，群众体育热情高涨

江苏各市体育赛事如同璀璨星辰，不仅丰富了民众的文化生活，更激发了群众参与体育运动的无限热情。环金鸡湖国际半程马拉松作为苏州的标志性赛事之一，每年春季如约而至，吸引了数万名跑者踏上这条环绕着金鸡湖畔的赛道，享受运动带来的快乐与激情。赛事不仅促进了全民健身的普及，更成为展现苏州城市形象、提升城市国际知名度的重要窗口。江苏无锡的太湖国际马拉松，以壮丽的太湖风光和优质的赛事服务著称。跑者们在赛道上尽情奔跑，沿途湖光山色尽收眼底，仿佛置身于一幅流动的山水画卷之中。赛事的成功举办，不仅激发了无锡市民对体育运动的热爱，也为无锡的城市发展注入了新的活力。江苏常州的西太湖半程马拉松，也以专业的赛事组织和良好的口碑赢得了广泛好评。除了上述大型马拉松赛事外，江苏各地根据自身特色和资源，还举办了众多其他类型的体育赛事，比如江苏省龙狮俱乐部联赛、宿迁的端午龙舟赛、徐州的大运河自行车系列赛、南通的濠河龙舟赛等，具有浓厚的地方特色，共同构成江苏丰富多彩的体育赛事体系。

随着这些赛事的普及和深入，越来越多的江苏各地市民加入体育健身的行列中来，无论是在公园、广场还是健身房，都能看到群众积极参与体育运动的身影。因此，江苏需继续深化"体育＋"融合发展模式，推动体育与文化、旅游、教育、科技等多领域的深度融合。通过举办具有地方特色的体育赛事和文化活动，将体育元素融入城市发展的各个方面，提升城市的综合竞争力和文化软实力。同时，加强体育与旅游的结合，打造一批体育旅游精品线路和景区，吸引更多游客前来体验江苏的体育文化魅力。

（2）南京青奥遗产闪耀，引领江苏体育新风尚

南京青奥会的成功举办是江苏乃至全国体育事业发展的一个重要里程碑。作为国际性大型体育赛事，青奥会不仅为南京带来了前所未有的发展机遇，更为江苏体育文化的传播和国际形象的塑造注入了强大动力。南京青奥会以独特的魅力和深远的影响，成为中国乃至世界青年运动员展示才华、交流友谊的重要平台。赛事期间，来自世界各地的青年运动员汇聚南京，在赛场上展现奋力拼搏、追求卓越的精神风貌，共同诠释了奥林匹克精神的真谛。

青奥会的成功举办不仅促进了南京城市基础设施的完善和提升，更在青少年体育发展、城市国际形象提升等方面发挥了重要作用。南京青奥会促进了江苏体育产业的快速发展，吸引了大量国内外企业和资本的关注和投入，推动了江苏体育产业链的延伸和拓展。体育培训、体育用品制造、体育赛事运营等相关产业蓬勃发展，为江苏经济的转型升级注入了新的活力。

如今，南京青奥会成功举办已有十多年，其留下的丰富遗产继续在江苏乃至全国体育事业中闪耀光芒。为了成功举办青奥会，南京投入巨资建设了一批高质量的体育场馆和设施。这些场馆不仅满足了青奥会等大型赛事的需求，更在赛后成了南京市民健身的重要场所，为群众提供了更加便捷的健身条件。

（3）把握巴黎奥运契机，助力国际体育文化交流

江苏可以围绕巴黎奥运会的主题和赛事项目，深度挖掘群众体育的无限潜力。要激发全民参与体育的热情，需从赛事入手，将巴黎奥运会的激情与梦想融入日常体育活动中。江苏各地举办以"迎巴黎·动江苏"为主题的系列群众体育赛事，不仅涵盖了跑步、游泳、篮球、羽毛球等传统项目，还创新性地引入了攀岩、滑板等巴黎奥运新增项目。赛事设置上，注重不同年龄层、不同技能水平的群众参与，通过趣味赛、家庭赛等形式，降低参与门槛，增强互动性和趣味性，确保体育的乐趣惠及每一个人。

江苏省政府应大力推广奥运文化，让群众在日常生活中就能感受到浓厚的奥运氛围。江苏省各级文化体育部门可以通过联合学校、社区、企事业单位，举办"江苏体育精神论坛""奥运冠军访谈"等活动，邀请奥运冠军、体育名宿分享他们的奋斗历程和心路感悟，用他们的故事激励更多群众热爱体育、追求卓越。江苏可以利用新媒体平台，通过短视频、直播等互动传播形式，讲述江苏群众体育的感人故事，展现江苏人民坚忍不拔和积极向上的精神风貌。利用数字媒体平台，推出"云端奥运课堂"，提供免费的体育技能培训视频，涵盖健身操、瑜伽、太极等多种适合家庭锻炼的项目，鼓励居民居家也能运动起来。

第八章
新发展阶段江苏学校体育文化高质量发展路径

一、江苏学校体育文化高质量发展的目标描述

随着社会经济的快速发展与教育改革的不断深入,学校体育文化作为校园文化不可或缺的组成部分,其高质量发展日益受到重视。江苏作为中国教育改革的先行者与领跑者,在推进学校体育文化高质量发展方面承载着重要的使命与责任。在当前教育改革与发展的重要时期,江苏学校体育文化的高质量发展不仅是提升学生体质健康的必要途径,更是促进学生全面发展、培育时代新人的重要环节。国家高度重视学校体育工作,连续出台了政策措施,强调要深化学校体育改革,推动体育文化建设,全面提升学生综合素质。江苏作为教育强省,应积极响应国家号召,将学校体育文化高质量发展作为推动教育现代化的重要内容之一。

在新时代背景下,学生全面发展已成为教育的核心目标。体育是学生全面发展的重要载体,体育文化的塑造与传播对于学生形成正确的价值观、提升身心健康水平、培养社会适应能力等具有不可替代的作用。江苏学校体育文化高质量发展的首要目标是优化体育设施,以满足体育教学、课外体育活动、运动训练和竞赛以及大型体育文化活动的多元化需求。要加大对体育场馆设施的建设和改造力度,特别是针对现有场馆设施更新改造缓慢、滞后的现状,要采取有力措施加快更新步伐。这要求学校管理层在决策中克服资金压力,合理规划和分配资金,确保体育场馆设施既能满足当前需求,又能适应未来发展。

《江苏体育发展"十四五"规划》对青少年体育提出扶持政策和举措。

(一)全面深化体教融合

认真贯彻中央和省有关文件精神,体育总局联合教育部门制定《关于深化体教融合促进青少年健康发展的意见》,强化政策保障。大力促进青少年学生体质健康,树立健康第一的教育理念,严格落实《国家学生体质健康标准》,加强青少年健康教育和干预,针对青少年主要健康问题,研究并推广运动干预方法;加强学校体育工作,推进优质体育资源

进校园,选派优秀教练员、体育俱乐部专业人员进学校指导体育课,开展业余训练;加强学前教育阶段体育教学,推动全省幼儿园、小学低年级实施少儿体适能活动全覆盖;加强学校体育设施器材供给配备;设立学校教练员岗位,推荐优秀退役运动员担任教练员,加大学校体育教师和青少年体育俱乐部教练员体育专项业务培训力度,提高基层教练员和学校体育教师专项技能和体育训练执教水平。广泛开展青少年体育活动,继续办好学生阳光体育运动、阳光体育节和嘉年华、冬夏令营等活动,举办学生阳光体育联赛和高水平学生运动员参与的系列竞赛活动,鼓励各级各类学校承接全国和全省青少年体育赛事。进一步加强体育传统特色学校建设,完善"一校一品""一校多品"模式,加强师资培训、体育训练和赛事组织,建立部门联动的体育传统特色学校评估考核制度。鼓励支持各地各校抓好校园体育俱乐部建设,丰富学生课余体育活动。

(二) 健全多元化后备人才培养体系

选择基础设施好、训练水平高、支持力度大的学校、体校和训练机构,在资金、政策等方面给予扶持,建成一批"省级青少年高水平单项运动业余训练点",促进三线队伍建设,完善竞技体育后备人才培养体系。实施县级业余训练"5621"计划,每个县(市)创建5个以上体育特色项目,每个运动项目布局6所小学、2所初中、1所高中,推动更多的体育项目在学校普及,优化县级业余训练布局,夯实竞技体育后备人才基础。大力发展青少年体育俱乐部,鼓励支持社会体育培训机构培养输送优秀运动员,作为重要补充纳入后备人才培养体系。推动业余体校与普通学校结合融合,拓宽业余运动员教育升学渠道,促进业余运动员文化教育;推动完善省高校体育对口单招政策,鼓励省内高校扩大招收本省高水平运动员选招指标,为业余运动员提供更多接受高等教育的机会,不断完善青少年后备人才培养支持保障体系。

(三) 完善青少年体育竞赛体系

广泛开展校园体育竞赛活动,构建省市县校四级体育竞赛体系和选拔性竞赛制度,鼓励学校选拔组建代表队参加青少年体育竞赛。建立省级一体化青少年竞赛体系,体育教育部门共同制定省内青少年体育竞赛计划,统一运动员注册认证和裁判员信息系统,统一运动员资格审查与竞赛组织标准;联合选拔组队参加全国各级各类学生(青少年)体育竞赛,将备战参赛成绩纳入综合评价体系。不断完善锦标赛、冠军赛、分站赛、俱乐部赛、校园联赛和国际邀请赛等青少年体育竞赛体系。规范青少年运动水平等级认证,建立体育教育部门共同评定机制。

二、江苏学校体育文化高质量发展的建设路径

（一）以开放多元为指向，加强学校体育文化发展建设

1. 促进学校体育制度的进步，推动政策文化发展

（1）规范制度导向，统筹资源规划

为了全面促进学校体育文化的蓬勃发展，江苏省政府应出台相关政策措施，包括但不限于强化体育课程地位、优化体育教学内容、保障学生体育锻炼时间、丰富课余体育文化活动、加强体育师资队伍建设、改善体育场地设施条件，并将体育纳入学生综合素质评价体系，以此激发学生的体育兴趣，培养其终身体育意识，为培养德智体美劳全面发展的社会主义建设者和接班人奠定坚实基础。

2013年，国家教育部在推进《全民健身计划（2011—2015年）》工作中取得了新成效，对江苏、上海等5省市学校体育开展情况进行专项督查等。为加强学校体育工作，江苏淮安下发《淮安区青少年体育工作实施办法（试行）》，对强化体育教学工作、丰富青少年体育活动等方面作了具体规定：专门强调了统筹推进青少年体育"5621"计划实施工作，并对加强学校体育特色建设、完善青少年竞赛机制、推动学校体育文化建设、推进体育后备人才建设四个方面作了具体安排；对规范中小学体育俱乐部建设作了部署，并制定了"生生有项目、生生在团队、生生爱运动"的总体目标，要求各中小学校普遍建有体育俱乐部，每天校内体育活动不少于1.5小时；强调了优化体育管理团队机制建设，并提出了探索专职体育教练员管理体系改革、推进学校体育教师专业化水平提升等保障措施。

江苏省体育局关于印发《加快推进体育高质量发展在中国式现代化江苏新实践中展现新作为的意见》的通知中提到"发挥体育育人功能"，以提升青少年健康素质和体育素养为重点，全面建成每个学生都参与的校园体育俱乐部，吸引更多青少年参与体育运动，帮助他们在体育锻炼中享受乐趣、增强体质、健全人格、锤炼意志，培养"终身运动者"。支持职业体育俱乐部、青少年体育的发展，引入社会力量参与优秀运动队、后备人才培养、公共体育场馆运营，加快构建职能明确、管理顺畅、协同高效的体育管理体制机制；深化部门协同、融合发展，深化体卫、体教融合，尊重基层首创精神，完善资源整合机制，加快构建运动促进健康新模式，健全完善体教融合的体育后备人才培养机制。

（2）设立学校体育文化发展专项资金，促进物质文化的发展

学校体育文化发展专项资金有助于提升学校体育设施的质量和数量。体育设施是开展体育文化活动的重要基础，然而江苏部分学校的体育设施陈旧、数量不足，无法满足学生的锻炼需求。设立专项资金可以用于更新和维护体育设施，提升设施的质量，增加设施的数量，为学生创造更好的锻炼环境；购买体育器材和装备，满足学生多样化的锻炼需求；加强体育师资队伍建设，提高学校体育文化的发展水平；引进优秀的体育教师和教练，为

学校体育文化的发展注入新的活力。

体育事业的高质量发展离不开体育彩票公益金的支持与保障。公益体育作为体育事业的重要组成部分，在助推体育强国、健康中国建设中发挥着积极作用。聚焦构建更高水平公共体育服务体系和建设体育强省中心工作，江苏体育始终将体彩公益宣传与公益体育事业发展紧密结合。江苏各地每年都会举办公益体彩进校园活动，助力校园运动项目开展，宣传学校体育文化，培养学生的健康意识。"江苏体彩公益校园行"项目积极联合优质青少年体育俱乐部、大型运动场馆等社会力量，走进全省学校开展体育启蒙、公益训练营、送体育器材及服务等，积极普及和推广足球、篮球、游泳、网球、自行车等近20个江苏优势体育项目，进行精细化专业培训与指导。江苏省发展体育基金会还向省内数十所中小学校、特殊学校捐赠近200万元体育器材，为数万名青少年开展体育活动、孤独症儿童等特殊群体开展运动康复提供了有力帮扶。多措并举营造了更加浓厚的校园运动氛围，助力青少年运动技能、健康水平提升的同时，也进一步激发了社会力量参与青少年体育技能培训、培养体育后备人才的活力。

2. 健全学校体育公共服务体系，促进物质文化的发展

（1）学校体育公共服务体系的内涵与内容

学校体育文化公共服务体系是一个综合性的框架，旨在通过体育文化的推广和体育服务的提供，促进全校师生乃至社区成员的身体素质提升和健康生活方式的形成。其内容包括体育活动体系、体育组织体系、体育信息体系、体育设施体系、体育指导体系、体育资金体系、体育政策法规体系等。

优化并推广学校体育课程资源共享平台与模式，是完善学校公共服务体系、促进其高质量发展的关键一环。为实现这一目标，江苏应构建一个由家庭、学校、社会及政府等多方力量共同参与、协同治理的体育教育生态系统，有效摒弃单一的应试教育理念。学校作为这一生态系统中的核心驱动力，首要任务是搭建一个深化家校合作的体育教育实践平台，以增强体育教师的专业素养与家校协同指导能力。同时，定期举办体育与健康主题的家校交流活动，以提升家长对体育教育价值的认识与重视。

（2）加强学校体育与社会体育资源的融合

学校体育设施是社会体育资源的重要组成部分，通过与社会体育资源的融合，可以实现设施的共享和高效利用。江苏学校可以开放学校体育设施，供周边社区居民、体育组织等使用，这样不仅可以提高设施的利用率，还能增强学校与社会的联系。同时，社会体育组织也可以将其拥有的体育设施向学校开放，供学生使用，从而缓解学校设施不足的问题。

江苏盐城学校体育设施全面开放始于2019年，盐城市体育局群体处负责人宗永根介绍，盐城将学校体育设施向社会开放列为市政府的四项教育惠民工程之一，出台了《关于全面推行学校体育设施向社会开放的意见》，明确要求"2019年底，凡符合开放要求的学校须全部向社会开放"。江苏省其他各地区应借鉴此项措施，整合资源，加强学校体育与社会体育的资源融合。

(3) 推动学校体育文化设施开放与利用

江苏认真贯彻落实《中共中央 国务院关于加强青少年体育增强青少年体质的意见》和《全民健身条例》以及国家体育总局关于学校体育场馆对公众开放的系列通知精神，江苏省体育局青少年体育处、青少年训练管理中心于2024年3月2日至4日分三组对南京、镇江、无锡、常州、泰州、盐城、淮安七个城市的学校体育场馆开放情况进行了专项调研，旨在为广大青少年和群众提供良好锻炼条件，全面推进全省学校体育场馆向社会公众开放工作。

江苏学校应根据自身实际情况和发展需求科学规划体育设施的布局和数量。在规划过程中要充分考虑学生的年龄、性别、兴趣爱好等因素以及不同运动项目对场地设施的需求特点。通过科学合理的规划布局，确保各类体育设施能够满足学生的日常锻炼和竞技比赛需求，避免资源浪费和重复建设。在资源配置方面既要注重均衡性和灵活性相结合的原则，根据学生的实际需求合理配置各类体育设施资源；也要根据季节变化、天气情况等因素灵活调整资源配置方案，冬季可以增加室内场馆的使用率，夏季可以增加室外游泳池等水上设施的使用率。此外，还可以通过引入移动式体育器材等方式灵活配置资源以满足不同场合和需求的使用要求。江苏学校应建立健全的体育设施维护与保养制度并落实到具体责任人身上，定期对设施进行检查、清洁、维修和更换，保证设施的正常使用。

随着信息技术的飞速发展，智能化管理系统在江苏体育场馆管理中的应用日益广泛。江苏各学校可以引入智能化管理系统，提升场馆管理效率。先进的场馆预约系统、人脸识别门禁系统和环境监测系统等设施，可以实现场馆资源的智能化调度和精细化管理。通过预约系统，师生可以提前规划并预约使用场馆，避免现场排队等待；人脸识别门禁系统则能确保只有授权人员才能进入场馆，保障场馆安全；环境监测系统则能实时监测场馆内的温度、湿度、空气质量等参数，为师生提供舒适的锻炼环境。

除了传统的体育教学和训练外，学校还应积极探索场馆资源的多元化利用方式。江苏各地可以举办校际体育比赛、师生运动会、体育文化节等大型活动，吸引更多师生和社会公众参与；将学校场馆出租给社会机构或个人举办体育赛事、健身活动、文艺演出等，增加场馆的经济效益和社会效益；利用场馆资源开展体育科研、教学实验和体质监测等工作，为体育学科的发展提供有力支持。

3. 促进国际交流与合作，促进精神文化交流

(1) 促进国际学生体育文化交流

在全球化的今天，国际学生体育交流已成为促进不同国家和地区间文化理解、增进友谊、拓宽学生国际视野的重要途径。学校体育文化的交流与传播是一个复杂而多维的动态过程，它植根于不同地域、历史背景及教育理念的土壤之中，通过体育活动的实践、体育赛事的举办、体育教育理念的共享以及体育精神的传递等多种途径，可以实现跨文化的深度互动与融合。

在体育文化的交流中，学校作为文化传承与创新的重要阵地，扮演着桥梁与纽带的角色。江苏学校可以通过组织国际学生体育交流项目、参与国际体育赛事、开设多元文化体育课程等措施,为学生提供直接接触并体验不同体育文化魅力的平台。这种直接的互动不仅加深了学生对体育规则、技战术的理解,更重要的是,它促进了学生对不同文化背景下体育价值观、运动精神及生活方式的认知与尊重,从而培养了江苏学生跨文化的交流能力与全球视野①。例如,江苏南通虹桥体育馆举行TKF国际综合格斗赛,聚集了多个专业院校及俱乐部的16名中外职业拳手,为观众带来了一场搏击运动的"十项全能"展示。

江苏省体育局可以鼓励各学校组织以"文化+体育"为主题的国际交流活动,融入各国传统文化展示。加强与国际学校体育组织的合作与交流是深化国际交流、提升交流质量的关键。江苏应吸取南京青奥会举办的经验,主动寻求与国际奥委会青年发展委员会、国际大学生体育联合会等国际组织的合作机会,充分利用国际组织的资源优势,引进先进的体育训练器材、教学方法和教育理念。

（2）借鉴国外优秀体育文化制度

美国青少年体育发展策略展现出多样化、个性化、全面性的特征,美国政府构建详尽且具备可操作性的法律法规,为青少年体育的稳健和长远发展奠定了坚实的制度基础。《国家青少年体育战略》(National Youth Sports Strategy)作为美国青少年体育战略的核心文件,旨在围绕一个共同的愿景,统一美国青年体育文化。该战略涵盖了体育活动的各个方面,注重青少年的身心健康和全面发展,旨在激发青少年对体育的兴趣,提高他们的体育技能,培养他们的团队精神和领导能力。此外,该战略还强调了家庭、学校和社会在青少年体育发展中的重要作用,鼓励各方共同努力,为青少年创造更多的体育机会和更好的体育环境。除此之外,美国秉承"以人为本"教学政策。美国州立高中运动协会联盟(NFHS)、美国大学生体育联合会(NCAA)两大组织,以学生为主体,严格筛选,通过对学生运动员文化、年龄、能力等多方面的考察进行录取,缓解了学习和训练的矛盾②。

与美国在青少年体育培育策略上的成熟体系相较,中国在促进该领域发展上尚存显著的进步空间。尽管中国已密集出台诸如《国务院办公厅关于强化学校体育促进学生身心健康全面发展的意见》《关于全面加强和改进新时代学校体育工作的意见》《关于深化体教融合促进青少年健康发展的意见》等一系列政策文件,但在落地实施环节仍遭遇了多重难题与挑战。就青少年体育活动的参与度而言,中国青少年群体中的参与广度和深度尚显不足,江苏各市区间青少年的参与度也呈现出参差不齐的状况。在推动青少年体育事业进程中,必须将公平性与普及性置于更为突出的位置,致力于逐步弥合这些差距,确保每位青少年都能享有平等的体育发展机会。

江苏可以参考美国等体育强国的先进经验,优化资源配置,进一步健全和完善青少年体育发展的法律法规框架。在此过程中,需明确界定政府、学校、家庭以及社会在青少年体育发展中的具体责任与义务,实施有效的政策引导和坚实的法规保障,确保青少年体育

---

① Burtsev V A, Burtseva E V, Igoshina N V. Development of cognitive component of students' sports culture within activation of educational and cognitive activity in chosen sport[J]. Teoriya i Praktika Fizicheskoy Kultury, 2021(3): 38.

② 刘应福.美国中学体育发展趋向对我国中学体育发展的启示[C]//2024第二届四川省体育科学大会论文报告会论文集(2).成都:成都体育学院体育教育学院,2024:333-334.

事业能够朝着健康、有序的方向稳步发展。

（3）拓宽国际视野与战略规划

在全球化背景下，学校体育教育必须具备国际视野和战略眼光，积极参与国际交流与合作，提升国际影响力，同时推动本土化发展，形成具有中国特色的体育教育模式。

江苏学校应积极参与国际学校体育交流活动，比如国际学校体育研讨会、体育文化交流节等，展示江苏在体育教育领域的成果与特色。在国际学校体育交流活动中积极发声，分享江苏学校在体育教育方面的成功经验与特色做法。通过演讲、报告等方式展示江苏学校的体育教育成果和国际影响力。通过与国际同行的交流与合作，江苏学校可以了解国际体育教育的发展趋势和前沿动态，为自身的改革与发展寻求借鉴和参考。通过参与国际交流活动，江苏学校可以扩大江苏在国际的影响力。引进国外先进体育教育理念与方法是推动本土化发展的关键，江苏学校应密切关注国际体育教育领域的新理念、新方法和新技术，积极引进并加以消化吸收。在引进过程中，要注重与江苏本土实际情况相结合，形成具有江苏品牌特色的体育教育模式。

（二）以质量创新为前提，促进学校体育文化的人才培养

1. 促进学校体育文化创新发展，丰富精神文化

（1）学校体育理念创新与深化的全维探索

体育文化是校园文化的重要组成部分，它承载着促进学生身心健康、塑造坚韧品质、培养团队精神等多重使命。要深化对体育文化的认知，江苏省各级政府的首要任务是明确体育在教育体系中的独特地位和价值。

为了适应新时代的教育需求，江苏各学校要积极引入现代体育教育理论，推动体育教育观念的更新与升级。将学校体育与思政教育相结合，不仅能够丰富思政教育的形式和内容，还能够增强体育教育的思想性和针对性。在体育活动中融入社会主义核心价值观教育，通过体育精神的传承和弘扬，培养学生的爱国情怀、集体主义和团队合作精神等优秀品质。利用体育活动的实践性特点，让学生在参与中体验社会规则和道德规范的重要性。通过比赛中的公平竞争、团队合作和遵守规则等行为准则的践行，培养学生的社会责任感和公民意识。

美国综合性学校体育计划（Comprehensive School Physical Activity Program, CSPAP）作为教育部门的一项策略，旨在通过整合学校内不同体育活动的组成部分，促进体力活动与体育教育的深度融合，以满足学生日常生活对体力活动的需求。在此框架下，健康教育占据核心地位，其目标是通过多样化的体育活动与教育课程，引导青少年形成积极的健康习惯与生活方式。

CSPAP对江苏省在提升青少年体育素养方面的启示深刻而具体。江苏省政府应坚持理论与实践并重，深入践行新课程标准理念，提升体育教学的整体质量。鉴于中美两国在文化背景、教育环境等方面的差异，中国需构建一套符合国情、旨在提升青少年体育素养的理论体系，从宏观层面为学校体育实践提供科学指导。江苏可以紧密围绕《义务教育

体育与健康课程标准(2022年版)》提出的新要求,强化全员参与意识,推动体育活动多元化发展,加强江苏各学校与社区的紧密合作,并注重学生健康生活方式的培养,从而充分发挥学校体育教育的独特优势①。

(2)促进校园特色体育课程建设

在深化学校体育文化人才培养的进程中,促进校园特色体育课程建设是一项至关重要的战略举措。这不仅关乎学生体育兴趣的激发与体育技能的培养,更是传承地域文化、彰显学校特色、提升教育质量的重要途径。

江苏作为中国历史文化底蕴深厚的省份之一,其独特的地理环境、人文景观和民俗风情为体育课程的创新提供了丰富的素材。开发具有江苏特色的体育课程与教材,需深入挖掘地方文化资源,比如江南水乡的传统体育项目、沿海地区的海上运动以及各地的特色民族体育活动等。在具体实施过程中,可以组织由体育学、文化学、教育学等多学科专家组成的研发团队,对江苏地区的体育文化资源进行系统的梳理与评估,筛选出适合融入体育课程的项目和内容。结合学生的年龄特征、身心发展规律以及学校的教学条件,设计科学合理的课程结构和教学计划。在教材编写方面,撰写者应注重图文并茂、生动有趣,既展现江苏体育文化的魅力,又符合学生的认知特点和学习需求。

江苏学校可以推广特色体育项目,打造学校体育品牌。通过选择具有江苏代表性、普及性和趣味性的特色体育项目,比如龙舟竞渡、太极拳、舞龙舞狮等,不仅能够丰富学校的体育课程体系,还能在全校范围内形成良好的体育文化氛围。江苏学校需要加强体育特色课程的科学研究,提升课程质量。通过加强科研投入和团队建设,不断探索和创新教学方法和手段,完善课程评价体系和反馈机制,确保体育特色课程始终保持先进性和实效性。江苏学校应鼓励和支持体育教师积极参与科研活动,通过申报课题、发表论文、参加学术会议等方式,不断提升自身的科研能力和学术水平。

2. 促进师资队伍的建设,规范行为文化

江苏学校促进师资队伍的建设,可以通过加强体育教师培训、建立教师评价体系等方式,提升专业素养、规范行为规范、激发工作热情。

首先,江苏省教育局要构建多元化培训体系,结合线上与线下资源,设计涵盖体育理论知识、教学技能、运动技能、心理健康教育等多方面的培训内容。线上课程可利用网络平台提供灵活的学习时间与空间,便于教师自主学习;线下工作坊、研讨会则侧重于实操演练、经验分享与互动交流,增强培训的实效性和针对性。根据教师的年龄、职称、专业背景及教学需求,实施分层分类培训,为新入职教师设置基础教学技能与职业道德培训课程,对中青年骨干教师则侧重于教学法创新、课程设计与科研能力提升。

其次,江苏可以引进高水平体育人才,优化教师结构。根据江苏学校体育教学和竞技体育发展的需要,制定科学合理的引进标准,重点考察候选人的专业技能、教学科研能力、职业道德及团队协作精神等方面。通过校园招聘、社会招聘、人才猎头公司等多种渠道,

---

① 朱小燕,岳晓燕,付佳.《美国CSPAP计划》解读及对提升我国青少年体育素养的启示[C]//第十三届全国体育科学大会论文摘要集:墙报交流(学校体育分会)(五).新乡:河南师范大学体育学院,2023:130-132.

广泛搜集优秀人才信息。江苏学校需要加强与国内外知名体育院校、运动队及体育科研机构的合作,建立长期的人才输送机制。在引进人才的同时,注重教师队伍的年龄、性别、专业方向等结构的合理性,形成老中青相结合的梯次结构,促进不同背景教师之间的优势互补与协同创新。

再次,江苏需要鼓励教师参与体育科研,提升创新能力。体育科研是推动体育教学改革与创新的重要动力。鼓励教师参与体育科研,不仅能够提升教师的专业素养和创新能力,还能促进体育教学质量的整体提升。可以将科研成果作为教师职称评聘、绩效考核的重要指标之一,对在科研工作中取得突出成绩的教师给予物质和精神上的双重奖励。利用江苏高校的科研资源,加强与外部科研机构的合作与交流,拓宽科研合作领域和渠道。邀请知名专家学者来江苏高校开讲座或指导科研工作,帮助教师解决科研过程中遇到的实际问题。

最后,江苏学校要构建科学合理的教师评价体系,涵盖教师的教学能力、科研能力、师德师风、学生评价等多个方面,确保评价的全面性和客观性。评价体系应注重教师的个人成长和职业发展需求,通过评价引导教师明确自身发展方向和目标。评价体系应具有较强的可操作性和实用性,便于学校管理层和教师本人进行自评与互评。评价体系可采用定量评价与定性评价相结合的方法。其中,定量评价主要依据教学工作量、科研成果数量等量化指标进行评分;定性评价则通过同行评议、学生评教、自我反思等性能指标进行评价。建立反馈机制,及时将评价结果反馈给教师本人并提出改进建议,提高江苏学校教师的整体能力。

3. 学校体育人才培养模式创新

(1) 学段衔接与全面发展

在探讨学校体育人才培养模式的创新路径时,江苏要聚焦于学段衔接与全面发展的深度融合。这要求江苏在学校体育课程体系的构建上,必须打破传统学段间的壁垒,实现教学内容的连贯性与递进性,确保学生在不同学习阶段都能获得与其身心发展相适应的体育教育。江苏学校需完善从小学到大学各个阶段的体育课程设置,注重课程内容的衔接与拓展,使学生在掌握基本运动技能的基础上,能够逐步深入探索自己感兴趣的体育领域。江苏学校需要强调学生体育兴趣与特长的培养,通过开设多样化的选修课程、组织丰富多彩的体育社团和竞赛活动,激发学生的体育热情,促进其个性发展。例如,江苏南通举办了 2024 年如皋市青少年啦啦操大赛,由如皋市文体广电和旅游局、如皋市教育局主办,共有 13 支参赛队伍 550 多名选手参加,展现了青少年的活力与团队精神;南通市体育局、南通市教育局主办了少儿体适能暨快乐体操锦标赛,旨在促进青少年儿童身体素质的全面发展,通过趣味性强的项目吸引孩子们参与。江苏各市区教育局应大力开展类似活动,从青少年时期就激发孩子的体育兴趣,展现少儿体育风采。

(2) 促进对学生实践教学与创新能力培养

实践教学是提升学生实践能力和创新能力的重要途径。因此,在体育教学中江苏学校应加强实践教学环节的设计和实施。比如通过模拟比赛、案例分析、项目式学习等方式让学生在实际操作中掌握运动技能和战术知识,通过组织校内外体育竞赛和实践活动让学生亲身体验比赛氛围和团队协作的重要性,通过组织体育科研和创新创业项目让学生将所学知识应用于实际问题的解决中,以培养他们的创新思维和实践能力。

为了培养学生的团队合作精神与创新能力,江苏学校还应注重团队合作教学在体育课堂中的应用。比如通过分组合作、角色扮演、集体讨论等方式让学生在团队合作中学会沟通、协调、妥协和共赢,通过设计具有挑战性的团队任务和项目让学生在合作中激发他们的创新思维和创造力,通过组织团队间的竞赛和交流活动让学生在竞争中学会尊重和欣赏他人,同时也在交流中汲取他人的优点和长处。

(三) 以媒体矩阵为载体,加大学校体育文化的宣传力度

1. 建构学校体育文化全媒体宣传矩阵

(1) 加大宣传力度,提升传播队伍的专业技能

为了有效扩大学校体育文化的社会影响力和公众认知度,江苏学校可以利用传统媒体与新媒体的互补优势,构建全方位的宣传矩阵。通过策划专题报道、制作新闻节目、播出公益广告等形式,展现学校体育活动的精彩瞬间、运动员的奋斗历程以及体育文化的深厚底蕴。在全媒体传播的大背景下,江苏学校体育文化的传播应注重高校师生的参与度和互动性,以此激发校园体育文化的活力与魅力。通过校园网络媒体、微博、博客、校园APP等多种终端平台,不仅可以在直播体育文化讲座、体育节目或比赛时实现即时的信息交流,还能构建起一个师生间、师生与媒体间深入互动的桥梁。这种互动不仅丰富了传播形式,还使传播者能够直接获取学校师生对于体育文化内容的真实反馈与态度,从而不断调整和优化传播策略。

苏州大学每年举办校园马拉松活动,影响力持续扩大,不断吸引师生及市民的参与。这离不开苏州大学媒体宣传团队的精心策划与多维宣传模式的运用,从赛前预热到活动当天,通过学校微信公众号、QQ空间、官方QQ群、广播、海报、横幅等多种渠道,全方位、多角度地宣传,有效提升了活动的知晓度和参与度。这种成功的案例,为江苏其他学校提供了宝贵的借鉴经验。

(2) 创新宣传方式,提高学校体育文化传播效果

在加大宣传力度的同时,江苏学校还应注重创新宣传方式,以提高传播效果。社交媒体平台作为当前最为活跃的信息传播渠道之一,其互动性、即时性和分享性等特点为我们提供了宝贵的宣传机遇。微博、微信、抖音等社交媒体平台,可以开设学校体育文化专栏或账号,定期发布学校体育赛事的资讯、运动员的励志故事、体育知识的科普等内容。

江苏学校媒体负责部门可以尝试制作宣传视频与动画等多媒体材料,通过精心的策划和制作,将学校体育文化的精髓和亮点以生动、形象的方式呈现出来。这些视频和动画不仅可以用于线上传播和分享,还可以在学校内部的体育教学、训练等环节中发挥重要作用。此外,江苏学校还可以利用大数据分析、人工智能等先进技术手段,对宣传效果进行

精准评估和反馈。通过对受众的行为数据、互动数据等进行分析和挖掘，我们可以了解受众的兴趣偏好、关注热点等信息，进而优化宣传策略和内容形式。

2. 共享社会资源，弘扬学校体育文化精神

（1）重构学校与社会体育文化资源共享平台

在深化学校体育文化的宣传与推广过程中，促进社会资源的共享与传播是至关重要的一环。这不仅有助于拓宽学校体育资源的获取渠道，提升教育教学质量，还能有效增强学校体育文化的社会影响力，促进体育精神的广泛传播。为了打破学校与社会之间的壁垒，实现体育资源的优化配置与高效利用，江苏亟须建立一个全面、开放、互动的学校体育与社会体育资源共享平台。这一平台将作为连接学校与社会的桥梁，促进双方在体育资源、信息、技术等方面的深度融合与共享。

首先，需明确平台的建设目标与功能定位。该平台旨在通过整合江苏学校与社会的体育资源，包括场地设施、师资力量、赛事活动、课程资源等，为广大学生和社会公众提供更加丰富、多元、优质的体育服务。同时，平台还将发挥信息交流的枢纽作用，及时发布学校体育活动的最新动态、赛事信息、教学资源等，方便社会各界了解并参与。其次，在平台建设过程中，应制定科学合理的资源共享政策与制度，明确学校与社会的权利与义务，确保资源共享的公平、公正与可持续。通过签订合作协议、建立资源共享数据库等方式，实现体育资源的有效整合与优化配置。鼓励学校将优质的体育课程资源向社会开放，如线上教学视频、课程大纲、教学案例等，供社会公众学习参考。

（2）建立学校体育文化网络信息平台，扩大社会影响力

学校体育文化作为教育体系内不可或缺的一环，贯穿于小学、中学至大学的各个阶段，其内涵丰富且深远，涵盖了体育教学、体育活动、体育精神及体育价值观等多个维度。从小学阶段起，学校体育文化网络信息平台的缺失，往往限制了学生对体育知识的获取渠道和体育活动的参与度。小学生正处于身心发展的关键时期，对新鲜事物充满好奇，但受限于年龄、认知能力及信息获取能力，他们往往难以全面深入地了解体育文化的魅力。因此，江苏应建立面向小学生的学校体育文化网络信息平台，以更加生动、直观的方式展示体育知识，激发学生参与体育活动的兴趣，培养其终身体育的意识[①]。随着学生年龄的增长和认知能力的提升，中学及大学阶段的学校体育文化需求也日益多样化。在这一阶段，学生不仅需要掌握更多的体育技能，更需要深入理解体育精神、体育道德及体育文化背后的社会意义。江苏学校体育文化网络信息平台的建立，能够为中学生和大学生提供更加广泛、深入的体育文化资源，包括国内外体育赛事直播、体育名人访谈、体育文化论坛等，满足学生多元化的学习需求，促进其全面发展。通过链接合作等机制，能够实现与众多网络媒体间体育信息资源的无缝对接与共享，将丰富多彩的体育资讯、赛事盛况，以多角度、多维度的形式，生动呈现给江苏学校师生。

---

① Wu Q, Ma W H. Research on the development and innovation path of physical education culture in primary schools in the new era[J]. World Education Forum，2024，2(2)：14-16.

(四) 以协同发展为指引,推动体教融合新局面

1. 强化体教融合,提升体育文化品质

体教融合是将体育和教育在价值、功能和目的上进行充分融合,共同作用于青少年的发展,形成一个系统工程,更好地发挥育人功效。体教融合制度在建立秩序和规范时,不可避免会接触内部与外部利益相关者,构成了体教融合的多主体治理格局。江苏应做好各主体的全方位融合与协作,调动社会、市场、家庭、学校等培养主体的积极性,开辟多元化、多层次竞技人才培养路径,形成政府主导、学校负责、社会参与、市场补充、学生家长自愿参加的"五位一体"竞技体育人才培养格局[①]。体教融合政策的执行已在全国各地学校与地方做了大量尝试。例如,提高体育中考的成绩要求,高校自主招生的"强基计划"中涉及高考体育测试,设置青少年体育俱乐部联赛等。这些试点措施为江苏提供了借鉴与参考,有助于江苏依据青少年的生理、心理发展特点,结合自身体育特色与历史背景,探索体育和教育相融合的有效路径。

在小学阶段,体教融合主要体现在增加体育课程的比重上。让学生有更多的机会参与体育活动,提高身体素质,培养团队协作能力和竞争意识。在中学阶段,体教融合更加注重学生的全面发展。学校组织体育竞赛和活动,国家进行中考体育改革,促进学生体质和心理素质的全面提升。在大学阶段,体教融合不仅限于体育活动,更注重体育与学术的有机结合。大学可以通过设立体育奖学金、提供运动科研支持等方式,鼓励学生参与体育锻炼和学术研究。《关于深化体教融合 促进青少年健康发展的意见》的愿景是将国民教育体系作为培养高水平运动员的重要通道,消除竞技体育、学校体育两个系统之间的壁垒,普通中小学、高校的体育发展为学生提供运动环境与保障,提升青少年健康水平。

江苏南京市第一中学男排队,代表中国获得了首届世界中学生排球锦标赛(U15)的男子冠军。南京一中重视体育教育,坚持健康第一理念,根据学生的兴趣特长进行体育选项教学,开设了丰富多彩的校本课程和体育社团。对于体育特长生,学校根据其特点优化课程计划,提供个性化辅导。对待普通学生与体育特长生,南京一中有不同的教育模式,江苏普通中小学可以参考其成功案例,打造学校自己的体育教学方式。

江苏常熟理工学院高度重视校园体育文化建设,注重体育课堂与人才培养的紧密结合,紧扣体育课堂这个主阵地,以学生为中心,围绕应用型人才培养的特点,积极开展体育课程教学改革,不断提升体育课堂教学的内容和质量。通过"'闪动校园'阳光跑""每日一练""'乐动力'线上锻炼"等形式开展课外体育活动,为学生提供了丰富的课外体育锻炼形式,不断提升学生的体质健康水平。依托学校体育师资力量,契合学生体育兴趣爱好,先后成立休闲体育、球类竞技、民族传统体育等6个大类的26个体育社团,充分激发了学生体育运动的兴趣,极大丰富了校园文化生活。注重体育精神教育与中华优秀传统文化紧密融合,努力探索传统文化与高校体育教育融合发展的实践路径,把毽球、八段锦、太极拳

[①] 李成梁,朱旺,牟柳.新时期深化我国体校体教融合改革与发展的研究[J].沈阳体育学院学报,2023,42(3):1-8.

等传统体育项目纳入课程教学[①]。学校龙舟队、毽球队在国家级、省市级各类比赛中频获佳绩,有力推动了学校体育工作的高质量发展。

江苏南京农业大学作为教育部直属全国重点大学,在学科教育、科技研发、学生素质等方面取得了长足进步。在发展大学生体育设施方面,利用 2014 年南京青奥会的契机,南京农业大学新建了体育馆,该体育馆可同时容纳 5 000 人以上,具备举办高水平体育赛事和学校大型室内活动以及学术报告等功能,是一座集体育教学、体育科研、比赛训练和学生活动场所等多功能为一体的综合性体育场馆。日渐完善的体育硬件设施,经验丰富的体育教学队伍,是江苏高校需要不断努力去完成的目标[②]。

江苏省教育部门要继续开展"体育文化进校园"活动,充分发挥区域特色体育文化的教育价值。江苏省教育厅应鼓励中小学将体育文化带进课堂,举办校园体育课外活动,加大对中小学区域特色体育设施建设的经费支持,牵头组织本省体育人才、体育名人、世界冠军走进校园开展培训与交流活动。

2. 输送体育人才,加强对青少年的教育

在竞技体育方面,体校是输送高水平体育人才的主要途径。1955 年开始,中国设立了第一批体校,培养了优秀的运动员与教练员。稳定的财政支持、专业的教练员是支撑体校输送优秀竞技人才的重要动力,教练员高水平运动训练经历是支撑体校训练和教学的质量保障,体育专项资金的投入和支持是支撑体校发展的物质保障。为了确保青少年体育的稳健前行,江苏应保障资源的高效投入。江苏省政府应持续增强对青少年体育的财政支持,优化资源配置策略,确保资金与资源能够精准对接需求,实现效益最大化。应积极倡导并吸引社会资本参与青少年体育事业,通过 U 系列赛事体系的建立,构建政府引导、社会广泛参与的多元化投融资模式和发展生态,为体教深度融合提供坚实的物质基础。

为更好地发现、培养和输送高质量的体育后备人才,江苏省体育局出台《江苏省青少年高水平单项运动业余训练点管理办法》,从江苏竞技体育后备人才培养实际出发,建设青少年高水平单项运动业余训练点。设立训练点是一种创新办队模式,可以扩大江苏优秀运动队各水平队伍的训练规模,发挥地市项目特色的优势,促进江苏青少年体育训练质量的提升。徐州市体育运动学校设立了击剑项目业余训练点,配备了 8 条专业剑道及裁判器训练设施设备。苏州市体育运动学校是一所以选拔、培养和输送高水平体育后备人才为主要职能的学校,开设有田径、击剑、举重、篮球、排球、足球、手球、射击、射箭、柔道、跆拳道、摔跤、拳击共 13 个训练项目,与苏州市振吴实验学校共同承担了小学四年级至中专三年级学生的教学、训练和生活管理工作。

江苏常州围绕"体校主导、一校多点、体教融合、产业支撑"的青少年体育发展新模式,

---

① Jing J K. Taijiquan course construction in colleges and universities promotes the public psychology of sustainable development of traditional sports culture[J]. Psychiatria Danubina,2021,33(8):443-445.
② 胡冬临,孙景召,李岩飞. 南京理工类高校大学生体育文化培养研究:以南京农业大学工学院为例[J]. 当代体育科技,2015,5(15):109-110.

全面推进青少年体育各项工作上台阶,竞技体育水平持续提升,竞技体育发展取得重大成就。截至"十三五"以来,常州共向省级以上优秀运动队输送运动员124名,输送贡献奖位列全省第一。技巧运动员李铮和芮留铭、跆拳道运动员赵帅、短道速滑运动员武大靖、篮球运动员姜佳音、武术运动员吴照华,这六位运动员均是青少年时期在常州得到良好的发展后,获得世界冠军的。截至2024年,常州世界冠军总人数达到31人,体教融合的青少年体育发展模式在其中起到了极大的重要。

相较于江苏普通中小学,各级各类体校建设发展仍需继续加强。江苏省体育局应重视体校的基础建设、文化学习、招生问题,确保青少年运动员学训双优。江苏省政府应依托多部门、多领域共建体育教育,承担运动员文化学习、日常管理、专职训练工作,保障教练队伍、场馆设施、人才输送。江苏通过体教融合创新了青少年"体＋育"的发展方式,构建了具有江苏特色的新时代体教融合新格局。

第九章
新发展阶段江苏民族传统体育文化高质量发展路径

一、江苏民族传统体育文化高质量发展的目标描述

民族传统体育文化是中国丰富多彩的文化遗产的重要组成部分,其传承和发展不仅关乎文化自信的提升,更与社会和谐和民族团结密切相关。发展民族传统体育文化是一项系统工程,需要政府、学校、企业、社会各界的共同努力与协调配合。

从发展目标看,彰显江苏民族传统体育文化特色,深入挖掘江苏丰富的民族体育资源,传承和发展具有江苏特色的民族体育文化,使之成为展示江苏文化魅力的重要窗口,提升江苏民族传统体育文化软实力的重要抓手是首要之义。通过高质量发展,提升江苏民族传统体育文化在国内外的影响力,为中国民族体育文化发展贡献力量;满足人民群众日益增长的体育文化需求,以人民为中心,丰富民族体育文化产品和服务,提高人民群众的体育文化素养,助力健康江苏建设;促进民族体育产业融合发展,充分发挥民族体育文化产业在经济社会发展中的重要作用,推动体育与文化、旅游、教育等产业深度融合,助力江苏经济高质量发展。

从发展方式看,创新驱动,以科技创新为引领,推动民族传统体育文化产业发展模式、管理方式、传播手段等方面的创新,可以为高质量发展提供强大动力。融合发展,加强民族传统体育与文化、旅游、教育、科技等领域的深度融合,实现资源共享、优势互补,提升民族体育文化产业整体竞争力。绿色发展,坚持生态优先,倡导绿色环保,推动民族体育文化产业可持续发展。开放合作,积极参与国内外民族体育文化交流与合作,吸收借鉴先进经验,提升江苏民族传统体育文化国际影响力。

从发展路径看,深化体制改革,进一步完善民族传统体育文化产业政策体系,创新管理体制,激发市场活力,为高质量发展提供制度保障。传承优秀传统文化,加强对江苏民族传统体育文化遗产的保护、传承和利用,弘扬民族体育精神。创新产业发展模式,推动民族体育与文化、旅游、教育等产业深度融合,培育新的经济增长点。整合优势资源,开展民族体育教育培训,提高从业人员素质。加强基础设施建设,完善民族体育场地设施,提高服务水平,满足人民群众日益增长的体育文化需求。扩大对外交流,积极参与国内外民

族体育文化交流与合作,提升江苏民族传统体育文化国际影响力。

通过系统的政策引导、资源整合、人才培养和创新发展,可以有效推动民族传统体育文化的传承和弘扬,使其在现代社会中焕发新的生机和活力。

二、江苏民族传统体育文化高质量发展的建设路径

(一)政策驱动,促进民族传统体育文化发展支持

1. 江苏民族传统体育文化政策的梳理与解读

民族传统体育是中国各民族在长期生产生活实践中创造的体育活动形式,它承载着民族的历史、文化、风俗和智慧。作为一种独特的文化现象,民族传统体育既具有健身、竞技、娱乐等功能,又是中华民族传统文化的重要组成部分。江苏民族传统体育文化源远流长,具有浓郁的地方特色,是中华民族传统文化的重要组成部分,是江苏人民智慧的结晶,凝聚了地域特色、民俗风情和民族精神。在加快体育强国建设的进程中,中国民族传统体育文化也将进入高质量发展阶段,依据江苏省体育局印发的《加快推进体育高质量发展在中国式现代化江苏新实践中展现新作为的意见》的内容要求,要加快推进江苏民族传统体育文化高质量发展走在前、做示范,更好地服务体育强国建设和中国式现代化江苏新实践。

国家层面的政策文件是指导地方实践的重要依据。这些文件通常包括《中华人民共和国非物质文化遗产法》《全民健身计划(2021—2025 年)》《国务院关于进一步繁荣发展少数民族文化事业的若干意见》等。这些政策涵盖了文化遗产保护、体育发展和民族文化振兴等多个方面,为江苏民族传统体育文化的发展提供了宏观指导。江苏省政府根据国家政策和地方实际情况,制定了许多具体的实施政策和措施,例如《江苏省非物质文化遗产保护条例》《江苏省全民健身实施计划》《加快推进体育高质量发展在中国式现代化江苏新实践中展现新作为的意见》等。这些地方性文件详细规定了江苏在民族体育文化保护、传承和发展上的具体措施和路径。

通过梳理发现目前江苏关于民族传统体育文化发展的政策还有进一步细化的空间。一方面,江苏需加强关注民族体育文化。江苏省内关于民族传统体育的政策是在"非遗项目"或"全民健身"相关政策中被提及,缺乏以民族传统体育为主体的政策文件,属于政策中"边缘"的存在,对于具体怎样推广保护民族传统体育文化、以什么手段培养民族传统体育人才等现实问题没有涉及,缺乏有实操指导性的措施内容以及关于具体的民族传统体育的相关法律保障措施。例如在《江苏省全民健身实施计划(2021—2025 年)》中,关于民族传统体育的内容只在"重点任务和保障措施"部分提到"推广群众性冰雪运动、民间民俗体育等运动项目,吸引更多人参与健身活动……挖掘传承传统体育文化,做好民族传统体育项目整理、非物质文化遗产的传承保护和创新推广"。这些内容没有作为政策重点,并且没有划分一个专门的部分予以重视。政策只提及需要传承推广民族传统体育,但是没

有具体到哪个分管部门带头做以及如何做。另一方面,政策文件需对江苏民族体育项目进行分类归纳。江苏关于民族体育的政策文件没有对其项目进行分门别类的罗列归纳,只是泛称"民族传统体育、传统体育、体育非遗"。江苏省内民族传统体育项目众多,政策中笼统概括民族传统体育,缺乏对于具体项目的明确指向。例如,在《江苏省非物质文化遗产保护条例》中,仅在第三条界定非物质文化遗产范围时,以"传统体育和游艺"提及民族体育项目,将传统体育项目笼统归类至非物质文化遗产中。对于江苏省内体育非遗具体包含哪些项目、目前有多少体育非遗项目没有整理公示,这些信息的缺失不利于公众了解目前江苏民族传统体育项目的具体情况,也会影响后续对项目的保护和推广。

2. 发展民族传统体育文化政策的保障措施

通过对国家和地方政策的梳理,可以明确政策对民族体育文化发展的支持方向和重点领域。项目支持:政策文件中会列出具体支持的项目类型,如什么地区着重发展什么项目、传统体育项目的保护与推广、民族体育赛事的组织与支持等。明确这些项目支持的方向,可以帮助制订项目发展计划,推动具体项目的落实。资金支持:政策文件中通常会明确政府在民族体育文化方面的资金投入,包括专项资金的设立、财政补贴的范围和标准等。了解这些资金支持的具体内容,可以为项目申请和实施提供依据。人才培养:政策文件中会涉及人才培养的内容,如设立民族传统体育专业、开展师资培训、引进高层次人才等。明确这些人才培养的方向,可以为制订人才培养计划提供指导。科技支持:现代科技在民族体育文化保护和发展中的作用越来越重要。政策文件中可能会涉及数字化保护、智能化管理等方面的支持措施。明确这些科技支持的方向,可以为民族传统体育文化的发展提供技术保障。

为了确保江苏民族传统体育文化高质量发展政策的有效实施,需要采取具体的保障措施。

第一,成立专项部门协会,出台以江苏民族传统体育文化为主体的政策组织专家座谈会,邀请省内各个体育非遗项目的代表人参与讨论,收集目前江苏体育非遗项目在实际发展中遇见的问题,了解目前江苏民族体育项目在传承和推广中需要改进的地方,整理专家给出的创新措施和意见。

第二,建立多部门协作机制,确保各项政策和措施的有效实施,以及出台更有针对性的以江苏民族体育为主体的政策法规。浙江省于2018年成立了浙江省非物质文化遗产保护协会传统体育、游艺与杂技专业委员会,整合社会资源,用专业团队力量进行科学指导,推动浙江省传统体育、游艺与杂技非物质文化遗产有效保护和创新发展。江苏也可以成立相关协会,使得省内民族传统体育项目对接专门的平台,帮助其传承和发展。目前江苏成立的多是传统体育项目的单项协会,例如省石锁运动协会、省龙舟协会、省风筝协会、省龙狮运动协会等,其对项目发展存在局限。

第三,可以设立由政府牵头,文化、教育、体育、财政、旅游等多个部门参与的协作委员会,定期召开联席会议,协调解决政策实施中的问题,形成合力。在多部门协作机制中,各部门应明确职责分工,各司其职。文化部门负责政策制定和监督执行,教育部门负责人才培养和培训,体育部门负责赛事组织和推广,财政部门负责资金保障和管理,旅游部门负责文化旅游项目的开发和推广。将民族传统体育政策与国家政策结合，如将民族传统体育与实施体育旅游精品示范工程、培育"跟着赛事去旅行"品牌项目等相结合。

第四，对江苏民族传统体育项目登记建档，建立江苏民族传统体育项目的专门档案，形成国家、省、市三级名录体系并公开传播。建立信息共享平台，实现各部门之间的信息互通和资源共享。各部门可以及时获取政策实施的最新动态，协调资源配置，避免重复建设和资源浪费，提高工作效率和政策实施效果。

第五，建立专门的民族传统体育文化发展基金，其资金来源应包括政府财政拨款、社会捐赠、企业赞助和国际合作资金等。政府应在年度财政预算中拨出专项资金，确保基金的基础保障。同时，积极动员社会各界的力量，通过捐赠和赞助等形式为基金筹集更多资源。基金的管理应设立专门的管理机构，负责资金的筹集、分配、使用和监督。管理机构应制定严格的资金管理制度，确保资金的使用公开透明。通过引入第三方审计和监督机制，确保资金的使用合规合法，最大限度地发挥资金的效益。民族传统体育文化发展基金的使用应重点支持以下几个方面：其一，项目建设方面，支持各类民族体育文化项目的建设，包括场馆建设、设备购置等；其二，活动组织方面，资助民族体育赛事、文化活动的组织和推广，增强社会影响力；资助民族传统体育文化人才的培养和培训，提高从业人员的专业素质；支持民族体育文化的研究和保护工作，包括非物质文化遗产的保护和传承。

第六，设立专项资金和配套政策，在民族传统体育文化发展基金的基础上，政府应设立专项资金，用于支持特定领域和项目的发展。专项资金可以分为基础设施建设专项、赛事组织专项、文化研究专项、人才培养专项等，确保每个领域和项目都有充足的资金支持。为了确保专项资金的有效使用，政府应制定一系列配套政策，规范资金的使用和管理。配套政策应包括资金申请、审批、使用、监督等方面的规定，确保资金的使用公开、透明、有效。同时，应制定激励政策，对在民族传统体育文化发展与传承中作出突出贡献的单位和个人给予奖励和表彰，激发社会各界参与的积极性。专项资金的使用效果应进行定期评估，确保资金使用的科学性和合理性。评估指标应包括项目的完成情况、资金的使用效益、社会影响力等方面。通过评估发现问题，及时调整资金使用方向和政策措施，提高专项资金的使用效益。

第七，鼓励社会参与，民族传统体育文化的发展离不开社会各界的广泛参与，政府应积极动员企业、非政府组织、社区和公众参与到民族传统体育文化的保护和推广工作中来。通过举办民族体育文化节、组织志愿者活动等形式，可以增强群众的社会参与感和责任感。例如浙江目前已经举办了七届民族传统体育运动会，为民族传统体育项目注入了新血液，提高了浙江省民族传统体育项目的知名度。为了确保政策和资金的有效落实，必须建立完善的监督机制。除了政府内部的监督外，还应引入社会监督和媒体监督。通过设立监督热线、开设意见箱、定期公示资金使用情况等方式，广泛听取社会各界的意见和建议，及时发现和纠正问题，确保政策和资金使用的公正、透明。

第八，加强政策宣传与培训，政策的有效实施离不开广泛的宣传和动员。政府应通过多种渠道和形式，广泛宣传民族体育文化发展的政策措施和实施成效。利用报纸、电视、网络等媒体，组织专题讲座、政策宣讲会，提高各级政府和公众对政策的认识和理解。为了提高政策的执行力,政府应定期对相关部门和从业人员进行政策培训。培训内容应包括政策的具体内容、实施方法、资金申请和管理等方面,确保各级政府和相关部门能够准确理解和执行政策,提高政策的实施效果。

通过以上一系列具体的保障措施,可以确保江苏民族传统体育文化高质量发展政策的有效落实,为民族传统体育文化的发展提供强有力的支持和保障。这不仅有助于传承和弘扬民族文化,还能促进社会和谐和经济发展,实现民族体育文化的可持续发展。

(二) 特色创新,推广民族传统体育文化与品牌传播

1. 科技赋能民族传统体育文化传播,扩大民族传统体育文化影响力

江苏民族传统体育文化传播需要创新驱动,通过引入现代科技手段,创新民族传统体育文化的表现形式和传播方式,让民族传统体育文化特色焕发新活力。

一是现代科技的引入。①虚拟现实(VR)技术。利用虚拟现实技术打造沉浸式体验项目。例如,可以开发民族体育项目的 VR 体验,让游客通过佩戴 VR 设备,仿佛置身于真实的体育比赛中,亲身感受传统体育项目的魅力。虚拟的场景与情境不仅能提升游客的体验感,还能让更多人了解和喜爱民族体育文化。例如,观众可以通过 VR 设备体验阜宁杂技、如东杂技,沉浸式观看项目表演比赛,获得视听的更高层次享受。②增强现实(AR)技术。利用增强现实技术将虚拟信息叠加在现实场景中[1]。例如,可以在体育场馆中,通过手机或平板电脑,观看到虚拟的民族体育项目解说和展示,增加互动性和趣味性,吸引更多游客参与。以江苏省内的民族体育项目为例,姜堰区篙船大赛每次比赛参赛队伍数量多,赛事进程变化快,AR 技术与比赛解说的结合,能够让观众更好地了解赛事队伍和赛程进度等赛事信息与赛况,观众可以更深入且清晰地观看赛事,更易激发观众对于项目的了解热情。③智能化体育设备。开发智能化的体育设备,提高参与者的体验感和安全性。还可以设计智能化的传统体育器材,实时监测参与者的运动数据,提供个性化的训练建议,提升训练效果和安全性。

二是数字化传播与推广。①数字化展示平台。建设数字化展示平台,通过网站、APP 等形式,全面展示民族体育文化的历史、项目和活动信息。目前,江苏民族传统体育项目数字化进程发展较慢,可以依据自 2023 年 9 月 29 日起实施的《非物质文化遗产数字化保护 数字资源采集和著录》系列行业标准,规范开展江苏的民族传统体育数字化工作,提升数字采集和著录的质量和效率。将民族体育内容数字化可以更好保障体育非遗项目的真实性和完整性,促进江苏民族传统体育项目合理传承和发展,可以依托技术,开发一个民族体育文化的数字博物馆,游客可以在线参观和学习,了解丰富的民族体育文化内容。②社交媒体推广。利用社交媒体平台,开展民族体育文化的宣传和推广活动。例如,可以通过微信公众号、微博等平台,发布民族体育项目的视频、图片和文章,吸引更多网友关注和参与。目前江苏省内多数民族体育项目例如沛县武术、如东杂技等在社交媒体上的视

---

[1] Chen Y Q, Yu J, Chang L. Optimization of communication mode for ethnic sports and cultural development in the age of artificial intelligence[J]. Applied Mathematics and Nonlinear Sciences, 2024, 9(1): 1-14.

频、文章较少,官方账号发布内容单一,多数为信息公布,相关运动协会应重视其社交媒体的运营,增添可以吸引受众兴趣的内容。同时,可以组织线上互动活动,如网络直播、线上比赛等,增加受众的参与感和互动性。③电子竞技与民族体育结合。开发电子竞技游戏,将民族体育项目的元素融入游戏设计中,吸引年轻人参与和了解民族体育文化。例如,可以开发一款以沛县武术为主题的格斗游戏,玩家可以选择不同的民族武术角色进行对战,体验民族体育的魅力。

三是教育与培训。①线上教育平台。建设线上教育平台,提供民族体育文化的在线课程和培训内容。例如,可以开发在线教学视频,邀请石锁、石担、沛县武术、阜宁杂技等项目的运动员录制,教授传统体育项目的基本动作和技巧,让更多人通过互联网学习和了解民族体育文化。②线下培训与体验。在各地设立民族体育文化培训中心,提供线下的培训和体验课程。例如,可以组织民族体育教练到学校、社区开展教学活动,让学生和居民亲身体验和学习民族体育项目,增强他们对民族体育文化的认识和兴趣。

2. 打造江苏民族传统体育文化特色品牌

(1) 举办各类具有江苏地域特色的民族传统体育赛事活动

江苏地处长江、淮河两大水系之间,拥有众多湖泊、河流和湿地,形成了独特的水乡风貌。"水韵江苏"作为江苏省文化和旅游厅推出的文旅品牌,旨在通过展示江苏的水乡特色、文化底蕴和旅游资源,吸引更多的游客前来体验。这一品牌不仅体现了江苏的自然之美,更彰显了其深厚的历史文化底蕴。江苏民族传统体育赛事可以与"水韵江苏"品牌结合,深化"体育+旅游"的发展,江苏着力打造的大运河系列赛、环太湖系列赛等也可以与民族传统体育赛事结合。江苏可以定期举办"江苏民族传统体育文化节",集中展示和推广江苏的民族传统体育项目,观众可以在文化节中欣赏如石锁、阜阳杂技、如东杂技等项目的比赛和表演,加深对于江苏民族体育文化的了解。文化节可以包括各种民族体育比赛、表演、互动体验等活动,吸引国内外游客前来体验和参与。例如,可以在文化节期间举办传统武术比赛、民族传统体育舞蹈表演、民间体育游戏互动等活动,展示江苏丰富的民族体育文化。通过举办全国性和国际性的民族体育赛事,提升江苏民族体育项目的影响力和知名度。例如,可以申办全国民族体育运动会、国际传统武术锦标赛等大型赛事,吸引各地的运动员和观众前来参赛和观赛,促进文化交流和经济发展。

(2) 江苏民族传统体育特色品牌的宣传推广

利用多种宣传渠道,推广江苏民族传统体育文化品牌。例如,通过电视、广播、报纸、网络等媒体,发布民族体育文化的宣传片、广告、专题报道等,提升品牌知名度。同时,可以利用社交媒体平台,尤其是当前受众广泛的短视频移动社交媒体,发布品牌相关内容,如赛事动态、精彩瞬间和幕后花絮等,吸引更多网友关注和参与。例如,在2020年"文化和自然遗产日"浙江主场城市(绍兴)系列活动中,武术舞台剧《江南武魂》"云端"展现得到了一致好评,舞台剧融合了掼牛、南湖船拳等多种体育文化元素,带给观众耳目一新的感觉。除了别具一格的表演,当天在"购·云端非遗集市"重点板块中,全国各地观众都可通过直播了解传统中医养生、传统体育健身、传统健康养生食品等方面的优秀非遗项目,同时还可在"直播间"中直接下单传统体育健身课程,观看和参与线上直播的人数超400万。

通过讲述品牌故事,提升民族传统体育文化品牌的影响力和美誉度。通过纪录片、书籍、展览等形式,讲述江苏民族传统体育项目的历史传承、发展历程和文化内涵,增强品牌的文化底蕴和社会认同感。线上线下联动也是品牌宣传的关键,线下比赛可以邀请本身具有知名度的运动员、体育明星作为赛事代言人,也可以邀请他们参赛或开幕,利用他们的影响力增加赛事关注度和品牌关注度。

(3)江苏民族传统体育文化品牌形象的建设

设计独特的品牌标识,提升品牌的识别度和影响力。例如,为"江苏民族传统体育文化节"设计专门的标识和吉祥物,结合江苏的地域特色和民族体育文化元素,使其具有鲜明的辨识度和吸引力。文旅资源普查数据显示,江苏全省有文旅资源单体118万余个,其中自然资源景观占19%、人文资源景观占81%,这是江苏区别于其他省份的最大特色。我们可以聚焦江苏"水+文化"鲜明特质,建设民族传统体育文化品牌。

进行品牌标准化建设,制定品牌标准化建设方案,确保品牌形象的统一和规范。例如,在赛事组织、活动策划、宣传推广等方面,制定统一的品牌标准和操作流程,提升品牌的专业性和一致性。通过品牌形象的设计来推广江苏民族传统体育文化,强化文化对人的感化、感染、感召的功能,让更多的人在江苏民族传统体育文化的品牌标识中产生强烈的认同感与参与感。

(4)建立江苏民族传统体育文化品牌合作与联盟

与国内外知名品牌进行合作,共同推广江苏民族传统体育文化品牌。江苏可以与知名体育品牌、旅游品牌、文创品牌等进行跨界合作,推出联名产品、联合活动等,提升品牌的影响力和市场份额。例如,上海马拉松和知名奢侈品牌Tiffany&Co合作,Tiffany&Co成为上海马拉松官方奖杯合作伙伴,为赛事前三名男女运动员制造奖牌与奖杯,此举扩大了上海马拉松的赛事影响力,同样也为奢侈品牌扩大了知名度。江苏可以借鉴这样的宣传方式,实现赛事与商品的合作共赢。

建立民族体育文化品牌联盟,整合各类品牌资源,共同推动民族体育文化的发展和推广。例如,可以成立"江苏民族传统体育文化品牌联盟",吸纳各类企业和机构加入,以赛事传播品牌,以品牌推动赛事,变赛事热度为商品流量,形成品牌合力,提升整体竞争力。

(三)协调共享,探索民族传统体育资源整合新路径

1. 协调发展民族传统体育产业,形成产业发展合力

高质量发展要求在经济发展中实现社会公平、公正、共享,以实现经济发展和社会稳定的良性循环。为了实现江苏民族传统体育文化的高质量发展,需要加强区域联动、板块互动,将其与相关产业进行深度融合,形成互补共生的发展模式。其具体路径包括以下几个方面。

一是民族传统体育文化与旅游产业结合。①开发体育旅游项目。江苏拥有丰富的民族体育文化资源,可以将这些资源与旅游产业相结合,打造具有民族特色的体育旅游项

目。例如，在江苏省内的少数民族聚居区，可以开发传统体育项目体验游，让游客亲身参与和体验民族体育活动，如少数民族的摔跤、射箭、龙舟竞渡等项目。菱塘回族乡是江苏唯一的少数民族乡，石锁、石担等民族特色体育项目已作为该地重要的旅游文化内容，早在2009年，石锁运动就被列为江苏省非物质文化遗产保护项目，游客们参观旅游的同时又可以亲身感受石锁、石担等民族特色体育项目，加深对于项目的了解，扩大项目的影响力，打造特色鲜明的民族传统体育旅游名片。②推进区域联动。构建"文体旅"融合网络体系，是民族传统体育发展的着力点。将江苏省各地相同的民族传统体育项目联动起来，搭建民族传统体育赛事旅游线，例如南京、泰州、无锡等地都流行石锁运动，可以举办石锁系列赛，将城市合作通过赛事联系起来，合力带动文体旅发展。③打造特色体育文化村。在民族体育文化资源丰富的地区，可以打造特色体育文化村，融合传统体育项目、民族工艺、民俗表演等内容，形成综合性的旅游体验区。通过举办定期的民族体育比赛和文化活动，吸引游客前来参观和互动，提升当地的旅游吸引力。菱塘回族乡目前仅将石锁、石担项目的推广放置于非遗体验诸多内容之间，未来可以通过承办石锁、石担比赛活动，以赛事带旅游，以赛事带项目，放大菱塘回族乡的民族体育特色。④举办节庆体育活动。利用各民族传统节日，举办大型的节庆体育活动，如端午节的龙舟竞赛、苗族的鼓舞节等。溱潼会船节被列入中国十大民俗节庆，篙船作为具有悠长历史的民族特色体育项目如今更是成了姜堰区乃至泰州市的旅游名片。通过节庆活动，不仅可以展示民族体育文化的魅力，还能吸引大量游客参与和观看，促进当地旅游业的发展。

  二是民族传统体育文化与文创产业结合。①文化创意产品开发。将民族体育文化元素融入文创产品设计中，开发具有民族特色的文化创意产品。例如，可以设计制作以传统体育项目为主题的纪念品、装饰品、文具等，通过线上线下渠道进行销售，提升民族体育文化的市场价值。例如江苏省内可以抓取石锁、阜宁杂技等民族特色体育项目的特色形象和内容，进行文创产品设计。②影视作品创作。利用民族体育文化丰富的故事和传说，创作相关的影视作品，如纪录片、电影、电视剧等。通过影视作品的传播，可以更广泛地推广民族体育文化，提升其影响力和知名度。阜宁杂技、如东杂技等江苏省内民族体育项目本身就具有极强的观赏性，其所编排的很多节目具有历史故事背景，适合通过影像再创作，扩大项目的传播力和影响力。③出版物编撰与游戏开发。编撰和出版关于民族体育文化的书籍、画册等，记录和传播民族体育文化的历史和内涵。在江苏泰州市姜堰区对建好"康养名城，活力姜堰"的重视下，溱潼会船作为姜堰重要的文旅内容，在2024年拥有了"第一本"教科书——《溱潼会船——篙船入门指南》，让传承八百年的会船文化和篙船项目得以被更多人看到和了解。同时，可以开发相关的手机游戏和桌游，将传统体育项目和现代游戏元素相结合，吸引年轻人参与和了解民族体育文化。

  三是民族传统体育文化与现代健身产业结合。①民族健身项目推广。将民族体育项目与现代健身理念相结合，开发出具有民族特色的健身项目，如民族舞蹈健身操、传统武术健身课程等。在健身房、社区活动中心等场所推广这些项目，吸引更多人参与。例如2023年江苏泰州市姜堰区举办全民健身基层行活动之走进金马社区，该活动邀请了20名石锁协会社会体育指导员参加，其中省级非遗传承人姜宝洪表演了蒙眼花样石锁，让石锁运动走进社区，走到群众身边，激发了社区群众的运动热情。②健康旅游项目。结合民族体育文化和健康旅游理念，开发健康旅游项目。例如，可以在风景优美的少数民族地区，组织传统体育项目体验与健康养生结合的旅游活动，让游客在享受体育运动的同时，感受健康养生的乐趣。③运动康复项目。利用民族传统体育项目中的养生保健元素，开发运动康复项目，如利用中医传统的热敷、推拿等方法，结合现代运动康复技术，帮助运动员和健身爱好者进行身体康复和保健。

2. 着重实现民族传统体育文化资源共享与优化配置

（1）丰富民族传统体育文化资源共享形式

资源共享是实现高效发展的关键。通过资源共享平台，可以将各类资源进行整合和优化利用，提升民族体育文化发展的整体效益。具体的资源共享形式包括以下几个方面。

一是体育设施和场地共享。①学校与社区的场地共享。在许多地区，学校和社区的体育设施和场地资源相对丰富。通过资源共享平台，可以实现学校和社区体育场馆的共同使用。例如，学校的体育场馆在非教学时间可以向社区居民开放，供他们进行体育锻炼和民族体育活动；反之，社区的体育设施也可以在节假日或周末向学校开放，供学生使用。这种共享形式不仅提高了资源的利用率，还增强了社区居民的参与感和归属感。②公共体育场馆的共享。政府可以通过资源共享平台，将公共体育场馆的使用权向社会开放，特别是向民族体育文化活动提供优先使用权。例如，定期举办民族体育赛事和活动，通过共享公共体育场馆，提高这些场馆的利用率，同时推广和普及民族体育文化。

二是师资力量共享。①学校与社区的师资共享。在民族体育文化发展中，师资力量的不足是一个常见问题。通过资源共享平台，可以实现学校与社区的师资共享。例如，学校的体育教师可以定期到社区开展民族体育文化培训和教学活动，提高社区居民的体育素养和参与度；同时，社区中的民族体育文化传承人和专家也可以到学校进行讲座和示范教学，丰富学校的体育课程内容。②跨地区的师资共享。通过互联网和在线教育平台，可以实现跨地区的师资共享。例如，远程教育技术可以使得偏远地区的学生和居民也能够接受到优秀师资的教学。通过在线直播、录播课程等形式，推广民族体育文化的知识和技能，弥补师资力量的地域差异。

三是资源共享平台建设。①线上资源共享平台。建立一个集信息发布、资源整合、预约管理等功能于一体的线上资源共享平台。通过该平台，各类体育场馆、师资力量、教学资源等信息可以得到全面展示，用户可以根据自己的需求进行查询和预约，提高资源的利用效率。②线下资源共享中心。各地建立民族体育文化资源共享中心，集中管理和调配各类资源。例如，可以设立体育器材共享中心，社区居民和学校可以根据需要借用和归还体育器材，减少重复购买和资源浪费。同时，资源共享中心还可以组织各类民族体育活动和赛事，推动资源的有效利用和文化的传播。

（2）优化民族传统体育文化资源配置方案

优化资源配置需要科学规划和管理，根据实际需求，合理配置各类资源，避免资源浪费和重复建设。具体的优化配置方案包括以下几个方面：

一是数据分析与精准配置。①需求分析。通过大数据分析技术,收集和分析不同地区和群体的体育需求数据。例如,可以通过问卷调查、手机应用等途径,了解居民对民族体育活动的兴趣和参与情况,掌握不同地区的资源需求。根据这些数据,制定有针对性的资源配置方案,确保资源能够满足实际需求。②资源调配。根据需求分析的结果,对现有资源进行合理调配。例如,在民族体育活动需求较高的地区,可以增加场馆和设施的投入;在师资力量薄弱的地区,可以通过在线教育平台和师资调配,增加培训和教学资源的投入。通过精准配置,提高资源的利用效率和效果。

二是资源整合与优化利用。①资源整合。将分散的资源进行整合,形成统一的管理和使用体系。例如,将学校、社区、公共体育场馆等各类体育资源进行整合,形成一个集中管理的平台,通过统一的调度和管理,提高资源的利用率和服务水平。②优化利用。对现有资源进行优化利用,提高资源的使用效率。例如,可以通过智能化管理系统,对体育场馆的使用情况进行实时监控和管理,避免资源的闲置和浪费。同时,可以通过资源共享平台发布和更新资源使用信息,让更多的人了解和使用这些资源。

三是合作与共建。①政府与企业合作。政府可以与企业合作,共同投资和建设民族体育文化基础设施。例如,可以吸引社会资本投资建设民族体育场馆、培训中心等,通过合作共建,提高资源的投入和利用效率。同时,企业可以通过赞助民族体育活动和赛事,提升企业形象和社会责任感。②社区与社会组织共建。社区可以与社会组织合作,共同推动民族体育文化的发展。例如,可以与非政府组织、志愿者团体等合作,组织和开展各类民族体育活动,提高社区居民的参与度和凝聚力。通过合作共建,形成资源共享和共同发展的良好局面。2023年江苏沛县社区运动会华星金箭杯首届沛县刀术大赛由沛县文体广电和旅游局、沛城街道办事处主办,沛县武术协会承办,无锡金箭电动车有限公司、沛县武当大洪拳研究会、沛县华星车料批发部协办,政府组织与企业合作支持赛事组织和举办,为沛县武术的发展助力。

四是持续评估与改进。①评估机制。建立资源配置和使用的评估机制,定期对资源的配置和使用情况进行评估。例如,可以通过用户反馈、数据分析等方式,了解资源使用的效果和存在的问题。根据评估结果,及时调整和优化资源配置方案,提高资源的利用效率和服务水平。②持续改进。根据评估结果,持续改进资源配置和管理方案。例如,对于使用率较低的资源,可以分析原因,采取措施提高使用率;对于需求较高的资源,可以增加投入和优化管理,满足用户的需求。通过持续改进,确保资源的配置和使用能够适应不断变化的需求和环境。

(四)对外开放,提升民族传统体育文化国际影响力

1. 江苏民族传统体育文化的国内外交流合作

加强与国内知名高校和科研机构的合作,共同开展民族传统体育文化的研究和推广。可以通过联合培养研究生、合作研究项目、学术交流等形式,提升江苏民族传统体育文化的研究水平和学术影响力。加强与国内其他省市的交流与合作,借鉴他们在民族体育文化发展中的成功经验。通过互访、考察、联合举办活动等方式,推动江苏民族传统体育文

化的发展。贵州黔东南、云南的民族传统体育发展排在国内前列,贵州黔东南苗乡侗寨有各类民族体育项目80多项(种),其中一直延续开展的达50余项(种)。黔东南州借助民族传统体育项目文化进校园活动,已将反排木鼓操、苗拳操、苗族舞蹈操等纳入学校的课间操,独竹漂、侗族摔跤、高脚、射弩、陀螺等20多项民族体育项目进入课堂。云南立足独一无二的自然资源和气候条件,全力打造"高原训练胜地、户外运动天堂、四季赛事乐园"三大品牌,致力于推动体育文化旅游成为高原特色体育产业发展的增长点[①]。江苏可以加强与贵州、云南等民族传统体育发展较好的省份的学习与联系,取其精华,结合本省特色发展项目。

定期组织国际交流活动,邀请国外专家学者、优秀教练来江苏进行交流和指导。可以举办国际民族传统体育文化研讨会、邀请国外专家开展专题讲座和培训等,提升本地人才的国际化水平。鼓励江苏民族传统体育文化领域的专家学者、教练和管理人员参加国际会议和培训,了解和学习国际最新的研究成果和发展趋势,提升本地人才的学术水平和实践能力。"一带一路"青年体育交流周在江苏已经连办两届,可以将江苏民族传统体育项目作为一个主题板块,在"一带一路"青年体育交流周中展示交流。目前"一带一路"青年体育交流周中江苏主要安排定向越野训练营、国际青年男子3×3篮球邀请赛、青少年户外运动挑战赛等活动,将民族体育的内容加入,可以更好地体现江苏民族特色,展示中国传统文化,扩大江苏民族体育的影响力。在巴黎奥运会上,许多项目已经不再是一项单纯的体育竞技运动,而是成为传播和展示中国传统文化艺术的窗口。比如,在艺术体操团体全能决赛中,中国队身穿带有传统文化元素的比赛服,动作编排以汉唐国风为主题,展现出中国文化的独特韵味。比赛开场就通过三根彩带构成的图案,摆出了中国民族乐器古筝的造型,编排上也融入拔剑收剑、弯弓射大雕、敲鼓等动作,充分诠释了汉唐国风。包括江苏运动员郝婷在内的五名队员荣获艺术体操团体奥运金牌,这是中国艺术体操项目的首枚奥运金牌,将"中国风"吹向世界。

2. 建立民族传统体育文化项目合作平台

建立江苏民族传统体育文化的国际合作平台,与国外相关机构建立长期合作关系。通过合作平台,可以实现资源共享、信息交流和项目合作,形成传播推广民族传统体育文化的共同体,在高质量发展的目标下,创新建设与推进路径,共同推动民族传统体育文化的发展。与国际知名高校、科研机构和体育组织开展联合研究和项目,合作开展民族体育文化的课题研究和项目实施。通过联合研究和项目,提升江苏民族传统体育文化的科研水平和国际影响力。南京体育学院武术与艺术学院武术系申报的"大枪武艺",经过初选、专家评审等环节,成功入选南京市玄武区非物质文化遗产项目名录。这也是南京体育学院作为保护主体单位入选的第一个非遗项目,武术与艺术学院一直致力于大枪武艺的传承与保护。自2017年开始训练大枪武艺,举办大枪文化交流分享会,于2023年组织了第

---

① Chen L, Wang S P, Gong Y, et al. Research on the integrated development of traditional sports and cultural activities of the Yi nationality and community tourism industry in Liupanshui under the background of rural revitalization[J]. Journal of Humanities, Arts and Social Science, 2024, 8(5): 1248-1252.

一届国际大枪裁判员、教练员培训班,并在年底成功举办第一届国际大枪竞赛,引起了社会的极大关注,提升了南京体育学院的国际影响力,使其成为大枪项目发展的引领者。

3. 推动民族传统体育文化人才双向流动,建立长效合作机制

鼓励江苏的民族传统体育文化人才走出国门,参与国际交流和合作。例如,选派优秀教练和管理人员到国外学习和培训,提升他们的专业水平和国际视野。与此同时,吸引国际优秀人才来江苏工作和交流。通过举办国际招聘会、发布国际招聘信息等方式,吸引国外的优秀人才加盟江苏民族传统体育文化事业,提升江苏的国际竞争力。此外,与国内外相关机构签署长期合作协议,明确双方在人才培养、科研合作、项目实施等方面的合作内容和责任。通过合作协议的签署,确保合作的长期稳定和持续推进。通过评估,发现问题和不足,及时进行改进和优化,确保合作交流的效果和质量。

第十章

新发展阶段体育文化产业助推江苏体育文化高质量发展

体育文化产业是文化产业与体育产业深度融合的产物,作为体育文化的具象化表现,其在高质量发展时期展现出前所未有的活力与潜力,成为推动体育文化高质量发展的关键力量,在实现江苏体育文化高质量发展的道路上发挥着重要的推动作用。江苏积极响应国家关于文化强国、体育强国建设的号召,深入挖掘体育文化资源,创新体育文化产业发展模式,走出了一条独具特色的体育文化产业融合发展之路,为江苏乃至全国体育文化的繁荣兴盛贡献了重要力量。进入新时代,江苏体育文化高质量发展迈向新台阶,以体育文化产业的发展推动实现江苏体育文化的高质量发展需要从体育文化产业的产业结构、产业规模、产业消费和产业发展水平着力,为江苏体育文化的高质量发展提供切实的保障。

首先,促进体育文化产业的供给侧改革,调整体育文化产业的结构布局,创造新的产业业态,以体育文化产业的有效供给满足群众的多元化需求。一方面从密集出台的政策入手,学习二十届三中全会精神,找寻体育文化产业新的增长点,丰富体育文化产品的供给,刺激更宽领域更多层次的体育文化消费,发挥体育文化产业的经济价值和社会价值,提升体育文化产业竞争力,为江苏体育文化发展奠定坚实的物质基础。另一方面以体育文化产业的重要组成——竞赛表演业为重要抓手,进一步发挥江苏竞技体育优势,培育群众体育力量,推动赛事的现代化转型,打造竞技体育赛事和群众赛事双品牌,促进竞技体育赛事与群众体育赛事的共生发展,以赛事带动江苏体育文化的发展。

其次,扩大江苏体育文化产业的规模,推动行业融合发展,促进"体文旅"行业各个要素的融合,催生新的业态,打造特色文化品牌,协调江苏各地区体育文化产业的融合发展,以"体育+"为江苏体育文化开拓更广阔的空间。

再者,推动体育文化产业的数字化转型,促进江苏体育文化创造性转换创新性发展,通过数字化技术创造体育文化发展新形态,技术赋能媒介开创文化传播新局面,复合型人才培养为体育文化发展注入新活力。

最后,体育文化与体育文化产业是耦合发展的,二者相互促进,在江苏体育文化产业不断壮大的历程中将江苏体育文化融入发展的全过程,让体育文化产业的发展释放出体育文化的力量,让江苏体育文化的繁荣促进江苏体育文化产业的发展,共同推动江苏体育文化的高质量发展。

一、创新体育文化产业结构布局,筑牢江苏体育文化发展基石

体育文化产业有经济属性与文化属性,是新时代体育产业和文化产业发展布局的重点①。广义的体育文化产业可以借助文化的二分法将其分为物质文化产业和精神文化产业,狭义的体育文化产业则可以按照其服务对象、生产内容的不同进行进一步的细化区分,比如按照工作内容可以将体育文化产业分为体育新闻传播业、体育经纪业、体育广告业等不同的产业类型,而体育博彩、体育旅游业等边缘部门也通过践行体育文化的核心价值发挥着传播体育文化的功能,因而也可纳入体育文化产业的范畴。而此处探讨的主要是狭义上的体育文化产业,上述所列举的体育文化产业部门不仅自身具有浓厚的文化内涵和动力,可以发展成为一种文化现象,而且也具有推动广义的体育文化产业发展的潜力,比如体育产品制造业、健身服务业等,以体育文化产业的发展铺垫体育文化发展的基石、创造体育文化产生的条件和场域,以体育文化产业的勃勃生机推动体育文化的欣欣向荣。"十四五"期间,江苏体育文化产业的结构与布局不断优化调整,基本形成了以体育服务业为主导,体育旅游业、体育制造业为辅的发展格局,其中体育文化消费的贡献不断增长,多样化的体育文化产品体系基本建成,江苏体育文化产业正在向高质量发展转换,进一步为体育文化的发展储蓄能量,但需要注意的是风险与挑战并存。未来江苏体育文化可以从供需两端入手化解发展矛盾,提升体育文化产业的竞争力,助力实现江苏体育文化的高质量发展。

(一)以供给侧结构性改革为主线

体育以文化为内核,文化是体育的本质。江苏体育文化产品体系已较为完备多样,体育文化消费成为重要的社会热点。江苏体育文化产业目前在区域协调、产业结构优化、产品供给等方面还有完善和发展的空间。而破解区域发展不平衡、优化文化产品服务质量等问题与供给侧改革的内核高度契合,从供给端着手创造新的体育文化供给、满足人们多元化的新需求不乏为应对江苏体育文化产业发展动力不足的可行路径之一,这也是促进江苏体育文化产业实现长期均衡发展,实现体育文化产业和体育文化双向高质量发展的内在要求。体育文化产业的供给侧改革在于不断调整产业的结构和布局,化解产能过剩,激发体育文化产业的发展活力②。总体而言,就是要立足发展全局,从政策中找寻新的发展方向和资源,大力发展体育文化产业,健全体育文化产业的构成要素,丰富体育文化产品的供给,提升体育文化产业创新力,从而引导和满足公众的体育文化需求,实现体育文

---

① 曹秀玲.我国体育文化产业发展的限制因子及生态化策略[J].广州体育学院学报,2015,35(3):6-9.
② 李晖.供给侧改革背景下体育文化产业发展的路径创新[J].西南民族大学学报(人文社会科学版),2018,39(9):161-166.

化产业的创新升级。

1. 从政策中探寻产业发展新契机

对于江苏体育文化产业可能面临的"供给不足"与"需求不足"并存导致的"供需错位"的现象,需要从供需两端发力,创造新供给,满足新需求。思想是行动的先导,理论是实践的指南。体育文化产业相关政策的大量出台为体育产业的发展提供了方向指引,其中既有宏观层面的战略规划,也有微观层面的具体指导,涵盖了体育文化产业发展的方方面面。在二十届三中全会中通过的《中共中央关于进一步全面深化改革 推进中国式现代化的决定》中的第十部分对文化发展提出具体要求,要深化文化体制机制改革,优化文化服务和文化产品供给机制,其中就包括完善全民健身公共服务体系、探索文化和科技融合的有效机制。《"十四五"体育发展规划》提出"加快形成以健身休闲业、竞赛表演业等为龙头,高端制造业与现代服务业融合发展的体育产业体系"。

在体育文化产品与服务方面,江苏要推动运动项目文化建设,鼓励体育文艺创作百花齐放,充分运用体育赛事活动、体育文化活动等平台促进体育艺术创新,打造一批国家级、省市级的体育文化精品项目与品牌活动。在体育消费方面,江苏要深挖体育消费潜力,通过各类赛事活动拉动节假日消费和夜间经济,积极培育定制、体验、智能、时尚消费等新模式新业态,促进体育服务消费提质扩容。对于体育文化精神,江苏要深入挖掘中国体育文化内涵,推动新时代中华体育精神与社会主义核心价值观深度融合,充分发挥体育在铸牢中华民族共同体意识中的促进作用。

在《"十四五"体育发展规划》中,明确强调了深化全民健身战略的实践,持续扩增户外运动的高质量供给,加速公共体育设施的现代化转型与品质跃升,凸显户外运动作为全民健身新引擎的"后发崛起"态势。此外,该计划还细致规划了中华优秀传统文化的传承与发展策略,强调面向全球阐释以武术、围棋等为代表的,蕴含中国特色文化精髓、展现中国精神风貌、蕴藏深厚中国智慧的传统体育文化遗产的传播,通过增强赛事的竞技水平、观赏价值,推动其市场化进程并吸引更多年轻群体的参与,实现传统文化的现代活化。而武术、围棋正是江苏传统体育项目,这种具有江苏代表性与特色性的项目更应大力加强发展与宣传,打造江苏品牌赛事项目。

通过对政策的细化解读并从中找寻灵感,可以发现江苏的未来体育文化产业具有在更多的板块中创造更多新供给的巨大潜力,为体育文化的高质量发展提供更丰富的物质载体。江苏体育文化产业可以面向市场,以赛事为契机促进体育文化的繁荣,健全体育文化的产业结构。体育产业高速发展的背景下,体育赛事依旧是体育文化产业发展的重点,未来体育赛事的发展要实现提质增效,不仅要增加省内自有体育赛事 IP 的数量,打造不同种类的体育赛事品牌,推动竞技体育与群众体育的共生发展,也要立足于地域特色,深度挖掘项目文化,打造地区特色赛事,满足人民群众的多元需求。江苏文化产业可以融合发展休闲体育与体育文化,满足人民群众对户外体育休闲项目的需求。休闲体育不仅体现人与自然和谐共生的绿色发展理念,对于传播绿色体育理念、推动江苏体育文化高质量发展具有重要的现实意义,同时也是推动贯彻全民健身战略、建成健康中国的有力途径,是体育文化产业推动体育文化发展的重要领域[①]。

2. 丰富体育文化产品的供给结构

体育文化产品凝聚着丰富的体育文化,是体育文化的结晶,更是体育文化的具象化表达。然而体育文化产品的服务对象是广大人民群众,因而主体受众结构的变化会催生出新的业态,体育文化的高质量发展要求体育文化产品的供给既要提升产品的供给质量,也要丰富文化产品的供给类别,满足人民群众日益增长的多重需求。江苏要认真贯彻落实公共体育服务体系示范区建设要求,不断完善公共文化产品和服务,提升服务水平,促进公共文化服务的均衡化,切实保障人民群众基本的体育权益。体育文化产品与服务结构是多元的,既包括体育影视、体育博物馆等具有特定物质形态的文化实体,也包括以体育为载体衍生出的文化项目活动。江苏可以平衡体育文化产品与服务的比重,比如借势节庆日或重要体育日程举办体育文化活动,体娱结合,围绕江苏民族体育开展体育项目活动,让民众在活动中感受体育文化的生动表达,积淀文化力量。

通过供给侧结构改革,调整江苏体育文化产品与服务的结构,结合地域特色,挖掘江苏体育文化资源与内涵,将体育与区域文化相融合,打造特色体育文化产业园区和基地,合理规划建设比如南京奥林匹克博物馆等江苏体育博物馆。通过创造产业新形态让群众可以更真切地体验到体育文化,让体育文化可知、可感,实现体育文化内涵的释放、精神的传递和行为的共享。例如,苏州体育博物馆集体育人文展示、体育精神弘扬、体育知识传播、体育游戏互动、体育培训教育为一体,帮助民众了解苏州的体育文化。

随着媒介技术的不断发展,体育文化媒介产品也成为体育文化体验和消费的重要领域。一方面,通过体育文化产品的智能化升级,可以充实群众体育活动参与的形式,比如江苏积极开展的全民健身活动,通过线上和线下的多重参与方式升级人民对于体育活动的感悟,不断激发群众的体育参与热情,同时在智能化方面比如体育健身的定制化服务、在线体育教学板块的开发等,打造高质量的体育文化实践平台,升级人们的体育文化生活,培养体育消费习惯。另一方面,体育与媒介的融合催生出了新的媒介体育产品,其中最核心的是体育媒介赛事。在此基础上繁衍出体育明星等体育文化产业链,推动着体育文化的传播。因此,对体育文化产品的供给可以在赛事文化产品开发方面下功夫,针对江苏拥有的媒介赛事资源进行深度开发,比如近几年在江苏举办的超三联赛的分站赛事等,不断提升赛事资讯和赛事直播等内容的质量和吸引力,满足不同年龄段用户的需求。除此之外,江苏可以以赛事为核心拓宽创作领域,以巴黎奥运会为契机,以江苏体育健儿的历史与现在为背景,鼓励和加强对彰显江苏体育文化底蕴和精神的体育纪录片、体育故事片等多种形式和题材的文化产品的创作研发,碰撞出江苏体育文化故事的新火花。通过技术赋能为用户在进行体育赛事观看和实践的过程中提供具有互动感和沉浸式的文化体验,比如线上运动挑战赛、虚拟现实健身游戏等,提高用户的参与度和乐趣,使其在参与体育的过程中感悟和传播江苏体育文化。

[①] 姜同仁,郭振,王松,等.中国体育产业发展回顾与"十四五"前景展望[J].天津体育学院学报,2022,37(1):51-59.

3. 延伸体育文化产业链

随着全球经济的持续增长和人民生活水平的不断提高,体育产业已成为全球最具活力和发展潜力的产业之一。江苏不断扩展体育产业链条,通过资源共享、优势互补、协作配套等方式,实现了江苏体育文化相关产业的共同发展和互利共赢,形成了高效又具有较强竞争力的体育产业链。然而,面对百年未有之大变局,江苏体育文化产业链在发展过程中仍面临诸多挑战,比如产业链各环节之间的衔接不够紧密、资源配置不够优化等。推动江苏体育文化产业链的联动发展,进一步加强产业间的深度融合与协同发展,是助推江苏体育文化高质量发展的重要环节。例如,在竞技体育文化产业链中,产业协同体现在体育用品制造、体育赛事策划、媒体传播、旅游服务等多个环节之间的紧密合作与联动。首先,通过各产业的协同,可以实现赛事资源的最优配置和高效利用,降低运行成本的同时提高赛事供给质量和赛事文化的服务水平,从而提升整个体育文化产业的竞争力。其次,产业协同有助于以技术推动竞技体育产业的创新和发展模式的多样化,加速体育文化产业催生新业态,从而进一步延长体育文化产业链,促进竞技体育文化产业的转型升级。再者,通过竞技体育产业与其他类型产业的融合发展,可以拓宽竞技体育文化产业的市场空间,创造更多体育文化供给,吸引更多消费者和投资者的关注,促进产业的持续健康发展。

体育文化产业链是体育产业创新发展的重要支撑力量,也是不断打造体育文化新形态、推动体育文化高质量发展的关键。促进江苏体育产业和体育文化的健康发展,必须进一步协调延伸体育文化产业链,推动上下游企业的协同发展,通过产业集群汇聚起体育文化产业的磅礴力量,催生出推动文化发展的催化剂。首先,明确体育文化产业链的各个环节和节点,包括体育产品设计、生产、销售、服务等多个方面,通过加强产业链上下游企业之间的合作与交流,形成紧密的产业链协作关系。同时,注重产业链各环节的协调与平衡发展,避免出现短板和瓶颈问题。其次,推动体育文化产业链的延伸和拓展。在巩固传统体育产业领域的基础上,积极开发新的产业链环节和增长点。例如依托体育赛事和活动资源,开发体育旅游、体育传媒等新兴产业链环节,也可以通过跨界合作和资源整合,推动体育产业与旅游、文化、教育等相关产业的融合发展。最后,加强体育文化产业链的品牌建设,鼓励政府和企业携手共同打造具有地方特色和文化内涵的体育品牌产品,结合江苏地域文化特色,为体育品牌注入文化灵魂,推动体育文化产业的人格化发展,增强体育文化产业品牌的竞争力和影响力。

(二) 体育赛事运营的现代化转型

体育竞赛表演业在体育文化产业中占据重要地位,不断推动和挖掘体育文化产业文化潜力的释放。但从总体上看,中国体育产业仍处在发展初期,体育赛事的商业化运营还有待开发。体育赛事是体育产业发展的重要资源,而体育赛事的价值与运营的核心以及对体育文化产业的推动主要体现在赛事 IP 资源的创造与开发,体育赛事 IP 是赛事进行商业化运营的前提条件,是实现以产业推动文化发展的重点。体育赛事 IP 具有稀缺性、独特性,以及一经创造便拥有长久生命周期,可以为体育产业带来稳定的收入等特点,因而是支持体育文化产业长期稳定发展的重要力量。同时赛事 IP 的开发可以进一步衍生产业链的发展,从而带动体育文化产品消费等领域,达到体育文化的全面浸入式发展,实现体育文化产业的良性循环,激发体育文化发展活力[①]。

在赛事运营方面,江苏通过前期积淀以及凭借南京青奥会文化遗产等优势已初步探索出规律,但在赛事IP打造方面还具有一定的发展空间。江苏是办赛大省,仅2023年共举办国际赛事22项次,全国赛事131项次,既有苏迪曼杯等国际顶级赛事,也有中国田径街头巡回赛南京站等"小而美"的国内知名赛事,各地路跑赛事、各类业余联赛和群众性赛事活动更是如火如荼,基于此未来可以进一步提升赛事的运营服务水平,同时加强自有体育赛事IP的打造,结合江苏特色文化,打造地域体育赛事品牌,丰富赛事构成,协调地区赛事,促进竞技体育赛事和群众体育赛事的平衡发展,推动江苏体育文化产业提质增效,扩充体育文化的传播载体,以体育赛事赋能体育文化的高质量发展。

1. 打造江苏自由体育赛事IP

体育赛事的举办和IP化发展既符合国家政策层面的号召,也很好地契合了赛事举办地的地方利益,同时体育赛事的举办对于带动人们参与体育活动、刺激体育休闲消费、培养大众体育消费习惯、提升城市形象具有重要推动作用[②]。

对于城市来说,一方面应该不断加强承办赛事的能力,积极推动国际国内各项体育赛事的落地入户,提升赛事的市场化程度,带动地区经济文化的发展,调动人民体育参与的积极性,营造浓厚的体育文化氛围。江苏在承接各类体育赛事方面持续发力。比如江苏扬州举办的全国乒乓球职业联赛,以及全国羽毛球冠军赛、超三联赛等赛事,将体育赛事的流量转换为消费的能量和文化的力量;江苏南通举办的马拉松比赛,吸引了18个国家和地区的选手参赛,赛事总规模达到2.5万人,推动了当地的"马拉松经济"。

另一方面,江苏也打造了一批具有地域特色的体育赛事,其数量和规模都取得较大提升,比如各地的马拉松赛事以及大运河、长三角系列赛事等,但赛事的发展及其对文化的带动离不开赛事的商业化运营,因而在赛事的市场化以及品牌影响力的塑造上,江苏体育自有赛事还存在进一步上升的空间。未来要向着深入挖掘和传承本土体育文化的方向深耕,立足于江苏本土文化打造赛事IP,深入挖掘赛事文化的内涵和价值,提升赛事的吸引力和创新力,加强赛事的商业化运营,培育出能够实现长期盈利的赛事IP。

借助赛事IP的影响力,可以进一步将江苏本土的体育文化推向全国乃至世界,拓宽江苏体育文化的竞争力和影响力。

首先,进一步明确赛事的定位,结合江苏丰富的历史文化底蕴和自然资源,打造具有鲜明地域特色的赛事IP。例如,利用大运河、长江等水系资源,开发水上运动赛事;依托苏州园林、南京古城等文化资源,举办文化主题赛事。通过体育与文化的融合打造特色赛事,彰显江南体育文化的底蕴,在赛事项目选择、赛道设计、赛事服务等方面体现地域文化的独特性,形成差异化竞争优势。例如无锡马拉松主打太湖樱花IP,通过独特的赛道景观和赛事文化吸引跑者。

---

① 翁建锋,高利华,高慧林.中国体育赛事IP运营研究[J].体育文化导刊,2021(1):97-103.
② 戴瑞磊.体育赛事IP深度挖掘与媒体价值重新分配[J].新闻战线,2017(18):63-64.

其次，提升赛事的品质与水平。引入先进的赛事管理系统和评估机制，确保赛事安全、规范、高效运行；加强赛事团队建设，提升赛事组织能力和服务水平。利用大数据、人工智能等现代科技手段，提升赛事智能化水平，同时也要注重人文关怀，从体育参与者的角度出发，关注群众的需求，提供个性化、人性化的赛事服务。加强赛事宣传与创新推广宣传方式，通过与江苏知名品牌、企业建立合作关系，以赞助、冠名等方式引入资金和资源，提升赛事品牌形象和商业价值，利用品牌资源开展联合营销活动，扩大江苏自有赛事市场影响力。

最后，推动赛事产业融合发展，以赛事为基，拓展赛事产业链，围绕江苏自有赛事IP开发衍生产品和服务，比如特色赛事纪念品、赛事直播、赛事培训等。通过多元化经营增加赛事收入来源，提升赛事的经济效益，并与周边的省市建立合作机制，共同打造跨区域体育赛事品牌。通过联合办赛、资源共享等方式提升区域体育赛事的整体实力和影响力，不断推动江苏体育文化的高质量跨越式发展。

2. 推动群众体育赛事和竞技体育赛事共生发展

随着全民健身计划的推出，全民健身热情高涨，大众体育赛事的市场规模也在不断提升。竞技体育赛事的娱乐性对于体育文化的发展与传播具有天然的优势，然而，大众体育赛事对于生活体育文化的培养、体育精神文化的传承以及体育消费的刺激也不可忽视，两者的协同才可以培育良好的体育文化氛围，促进其协调发展。目前江苏群众体育赛事主要的表现形式为路跑类项目，可以相应改善这一情况，从而提高赛事的娱乐性。

首先，通过政策的引导和支持拓宽大众赛事的疆域，提升群众体育赛事的组织水平，对标竞技体育赛事发展质量，以此增强群众体育的竞技性和趣味性，进一步确立大众赛事的商业化道路，做好赛事的竞技性、文化性与公益性的平衡。通过打造全民参与的竞技体育赛事，促进大众体育赛事与职业体育赛事的交流与合作，深化群众对于体育文化的认识与领悟，加速竞技项目的社会化和普及化，贴近日常生活，提高广大民众的参与度、幸福感与获得感，同时关注用户需求，打造差异化赛事，满足不同人群对于体育赛事的不同需求。

其次，打造文化鲜明的群众体育品牌赛事，以竞技体育赛事和群众体育赛事两大品牌推动江苏体育文化形象的塑造。政府需要双管齐下，着力构建竞技体育和群众体育两大支柱性赛事品牌体系，二者相辅相成，共同促进江苏体育文化的繁荣发展。一方面，积极借鉴国内外先进的群众体育赛事发展经验，不断完善和优化江苏的群众体育赛事框架，从而打造出一个既具备持续发展动力，又蕴含深厚文化内涵的群众体育赛事产业链，吸引更广泛的公众参与体育赛事，满足其对体育赛事多样化、个性化的观赏与参与需求。另一方面，积极引进高规格竞技体育赛事，如国际知名的大型赛事及国内顶尖的各类体育项目比赛，这些赛事可以为观众提供高水平的竞技享受，激发社会对体育运动的热爱与向往，引导更多人投身于体育锻炼之中。

再次，深耕本土资源，精心策划与打造具有江苏地方特色的群众体育赛事，比如江苏各地区各具风情的马拉松赛事、环太湖系列体育活动以及融合民俗元素的民间体育赛事等。江苏宿迁深入贯彻全民健身国家战略，将宿迁马拉松、端午龙舟赛变成城市品牌赛事，并被授予全省唯一"时尚体育城市"称号。赛事愈发贴近民众生活，愈发多样且易于参与,如此不仅能够丰富群众的文化体育生活,还能作为江苏文化自信的展示窗口,有效传播与弘扬江苏丰富的传统文化精髓,塑造出独具特色的群众体育赛事品牌。群众体育特色品牌赛事是重要的文化活动,也是传承体育文化的有效载体。要进一步加强群众体育赛事与江苏体育文化元素的融合,提升赛事服务品质,凸显江苏特色,通过群众赛事与城市文化的联动,加强赛事与城市环境的融合共生,彰显赛事的人文、绿色底蕴。通过竞技体育赛事与群众体育赛事的价值共建,激发体育赛事的活力,提升赛事文化的影响力,增强江苏全域的体育文化自信。

二、扩大体育文化产业规模,拓宽江苏体育文化发展空间

产业规模是体育文化产业提升竞争力的重要因素,体育文化产业规模的提升蕴含着纵向和横向即提升内部驱动力和促进潜力产业融合发展两层含义,即实现体育文化产业的内涵提升与外延式发展。江苏体育文化产业的规模和增加值持续扩大,体教、体卫、体旅融合联动发展初具形态,但在深化产业融合发展、打造特色体育文化产业品牌、促进多要素融合发展、扩大体育文化产业规模、实现业态的升级、为体育文化的发展探索更具潜力的空间等方面还有待进一步优化和提升。扩大体育文化产业的发展规模不仅需要产业部门根据市场环境的变化适度调整内部结构和制度以适应新的场域,还可以通过发挥体育的优势,整合多种要素,与其他产业的融合发展拓宽体育文化产业的发展边界,为体育文化的发展提供更加多元开阔的空间,以体育产业的高质量融合发展拓展江苏体育文化发展新场域。

(一) 推动"体文旅"产业的高质量绿色融合发展

在全球气候变化和深度贯彻新发展理念的背景下,体育与文化、旅游、科技等产业的深度融合,是推动体育文化产业向更加环保、可持续方向发展的重要路径。拓展体育文化产业发展规模需要根据体育文化产业发展现状,明确当下的发展优势和存在的短板,优先发展那些拥有强大发展潜力的新型绿色产业,比如体育旅游业、体育文化休闲业等。从产业关联的角度出发,对与新型产业密切相关且对其具有较大带动作用的文化产业进行优先发展,并推动关联度高的产业进行融合发展,形成产业集群。推进体育、文化、旅游三者之间的融合发展不仅是切实贯彻党的二十大报告中"建设现代化产业体系"的具体举措,也是新时代推动体育产业结构升级、托举体育文化高质量发展的重要途径。体育、文化与旅游(简称"体文旅")的三位一体发展不仅能通过为人民群众提供优质、高效的体育产品与服务,创新体育文化的发展形态,推动体育文化的绿色可持续发展,适应体育文化高质量发展的需要,同时也拓宽了体育文化的形成与发展空间,丰富了体育文化产业的文化内涵。

1. 强化"体文旅"产业发展要素和业态的融合

新一轮产业变革背景下,产业的深度交叉融合势不可挡,产业融合正在成为推动中国

经济高质量发展的重要动能。体育、文化与旅游产业三者服务内容的交叉以及共同具有公共消费产品的属性是实现"体文旅"融合发展的前提[1]。然而"体文旅"产业的融合发展不是简单的拼凑和嫁接，而是资源、内容和业态的全面深度整合，从而实现渗透式发展。"体文旅"三者的渗透发展可以激活各产业的活力，碰撞出体育文化的火花，提供独特的体育文化体验，延伸体育文化的发展空间。

2023年江苏文旅消费总额位居全国第一，显示出强大的市场潜力。未来江苏可以通过继续加大政策扶持力度，通过政策引领的宏观力量推动"体文旅"产业的深度融合发展，整合各类体育文化旅游资源，以文促旅，以体带文，提升体文旅产业的竞争力，彰显江南体育人文魅力。创新是发展的第一动力，基于江苏厚重的体育文化历史以及丰富的旅游资源和沿海等优势，可以探索"体文旅"产业融合发展的新模式，通过跨界合作和资源整合，打造更多具有地方特色的融合项目，通过技术赋能推动产业的融合，培育产业融合新业态，焕发江苏体育文化的生机与活力。比如2024在江苏苏州举办的"中国杯"国际定向越野巡回赛，将体育赛事与游览太湖风光、体验江南人文风情相融合，展现出"体文旅"融合发展的新体验和新亮点。

立足新一轮科技和产业变革，推动"体文旅"产业在资源、内容和技术方面的交叉融合。在资源跨界融合方面，可以通过深度整合江苏现有的文化休闲与体育资源，将民俗文化、观光游览、历史遗迹、便捷交通、地方美食、购物体验及娱乐活动等文化旅游元素盘活，构建起一个全面立体的"体文旅"资源体系，从而带动相关产业的集聚协同发展，打造一站式体育文化休闲服务站点。就内容融合而言，江苏可以以体育文化旅游为纽带，结合江南风光推出主题旅游产品，比如体育博物馆探访、民族体育项目体验、奥运场馆观光等，打造区域名片，让游客在参与中感受体育文化的深厚底蕴，同时有效激活并保护体育非物质文化遗产，实现江苏体育文化的时代性创新发展[2]。在技术融合层面，江苏可以以5G基建为基石，积极引入物联网、云计算、大数据等前沿信息技术，改造和创新"体文旅"产业的运营模式，提升运营效率和质量。例如，可以通过云上展览、VR全景参观、全息投影再现体育历史画面等创新形式，突破物理时空的界限，重新定义"体文旅"消费的场景。同时，加强与携程、美团等主流在线旅游平台的合作，通过平台的共享共建，全方位展示江苏各类体育主题公园、体育旅游示范基地及运动休闲小镇等"体文旅"融合项目的风貌，提供线上咨询服务，实现线上线下无缝对接，推动"体文旅"产品的深度融合与广泛传播。

2. 打造江苏"体文旅"特色文化品牌

体育文化产业的竞争实质上是品牌的竞争，品牌是一种无形的资产，产业品牌的打造不仅能提升产业的整体价值，还可以通过品牌的力量传递体育文化。体育文化品牌既可以指各地按照当地体育、文化与旅游的地区特色和民族文化特点打造的承载地方文化符号具有鲜明标识的品牌，也可以广泛地包含品牌拥有者通过充分发挥品牌的文化效应使

---

[1] 杨铭.黄河口地区"文体旅"深度融合发展的理论内涵与实现路径研究[J].体育与科学，2022，43(1):104-112.
[2] 陆林，李天宇，任以胜，等.乡村旅游业态：内涵、类型与机理[J].华中师范大学学报(自然科学版)，2022，56(1):62-72,82.

得该体育文化品牌突破地域的限制实现进一步发展,甚至成为世界人民的物质和精神财富[①]。

品牌的打造首先在于品牌的定位,品牌的定位决定了品牌的主要辐射地区和人群等,比如江苏基于自身定位打造的"水韵江苏"品牌,并成立了"水韵江苏"的全球传播中心,建立起文旅全球传播的体系,使江苏的文化特质面向世界,为讲好江苏故事,全面提升"水韵江苏"品牌在国际旅游市场的影响力和美誉度,助力江苏打造世界级旅游目的地,以及"体文旅"融合的高质量发展提供支撑。"水韵江苏"品牌的成功是"体文旅"融合背景的具象化表达,在"体文旅"融合发展的趋势下,江苏体育文化受江苏文化的熏陶与影响,二者既有共性也有个性,江苏可以进一步扩大水韵江苏的内涵,将体育文化融入水韵江苏品牌的发展过程中,以"体文旅"的融合发展为水韵江苏品牌建设注入新的活力,提升文化竞争力。通过打造传播矩阵,延伸品牌价值链,加强品牌IP价值的开发,孕育独特的文化符号,提升文化产品的服务质量,实现以特色鲜明的"体文旅"文化品牌开辟江苏体育文化发展的新局面。

打造江苏"体文旅"特色文化品牌,不仅能进一步打造江苏对外宣传的新形象,还能有效带动相关产业的协同发展,为江苏经济文化的发展注入新动能。江苏坐拥长江之畔,毗邻浩瀚海洋,其境内河流纵横交错,每一片地域都承载着深厚的历史积淀与文化韵味,比如金陵文化的典雅、吴文化的温婉、淮扬文化的精致以及楚汉文化的豪迈,沿长江的风光、扬州大运河的深厚古韵、沿海的别样景致、洪泽湖的壮阔以及太湖的柔美等,这些自然景观都构成了江苏打造特色"体文旅"品牌的坚实基石。在沿江与沿湖区域,得天独厚的自然条件为体育活动的蓬勃开展提供了显著优势,也为打造具有鲜明地域特色的体育品牌创造了无限可能。诸如"环太湖体育圈""长三角体育圈""东陇海体育线""沿海体育走廊""沿江体育带"等项目的成功实施,正是通过区域间的紧密合作与资源共享,巧妙地将地理优势与体育、旅游、文化等要素深度融合,实现了沿江、沿海体育事业的协调发展与影响力的最大化。凭借此优势,江苏沿江、沿海流域的各城市应秉持大局观,统筹规划,分步实施,将构建完善的公共体育服务体系作为核心任务,围绕某一特色体育项目深耕细作,逐步树立起地区独有的体育品牌形象,并以此为契机,推动体育文化向更高水平、更深层次迈进,逐步实现江苏体育文化的高质量发展。

(二)促进各地区体育文化产业协调发展

"十四五"期间,江苏体育文化产业发展取得瞩目成绩,体育文化产业规模和增加值持续增长,但分地区来看,苏北、苏中和苏南地区仍存在发展不平衡的情况,主要表现为资源共享不够均衡和体育消费的差异以及文化风貌的不同。除了促进江苏体育文化产业规模壮大之外,还要关注地区之间的差异,尊重各地文化,进一步破解发展不平衡问题,推动江苏体育文化产业的地区协调,实现江苏体育文化的全面繁荣发展。

---

① 梁华伟.地方特色体育文化资源开发与品牌战略研究:兼论焦作市太极文化产业发展[J].广州体育学院学报,2011,31(2):44-47.

第一,可以通过政策支持加强对苏北地区的扶持,推动资本、人才等要素的流动,为体育文化产业的发展提供物力和智力支持,制定优惠的投资、消费、税收、财政、产业联动政策,营造良好的体育环境政策,刺激体育文化产业发展,带动体育消费市场。

第二,应深度了解地区文化差异,体育文化是社会文化的重要组成部分,江苏体育文化与江苏社会文化密不可分,而江苏文化孕育出了具有不同内涵的文化分支——江南的吴文化和江北的徐文化,由于地理环境的差异以及文化底色的差异,其体育文化也会存在差异,如连云港沙滩排球发展较为突出。要尊重各地文化特色,深入领悟不同的体育文化内涵,根据江苏各地体育项目的优势与特色制定发展策略,培育出一批特色鲜明的区域体育文化产业,形成江苏体育文化产业集群,展现江苏体育文化的独特风貌。

第三,根据江苏的政策支持力度以及各地区经济发展水平、产业基础和资源禀赋等方面的不同,因地制宜,创新各地"体文旅"融合发展体制机制,构建以"体育—文化—旅游"为核心的一体化平台体系,以江苏各地区特色"体文旅"产业品牌的打造形成助推江苏各地区体育文化产业协调发展的合力。首先,要进一步强化江苏体育产业的引领作用,通过精心策划与布局,立足江苏体育文化发展优势,推出体育精品项目与特色品牌赛事,扩大体育文化产品与服务的供给范围。例如,徐州市体育局全力提升品牌影响,壮大赛事经济,打造以淮海经济区运动会为引领,以农民运动会、机关运动会、社区运动会为支撑,以徐州马拉松赛、铁人三项赛、淮海经济区"三大球"联赛为核心的层次分明、特点突出的徐州体育赛事矩阵。其次,要突出和深化体育文化产业的优势地位,打造具有时代特色和地域特色的体育文化价值高地。通过激发江苏体育文化的创新活力,营造出浓厚的体育文化融合氛围,体育文化产业将为体育产业与旅游产业注入力量,为二者的发展提供丰富的文化内涵与创意支持,从而促进二者实现更高质量、更深层次的融合发展。最后,旅游产业需持续推动供给侧结构性改革,各地区根据自身的资源优势结合体育项目加大产业要素的投入与供给,推动体育旅游文化产品与服务的创新进程,以横纵交织的方式拓宽体育文化产业的空间布局,进一步深化旅游产业、体育产业与文化产业的跨界融合,通过精细化对接与协作,共同塑造体育、旅游、文化三位一体的产业集群融合发展新生态,以局部"体文旅"高效的产业联动赋能江苏各地区体育文化产业的平衡协调发展,从而进一步提升江苏省"体文旅"产业的整体竞争力,拓宽江苏体育文化产业的影响力。

三、以体育文化产业的数字化推动江苏体育文化的创造性转化

体育文化产业的发展为体育文化的传播带来了丰富的传播内容、浓厚的文化氛围、共同的价值体验、先进的传播技术等,体育文化产业的发展不仅对体育文化的发展甚至对整个社会系统文化的发展都具有重要意义。而同时传媒产业的发展以及媒介技术的更新使得体育文化产业向着全球化和融合化的方向发展,推动体育文化产业的转型升级。体育文化的高质量发展离不开数字化的加持,以数字新质生产力促进体育文化产业的高质量发展,从而构建起体育文化发展的新增长点,一方面通过智能穿戴设备等技术转变体育行

为文化参与方式,另一方面以元宇宙、AR等数字技术打造体育赛事观看新体验,盘活江苏体育文化,实现江苏体育文化的创造性转化和创新性发展。

(一)数字技术催生体育文化发展新形态新场景

智能技术给媒介的传播生态带来变革,改变了实践体育和观赏体育的参与形式,催生出新的文化形态,技术赋能使得文化传播得以打破壁垒,演变出新的文化传播符号,创造了体育文化传播的新场景。在数字科技的强劲驱动下,体育文化的演进展现出了前所未有的多元化形态与丰富场景,为体育事业的蓬勃发展注入了强劲的新动力。实现体育文化产业对江苏体育文化高质量发展的赋能需要利用好数字技术对体育文化产业的可供性,打造集娱乐、教育、体验等于一身的江苏体育文化传播新场景[①]。

加强体育文化产业的数字化发展,推动体育场馆、体育制造、体育健身等产业的科学绿色转型,更新体育产品的形态和服务方式,江苏已经通过引入大数据、互联网等技术,对体育场馆进行了智慧化升级。智慧体育场馆不仅提高了运营效率,还为市民提供了更便捷、更智能的健身体验。例如,苏州湾体育中心通过整合数字化运营能力,配备了人脸识别自主进出、智能手环、更衣柜等智能化设施,以新业态升级体育文化服务,扩充体育文化发展的空间。在群众休闲体育方面,数字化主要影响着实践体育文化的呈现方式。线上健身平台则打破了时间和空间的限制,让用户可以在家中就能享受到专业的健身课程。这些平台不仅可以为用户提供内容丰富且专业科学的健身视频教程,还可以通过智能算法分析用户的身体状况和运动习惯,为其量身定制健身计划。进一步而言,线上健身服务平台通过融入社交互动机制,允许用户在该平台上展示个人的健身成效,并就健身体验与心得进行广泛而深入的交流,这极大地促进了正向、激励性的健身社群文化的构建,营造了积极向上的健身环境。

除了实践体育之外,观赛体育的数字化发展也至关重要,江苏推动体育竞赛表演与数字化的融合,促进数字体育的发展,加强数字技术基础设施的建设,提升数字技术整合运用能力,以体育竞赛的数字化推动体育文化的创新发展[②]。如提升4K等高清技术运用的稳定性,提升江苏体育赛事的转播服务能力,通过元宇宙的打造以及VR、人工智能技术的成熟运用为观众提供沉浸式的观赛体验,满足用户的情绪情感需求,加强赛事转播的互动性和娱乐性,通过数字技术的赋能实现体育文化的创新表达,让观众感知体育文化的魅力。

(二)媒介融合开创江苏体育文化传播新局面

不同媒介时代为体育文化的传播开创了不同的可能性,自媒介融合提出以来,经过十年的探索与发展,传统媒体与新媒体的深度融合拓宽了体育文化的传播深度与广度。媒

---

① 潘凯凡,沈克印.以数字新质生产力推动体育产业高质量发展的内在机理、阻滞因素与推进策略[J].体育学刊,2024,31(2):7-14.
② 王永杰,刘青.数字经济赋能体育竞赛表演业高质量发展:生成逻辑、阻滞困境与实践进路[J].沈阳体育学院学报,2024,43(3):114-121.

介化时代,体育文化的传播与大众传媒密不可分。

媒介的发展影响着体育文化的传承与传播,甚至可以说媒介与体育的融合一定程度上塑造了新的文化形态,为体育文化的传播开创了新的局面,其一方面体现在媒介资源的整合上,如体育与电视的结缘初步创造了体育媒介化的体育文化奇观,催生的体育明星等文化形态促进了体育文化产业的发展①。乘着媒介化的东风,江苏可以进一步加强体育媒介资源的整合和利用,推动体育与媒介的深度融合,协调各地区体育媒介资源的分配,打造体育文化传播矩阵,扩大江苏体育文化的传播量。

另一方面体现在传播内容的创新上,体育文化的传播依托于具象化的体育文化内容,江苏体育文化内涵丰富,与江南地域文化相伴相生,深挖江苏体育文化内涵,体念江苏体育精神,并根据不同媒介的特性打造易于传播的体育文化内容,如江苏运动员故事会、江苏体育与人文风貌纪录片等,丰富江苏体育文化的呈现形式,实现体育文化的全场域覆盖与传播,创造出江苏体育文化可持续性高质量发展的竞争潜力。

江苏体育文化产业需要强化媒介融合与互动策略,以此拓宽多元化的收入渠道。当体育文化产业深深植根于媒介的沃土之中,其资源整合的广度和深度将得到显著提升,从而更容易吸引来自政府、商业实体及社会机构的资金注入。例如,江苏徐州多家体育企业通过"阳光体育贷"和"徐体贷"专项金融服务获得近5 000万元资金帮扶②。在此基础上,体育产业能够更灵活地遵循市场规律,与各类资源主体共谋发展。借助媒介资源的强大支撑,体育文化产业不仅能够稳固现有市场,还能在探索新领域的道路上大步前行③。这些领域包括但不限于体育经纪、体育营销、体育中介等专业化服务公司,及其推动体育特色小镇、体育VR体验、体育旅游等新兴业态的开发与运营。

(三) 复合型人才培养为江苏体育文化发展注入新动力

体育文化产业的创新是推动其持续发展的关键,在深度媒介化时代,体育文化产业与体育文化的发展都离不开技术的可供性,而兼具数字处理能力和文化创意能力的复合型人才能够成为体育文化创新的重要源泉,体育文化产业助推体育文化的高质量发展需要依托于高素质的人才团队。

江苏体育文化产业领域兼有体育产业运营才能和体育文化涵养的复合型数字人才相对而言较为短缺,而策划和管理方面的人才也相对储备不足,在用人机制上也存在一定的固化和死板,这干扰和模糊了管理决策层的人才观。采用行政命令式的管理模式,不仅难以调动员工的积极性与创造力,加之缺乏针对文化创意人才的有效激励机制,这无形中抑制了具备开拓精神和创新能力的杰出人才的潜能挖掘,进而对体育文化产业的整体竞争力构成了显著制约。此模式不利于体育文化产业在江苏体育文化领域充分发挥其赋能作

---

① 赵晓琳,竺大力.新时期传媒对体育文化产业的影响分析[J].广州体育学院学报,2018,38(2):28-31,47.
② 江苏省体育局.江苏体育亮点·城市巡礼——徐州:聚力蓄力为体育筑梦[EB/OL].(2024-01-11).http://jssryj.jiangsu.gov.cn/art/2024/1/11/art_90064_11122596.html.
③ 赵晓琳,竺大力.媒介深度参与与国外体育文化产业发展经验探析[J].广州体育学院学报,2019,39(1):57-59,73.

用,阻碍了其有效推动与发展。技术对体育文化产业的推动以及进一步对体育文化传播的赋能离不开人才的支撑,无论是数字体育的发展还是媒介与体育的融合都需要具备跨学科、跨领域的复合型人才的配套运转。

因此,江苏要培养高质量的综合性人才,促进体育文化产业的创新发展,为体育文化的发展凝心聚力。江苏需要明确顶层设计,完善人才补贴、人才引进等配套的政策体系,以人力资源的开发与培养为重点,加强后备人才的储备工作。江苏需要注重国际合作与交流,依托国际学术会议、文化单位和名牌企业等平台,加强人才培养的互动合作,推进跨地区联合培养人才机制的升级。以江苏体育文化为核心,培养包括运动员、教练员、经纪人员、营销人员、技术人员等在内的各个方面的专业人才,通过多方面挖掘和培养人才,发挥人才的引领作用,使得体育文化产业的文化价值得到准确生动的表达。江苏还需加强校企合作,依托江苏雄厚的高等教育基础落实"需求导向"的培养策略,细化人才培养方向,坚持问题与结果双导向,理论与实际相结合,确保具有数字化等基础能力的高质量人才的稳定输出。江苏高校应加强产教融合的人才培养体系,立足江苏体育文化传播实际,加强体育文化素养的涵化,注重培养学生的国际视野和跨文化交流能力,协调实践能力与创新能力的塑造,致力于培养复合型人才,为提升江苏体育文化吸引力和传播力持续发力,不断奋进,逐渐形成一支意识强、素质高、业务强的体育文化工作者队伍。江苏要加强企业、高校、研究机构及训练队之间的紧密合作,建立产学研训一体化的合作机制,紧密围绕实际运营与市场需求,策划并实施一系列融合实践与创新的项目,特别注重吸纳体育专才与文化创意精英,共同推动体育文化产业与体育文化的进步。在项目的实践过程中要融入对江苏体育文化的解读,使体育文化产业焕发文化内涵,进一步加深其对于江苏体育文化的认同感,从而为产业注入更深层次的文化价值。

四、体育文化产业塑造江苏体育文化品牌对外传播形象

体育文化产业是以体育为载体的一种产业形式,集经济属性与文化理念于一体,作为一种新兴的产业模式,体育文化产业在推动江苏经济文化发展中发挥着重要的作用。体育文化产业属于文化的范畴,因而也符合文化传播的特点,发挥和扮演着文化传播促进社会发展的重要功能和角色。江苏体育文化是塑造江苏名片、打造江苏文化品牌的重要形式。体育文化产业的发展,对于强化体育文化创新能力、构建并传播具有江苏特色的体育文化品牌形象、增进江苏体育文化在国际舞台上的交流互动能力,以及全面提升江苏在全国体育文化领域的综合竞争力等方面都具有深远意义。传播力强、影响力大是衡量体育文化高质量发展的重要标准,因此以体育文化产业的发展塑造江苏体育文化传播新形象,要从传播的硬实力和软实力出发,切实加强江苏体育文化传播实力,打造江苏体育文化对外人文交流品牌,为江苏体育文化的高质量发展营造优越的内部和外部环境,推动江苏体育文化迈向新的发展阶段。

第十章 新发展阶段体育文化产业助推江苏体育文化高质量发展

(一) 提升体育文化传播的硬实力和软实力

体育传媒在体育文化产业中占有重要地位,深刻影响着体育文化产业的发展。体育文化的传播与体育传媒相互依存,体育传媒产业是提升江苏体育文化传播力、促进江苏体育文化高质量发展的重要力量,体育文化的传播背靠传媒产业的壮大。体育传媒对体育文化传播的影响主要包括对赛事的传播、对体育品牌的传播以及对体育精神文化的解读与传播等方面。在实现江苏体育文化高质量发展的过程中,体育传媒的功能无可替代。面临媒介融合走入深水区的现实,江苏可以进一步通过传媒产业的集约化发展,开创江苏体育文化传播"构矩阵,重内涵,筑精品"的新思路。

第一,提升体育文化传播的硬实力,为江苏体育文化传播奠定坚实基础。体育文化传播的硬实力不仅体现在先进的传播技术上,从一定程度上来说,传媒资源的集团化、产业化发展也是提升其传播实力的重要因素。推动体育传媒与体育文化的深度融合,首先需要促进体育传媒产业市场化与资本化,为媒介资源介入体育文化产业打通脉络,推动二者资源的融合发展,以体育传媒推动体育文化产业,带动体育文化的裂变传播。其次推动体育传媒产业的关联互动发展,以媒介的力量带动关联产业的发展,夯实体育文化产业的地基,如通过与媒介合作提升特色体育表演的价值等,吸引更多领域加入对体育文化产业的发展中,壮大体育文化产业力量,夯实体育文化传播硬实力,延长体育文化的产业链,提升体育文化的附加值。

第二,最大限度发挥体育媒介的核心作用,讲好江苏体育文化故事,深化对江苏体育文化的价值认同,加强体育文化传播的亲和力。体育作为社会文化架构中不可或缺的一环,其发展远非单纯依赖体育场地设施的完善所能涵盖。更为关键的是,需同步强化体育文化环境与氛围的精心培育,体育文化传播所蕴含的力量,对于体育领域的深层次发展具有不可估量的价值。这一过程不仅关乎体育物理空间的构建,更在于体育精神文化层面的深耕细作,旨在营造一种全面、立体且富有活力的体育文化生态。

第三,扎根江苏的体育文化发展历史,根据江苏竞技体育、群众体育、学校体育等的发展历程,深耕体育文化内涵与时代精神的挖掘。江苏还可以在前期体育文化传播的基础上进一步积极推动体育文化创新发展,举办体育文化创意与设计大赛等活动,带动人民群众参与到江苏体育文化的讲述与传播过程中,增强江苏体育文化的吸引力和感召力。未来秉持以人民为中心的思想,江苏体育文化的传播要延续贴近实际、贴近生活的思路,体现江苏体育文化的时代性,聚焦人民群众的生活,避免"假大空",用人民群众喜闻乐见的方式传播江苏体育文化,体现江苏体育文化的生活本质,将体育文化融入人民生活的日常实践中。

(二) 打造江苏体育对外人文交流新品牌

体育文化的高质量发展不仅体现在对内凝聚社会共识,增强文化自信,也表现在国际交流中的影响力与竞争力。体育文化产业塑造着不同维度体育文化传播的形象,江苏体育文化产业是对内展示江苏体育文化形象的重要途径。此外,江苏体育文化产业亦承载着推动中国体育文化国际化传播、深化地区间体育文化交流的职责。推动体育文化走出去，不仅是扩大江苏体育文化影响力、向全球展现中国各地域特色体育文化风貌的重要渠道，而且是中国文化自信在更高层次、更深维度的具体展现。这一进程不仅促进了体育文化的交流与融合，还强化了国家文化形象的多样建构，对体育文化的长远发展具有战略性的重要意义。民族的也是世界的，江苏体育文化的高质量发展不仅要对内深化体育文化的凝聚力，也要对外展示江苏体育文化的风采，塑造江苏体育文化名片，让世界各地人民体会和了解到江苏体育文化的独特魅力。

提升江苏体育文化对外影响力，首先要鼓励多渠道的对外体育文化交流活动，加强各组织各团体之间不同的体育文化交流活动，依托不同团体的属性，以及国家"一带一路"等倡议，创新体育文化交流的形式，讲好体育对外交流中的"江苏故事"，实现江苏体育文化对外交流的立体化、宽领域、多层次的发展，从对外交流中碰撞出体育文化发展的新火花，并在此过程中建造一批稳定的体育文化对外交流品牌[①]。其次，深化体育领域的对外投资与贸易合作，是江苏体育文化走向世界、实现国际化的关键路径。通过体育产业的海外拓展，积极构建并推广独具江苏特色的体育文化品牌，采取"造船出海"或"借船出海"策略，在国际交流与碰撞中坚守江苏体育文化的根基与特色，同时吸纳全球体育文化的精髓，实现兼容并蓄、去芜存菁，进而激发江苏体育文化的创新活力，增强中国特色地域体育文化在国际舞台上的交流力与影响力，推动江苏体育文化软实力迈向新高度。最后，要持续致力于构建一支专注于双实力（即体育竞技实力与文化交流能力）并进的体育人才梯队。通过积极倡导政府、高等教育机构、企业及社会各界的广泛参与和深度合作，共同为培育具备全球视野和深厚人文底蕴、勇于创新的跨国界、跨文化体育交流使者倾注智慧与资源，以推动江苏体育文化视野的全面发展与国际交流的深化[②]。

（三）彰显江苏体育文化的人文底蕴，营造浓厚体育文化氛围

体育是人类共通的语言，体育文化的传播是一个互动交流的过程，绝不是单向度的灌输。体育人文交流正是将体育文化中的正能量和暖价值进行加工转化从而呈现出来。习近平总书记曾指出："讲清楚中华优秀传统文化是中华民族的突出优势，是我们最深厚的文化软实力。"体育文化的灵魂是人文精神，是人文关怀，是人文价值观。人民是体育文化的创造者、享受者与继承者，这一角色定位决定了体育文化的传播与人文交流必须紧密围绕人的需求与发展，坚持人本理念，深耕人文土壤，以此推动体育文化的广泛交流与繁荣。

中华体育文化的鲜明底色就在于以人为本的价值取向，具体到个性的江苏体育文化也是如此。在发展江苏体育文化产业的过程中，要高度重视对江苏本土体育文化人文价值的深度挖掘与弘扬，让体育文化能够深深扎根于广大人民群众的日常生活之中，成为滋养民众精神世界的重要源泉。如此不仅能够促进江苏体育文化的繁荣发展，更能在全社会范围内营造出一种积极向上、和谐共生的文化氛围，为构建社会主义文化和体育强国贡

---

① 钟秉枢,张建会."十四五"时期体育人文交流面临的挑战及实现路径[J].体育学研究,2021(2):1-10.
② 苟明,杨辉.体育强国背景下提升体育文化整体实力的路径研究[J].成都体育学院学报,2016,42(1):18-22.

第十章
新发展阶段体育文化产业助推江苏体育文化高质量发展

献力量。

一方面,依托体育文化产业,构建体育文化共同体,实现各体育文化系统内部的紧密联结,如竞技体育文化与群众体育文化、学校体育文化的联结,深化体育文化与社会文化的融会贯通,让人民群众参与到体育文化的构建中来,以情感驱动对体育的选择[①]。公共体育文化设施是公众进行体育活动、体验体育文化的基础。江苏人均体育面积位居全国第一,未来在维持这一优势的同时要进一步对公共体育文化服务提质增效,加大投入力度,完善体育场馆、健身路径等基础设施建设,为广大人民群众提供便捷、优质的体育健身服务,同时注重体育设施的文化内涵建设,将江苏的地域文化、历史文化等元素融入其中,提升体育设施的品位和吸引力。

另一方面,体育文化的发展离不开对体育价值的认同、体育精神的传承以及体育活动的科学正确参与。实现全民健身下体育文化的广覆盖,体现健康中国的勃勃生机,借助体育文化产业的广度,加强体育文化的普及,首先要加强体育技能的培训和知识的普及,为培育生活化体育文化提供基础;其次加强体育指导等力量的深度介入,构建起在全社会范围内普遍具备体育知识、具备实践能力且热爱体育的良好风尚,将抽象的体育文化精髓转化为广大人民群众实际参与的体育活动,生动展现江苏体育文化所蕴含的蓬勃生机与鲜明活力,让体育成为大众生活方式的一部分,切实提升江苏体育文化的实践性和感染力[②]。以体育文化产业为机,将江苏体育文化与民生建设相结合,让体育文化进入社会各个结构中,实现江苏体育文化地域与人文、体育与生活的和谐发展。

体育文化与体育文化产业是相互依存相互促进的,体育文化的深层力量对于厚植体育文化产业根基、驱动体育文化产业发展必不可少,而体育文化则以其独特的魅力,为体育文化产业的持续繁荣提供了丰富的思想内涵与不竭的创新灵感。在两者相互交织、碰撞的过程中,体育文化与体育文化产业展现出一种趋势上的高度契合与内涵上的相互呼应。这种基于共融、共进、共筑原则的发展模式,不仅促进了体育文化产业与体育文化自身的协同发展,更为体育强国与文化强国建设汇聚了强大的精神力量与物质支持。

---

① 任海.聚焦生活,重塑体育文化[J].体育科学,2019,39(4):3-11.
② 黄莉.建设体育强国进程中的体育文化高质量发展研究[J].首都体育学院学报,2024,36(2):125-133,144.

结 语

随着中国经济社会的快速发展和人民生活水平的持续提高,体育文化作为现代社会文明进步的重要标志,其高质量发展已成为推动社会全面发展的重要力量。特别是在新发展阶段,江苏作为我国经济繁荣与文化底蕴交相辉映的典范地区,其体育文化的高质量发展更是具有举足轻重的意义。习近平总书记强调:"理念是行动的先导,一定的发展实践都是由一定的发展理念来引领的。发展理念是否对头,从根本上决定着发展成效乃至成败。"由此可见,体育文化的高质量发展,需要正确的发展理念引领。从2019年的《体育强国建设纲要》到2020年习总书记发表"体育是展示国家文化软实力的重要平台"的重要论述,再到2024年党的二十届三中全会通过的《中共中央关于进一步全面深化改革 推进中国式现代化的决定》中提出深化文化体制机制改革重大任务,这些政策与理念都成为引领体育文化高质量发展的重要顶层设计。立足新发展阶段、贯彻新发展理念、构建新发展格局,江苏体育肩负着为"强富美高"新江苏建设的深化与拓展贡献力量和为全面建设体育强国探索新路径的先锋使命。

当前,江苏体育处于重要的战略机遇期,并且这一时期的机遇与挑战均呈现出新的面貌与复杂性。因此,从理论和实践层面对江苏体育文化的高质量发展做出一定的探索具有重要意义。本研究立足于新发展阶段江苏体育文化高质量发展的背景,深入分析体育文化高质量发展的理念,从制度文化、物质文化、行为文化、精神文化四个维度,提炼出创新力足、包容性大、生态性好、联结性强、融合度高五个特征,在此基础上建构起一套行之有效的体育文化高质量发展的评价指标体系。通过对江苏体育历史的简要梳理,透视蕴含其中经久不衰的体育文化,为持续推动江苏体育文化的高质量发展寻找思想资源。通过对江苏体育文化的回溯,明确江苏体育文化的优势所在,为厘清江苏体育文化高质量发展的着力点和关键点提供依循。江苏体育文化高质量发展是不断探索与实践的过程,需要寻找破解和革新之道。对此,本研究从加强体育文化政策制度建设、完善体育文化服务设施建设、挖掘融合体育文化特色、健全体育文化人才培养、打造新媒体宣传矩阵、增加体育文化交流合作、提升体育文化价值影响等层面总结出江苏竞技体育文化、江苏群众体育文化、江苏学校体育文化、江苏民族传统体育文化以及江苏体育文化产业实现高质量发展的建设路径,构建江苏特色"体教融合"的新发展格局,推动"体文旅"产业的高质量绿色融合发展。

习近平总书记强调,"十四五"时期,要科学研判体育发展面临的新形势,坚持问题导向,聚焦重点领域和关键环节,深化改革创新,不断开创体育事业发展新局面。体育文化的高质量发展对促进体育事业打开新局面至关重要,同时,又要认识到体育文化高质量发展是一项长期和艰巨的任务。以创新、协调、绿色、开放、共享的新发展理念为指引,从政治、经济、文化、社会、生态文明的角度来布局,推动江苏全民健身与健康中国战略的深度落实,加大中华体育精神与奥林匹克精神的宣传教育力度,为中国体育文化发展和社会主义现代化强国建设汇聚强大的精神力量。

参考文献

[1] 江苏省体育局.《江苏体育发展"十四五"规划》解读[EB/OL].(2021-12-22)[2024-02-23]. https://jsstyj.jiangsu.gov.cn/art/2021/12/22/art_79908_10222143.html.

[2] 孙淑慧.为筑牢体育强国根基凝心聚力:《"十四五"体育发展规划》体育文化内容解读[EB/OL]. (2021-11-08)[2023-11-28].国家体育总局.https://www.sport.gov.cn/n315/n331/n405/c23705368/content.html.

[3] 江苏省体育局.《江苏省贯彻体育强国建设纲要实施方案》解读[EB/OL].(2020-07-16)[2024-07-24].https://jsstyj.jiangsu.gov.cn/art/2020/7/16/art_79908_9559771.html.

[4] 国家体育总局.发展体育文化助推江苏体育事业迈上新台阶[EB/OL].(2020-07-28)[2024-07-20].https://www.sport.gov.cn/n14471/n14481/n14518/c957800/content.html.

[5] 中华人民共和国中央人民政府.江苏:到2025年城乡居民体育消费总规模超3 000亿元[EB/OL].(2023-09-05)[2024-08-25].https://www.gov.cn/lianbo/difang/202309/content_6902242.htm.

[6] 王成.江苏体育文化发展探析[J].体育文化导刊,2012(10):5-8,37.

[7] 江苏省人民政府.江苏省政府2024年政府工作报告[EB/OL].(2024-01-29)[2024-06-28]. https://www.js.gov.cn/art/2024/1/29/art_33720_11138104.html.

[8] 刘志强.我国体育消费者的需要、动机和行为的研究[J].西安体育学院学报,2000,17(2):10-12.

[9] 江苏省人民政府.我省"十四五"消费促进规划出炉 2025年基本形成消费主导型社会[EB/OL]. (2022-01-01)[2024-07-25].https://www.jiangsu.gov.cn/art/2022/1/1/art_60096_10276199.html.

[10] 张森材,马砺.江苏区域文化研究[M].南京:江苏古籍出版社,2002.

[11] 张梦瑶.新时代体育强国建设的多维思考[J].理论视野,2024(7):64-69.

[12] 罗时铭,谭华.奥林匹克学[M].北京:高等教育出版社,2007:304.

[13] 张雄.南京体育学院在江苏"体育强省"建设进程中的地位与作用[J].南京体育学院学报(社会科学版),2010,24(1):1-4.

[14] 程俊彰.新经济背景下体育消费升级制约因素与发展路径研究[J].文体用品与科技,2024(13):67-69.

[15] 曾君玲,杨春,杨培喜,等.2017年广州市黄埔区居民健康素养现状及影响因素分析[J].华南预防医学,2020,46(4):430-434.

[16] 向春玲.健康中国需要提升全民健康素养[EB/OL].(2020-10-15)[2024-11-25].http://www.xinhuanet.com/politics/2020-10/15/c_1126613057.htm.

[17] 中华人民共和国中央人民政府.居民健康素养水平稳步提升[EB/OL].(2022-06-14)[2024-02-24]. https://www.gov.cn/xinwen/2022/06/14/content_5695539.htm.

[18] 秦博.基于体育通识选修课的大学生心理健康教育深化对策探究[J].中国多媒体与网络教学学报(中旬刊),2023(7):212-215.

[19] 孙志伟.多元体育文化的重塑与发展审视[M].北京:中国书籍出版社,2021.

[20] 刘亦武.论当代中国体育文化发展的主要方向[D].上海:华东师范大学,2007.

[21] 孙立红.体育文化创新发展研究[M].长春:吉林出版集团股份有限公司,2023:1-8.

[22] 路俊奇,张红阳,高建华,等.中华体育精神文化融入高校高质量育人的发展路径研究[C]//2024高等教育教学研讨会论文集(上册).郑州:河南农业大学,2024:114-116.

[23] 何宁宁,丁毅,刘晨曦,等.体育强国视域下中外体育文化比较[M].上海:东华大学出版社,2022:1-8.

[24] 易剑东.体育文化学[M].北京:北京体育大学出版社,2006:6.

[25] 杨文轩,陈琦.体育原理[M].北京:高等教育出版社,2004.

[26] 郭春阳,张志国,郭耿阳.体育文化理论发展研究[M].北京:新华出版社,2017:1-35.

[27] 黄世钧.论体育文化的教育功能[J].安徽体育科技,1999,20(2):37-39.

[28] 周冰.多元视域下的体育文化发展研究[M].长春:吉林大学出版社,2021.

[29] 刘长春.大学生体育行为文化现状及影响因素研究:以广西师范学院为例[D].南宁:广西师范学院,2014.

[30] 马克思,恩格斯.马克思恩格斯全集(第3卷)[M].北京:人民出版社,1960:52.

[31] 孙洁.体育文化研究的多向度审视[M].天津:天津科学技术出版社,2020:1-23.

[32] 李浩朱.现代体育文化传播与发展的再审视[M].北京:九州出版社,2016:47-57.

[33] 童昭岗.人文体育:体育演绎的文化[M].北京:中国海关出版社,2002.

[34] 牛亚莉.体育文化论[M].兰州:甘肃人民出版社,2005:71-150.

[35] 李宝芳.英国城市复兴中的文化因素及其对我国的启示[J].生产力研究,2010(2):168-169.

[36] 刘蓓祺.建设体育强国背景下体育经济的重要地位及其发展策略[J].文体用品与科技,2023(10):71-73.

[37] 王成,张鸿雁.英国体育城市创建的实践、成因与启示[J].武汉体育学院学报,2015,49(6):24-30.

[38] 项红军,刘英林,刘芦萍.论中国古代体育文化的发展历程[J].西安体育学院学报,2004,21(5):42-44,62.

[39] 范靖秋,李君灵.宋朝休闲体育的繁荣及对当代体育发展的启示[J].忻州师范学院学报,2020,36(5):104-107.

[40] 李莹,李雨衡.元明清时期西南土司府衙中的贵族体育研究[J].山东体育科技,2016,38(5):17-23.

[41] 王志彦,杨怀宇.金元明清时期女真、满族体育项目及对东北体育文化的影响[J].牡丹江师范学院学报(自然科学版),2023(2):50-55.

[42] 单清华,王振涛,刘莹,等.儒家文化对中国古代体育发展的影响以及现代价值探究[J].体育与科学,2007,28(4):60-61,81.

[43] 朱镜松.竞技体育精神对中国传统文化的影响研究[C]//第十一届全国体育科学大会论文摘要汇编.上海:上海体育学院,2019:4114-4115.

[44] 卢元镇.中国体育社会学[M].北京:北京体育大学出版社,2004.

[45] 白晋湘.论中国民族传统体育文化与西方竞技体育文化的冲突与互补[J].北京体育大学学报,2003,26(3):295-296.

[46] 田野. 改革开放以来中国体育文化成就与发展战略[J]. 体育文化导刊,2019(3):1-5.

[47] 谭华. 新中国体育的重大转折:1978年以后体育战线的三年调整[J]. 体育文史,1999(5):12-14.

[48] 王丽娟,周波. 中国体育管理体制改革二十年[J]. 福建体育科技,2002,21(6):4-6.

[49] 哈斯图雅,周庆柱,青格勒图. 改革开放三十年的中国体育文化发展和研究[J]. 内蒙古师范大学学报(哲学社会科学版),2008,37(6):24-28.

[50] 陶华滨,刘中革,王春. 体育文化研究[M]. 北京:中国社会出版社,2002:134-151.

[51] 胡鞍钢,方旭东. 全民健身国家战略:内涵与发展思路[J]. 体育科学,2016,36(3):3-9.

[52] Liang L Q. Construction of sports culture discourse power in the new media era[J]. Frontiers in Educational Research,2023,6(4):22-26.

[53] 杨越. 新时代电子竞技和电子竞技产业研究[J]. 体育科学,2018,38(4):8-21.

[54] 谭白英,邹蓉. 体育旅游在中国的发展[J]. 体育学刊,2002,9(3):22-25.

[55] 高贺,付志华,陈颇,等. 我国体育用品制造业转型升级与服务业发展的关系研究[J]. 体育学研究,2019,33(6):64-70.

[56] 沈克印,吕万刚. 体育产业供给侧改革:投入要素、行动逻辑与实施路径:基于社会主要矛盾转化研究视角[J]. 中国体育科技,2020,56(4):44-51,81.

[57] 王戬勋,沈克印. 新时代体育产业高质量发展的困境与实现路径[J]. 体育文化导刊,2020(6):7-13.

[58] 刘建. 竞赛规则演变的外部动因与发展趋势[J]. 成都体育学院学报,2002,28(2):63-66.

[59] 王革,魏源,卓莉,等. 竞技体育运动面临的兴奋剂问题及对策[J]. 上海体育学院学报,2003,27(5):80-82.

[60] 章茹. 青少年体育发展困境与可持续发展研究[J]. 江苏理工学院学报,2017(4):67-71.

[61] 章茹. 南京青奥会的价值体现:体育强国进程中我国青少年体育的发展[J]. 南京体育学院学报(社会科学版),2012,26(3):48-52.

[62] 张金标,姜同仁,钱杰. 高校体育教育经费投入问题研究[J]. 北京体育大学学报,2004,27(12):1667-1669.

[63] 张洪振,张瑞林,梁枢. 我国青少年体育发展的困境及对策[J]. 体育学刊,2015,22(3):59-62.

[64] 朱茜. 当代中国发展观的历史演变及哲学分析[D]. 镇江:江苏大学,2016.

[65] 王胜,徐四强. 发展观的历史演变[J]. 云南科技管理,2008,21(1):27-29.

[66] 石奇. 高质量发展:问题、辨识与路径[M]. 南京:江苏人民出版社,2021:108-114.

[67] 廖志鹏,周晓兰. 发展观及其历史演变探析[J]. 现代经济信息,2011(2):7-8.

[68] 袁夕坤,战照磊. 体育产业高质量发展研究[M]. 南京:东南大学出版社,2021:4-8.

[69] 张涛. 高质量发展的理论阐释及测度方法研究[J]. 数量经济技术经济研究,2020,37(5):23-43.

[70] 习近平. 习近平谈治国理政(第三卷)[M]. 北京:外文出版社,2020:238.

[71] 陈玲. 习近平关于高质量发展的重要论述研究[D]. 重庆:重庆工商大学,2021.

[72] 金碚. 关于"高质量发展"的经济学研究[J]. 中国工业经济,2018(4):5-18.

[73] 李树旺,路嘉明,凌骏明,等. 新质生产力视域下体育产业高质量发展的理论路径与研究范式[J]. 武汉体育学院学报,2024,58(6):9-16.

[74] 任保平,文丰安. 新时代中国高质量发展的判断标准、决定因素与实现途径[J]. 改革,2018(4):5-16.

[75] 赵剑波,史丹,邓洲. 高质量发展的内涵研究[J]. 经济与管理研究,2019,40(11):15-31.

[76] Burtsev V A, Burtseva E V, Igoshina N V. Development of cognitive component of students' sports culture within activation of educational and cognitive activity in chosen sport[J]. Teoriya i Praktika Fizicheskoy Kultury,2021(3):38.

[77] Chen Y Q, Yu J, Chang L. Optimization of communication mode for ethnic sports and cultural development in the age of artificial intelligence[J]. Applied Mathematics and Nonlinear Sciences, 2024, 9(1):1-14.

[78] 王一鸣,益青.实现高质量发展需要三个转型[N].经济日报,2018-03-01(14).

[79] 王彩霞.新时代高质量发展的理论要义与实践路径[J].生产力研究,2018(10):18-22,67.

[80] 树新.牢固树立创新、协调、绿色、开放、共享发展理念[J].商业文化,2016(14):9-17.

[81] 易昌良.中国高质量发展指数报告[M].北京:研究出版社,2020.

[82] 黄莉.建设体育强国进程中的体育文化高质量发展研究[J].首都体育学院学报,2024,36(2):125-133,144.

[83] 中华人民共和国中央人民政府.国务院新闻办就"实施质量强国建设纲要着力推动高质量发展"有关情况举行发布会[EB/OL].(2023-02-17)[2024-08-20].https://www.gov.cn/xinwen/2023-02/17/content_5741925.htm.

[84] 国家市场监督管理总局质量发展局.加快建设质量强国着力推动高质量发展[EB/OL].(2023-02-28)[2024-07-24].https://www.samr.gov.cn/zlfzj/zlgl/art/2023/art_d45f136ef7c44d489995eaa2d0333ec8.html.

[85] 吴永宏.体育场馆服务质量管理研究[J].体育文化导刊,2005(11):8-10.

[86] 易亚兰.对我国农业科技基础条件建设的思考[J].天津农业科学,2018,24(9):81-84.

[87] 陈晓.大力推进创新文化建设[EB/OL].(2018-03-21)[2024-06-28].http://theory.people.com.cn/n1/2018/0321/c40531-29880225.html.

[88] 倪依克.民族传统体育的振兴与文化创新[J].体育学刊,2004,11(1):60-61.

[89] 张来武.科技创新驱动经济发展方式转变[J].中国软科学,2011(12):1-5.

[90] 王辉.体育文化创意产业为美好生活带来新活力.[EB/OL].(2024-01-25)[2024-09-26].https://www.sport.gov.cn/n20001280/n20067608/n20067635/c27420412/content.html.

[91] 左伟,李建英.论"互联网+"体育产业的内涵、特征及呈现方式[J].山西大学学报(哲学社会科学版),2016,39(5):140-144.

[92] 王永芹.当代中国绿色发展观研究[D].武汉:武汉大学,2014.

[93] 姜付高.浅议体育旅游生态化建设[J].曲阜师范大学学报(自然科学版),2002,28(4):114-116.

[94] 刘凤云,董家魁.论生态体育旅游可持续发展[J].解放军体育学院学报,2005,24(2):25-27.

[95] 朱建民,于珺.我国体育用品制造企业绿色技术创新主体行为的影响因素研究[J].首都体育学院学报,2020,32(2):108-115,133.

[96] 史亮.杭州奥体中心综合训练馆绿色节能技术应用及优化的研究[D].西安:西安建筑科技大学,2015.

[97] 体育总局训练局.突出节能重点加强节能改造着力打造体育场馆节能示范[J].中国机关后勤,2016(8):23.

[98] 王兆华,丁月婷.推动资源环境经济协同发展[EB/OL].(2023-02-13)[2024-08-18].http://finance.people.com.cn/n1/2023/0213/c1004-32622835.html.

[99] 任理轩.深入学习贯彻习近平同志系列重要讲话精神坚持协调发展:"五大发展理念"解读之二[EB/OL].(2015-12-21)[2024-11-22].http://theory.people.com.cn/n1/2015/1221/c40531-27953308.html.

[100] 中华人民共和国国家发展和改革委员会.统筹城乡融合与区域协调发展[EB/OL].(2024-01-

12)[2024-07-20]. https://www.ndrc.gov.cn/wsdwhfz/202401/t20240112_1363252.html.

[101] 刘冬磊."一带一路"倡议与中国体育文化国际交流融合发展:逻辑关联、实然境况与路径选择[J]. 吉林体育学院学报,2020,36(2):42-47.

[102] 邓星华.体育文化全球化与中国体育文化的自觉[J].上海体育学院学报,2003,27(3):27-30,43.

[103] 孙锐.为培育壮大新质生产力夯实人才根基[EB/OL].(2024-06-06)[2024-09-24]. http://www.qstheory.cn/qshyjx/2024/06/06/c_1130158809.htm.

[104] 曹彧,王子纯.加速体育人才培养助力体育强国建设:就《体育强国建设人才规划(2023—2035年)》答记者问[EB/OL].(2023-12-07)[2024-10-18]. https://www.sport.gov.cn/n20001280/n20067662/n20067613/c27154042/content.html.

[105] 陈世阳.深化体制机制改革,推动体育人才高质量发展:《"十四五"体育发展规划》体育人才内容解读[EB/OL].(2021-11-09)[2024-10-16]. https://www.sport.gov.cn/n315/n331/n405/c23718645/content.html.

[106] 李丽君.提升财政资金质效服务乡村全面振兴:专访江苏省财政厅农业农村处处长李海峰[J].当代农村财经,2024(1):29-31.

[107] 钟秉枢."明体达用、体用贯通":对习近平文化思想指导中国体育文化建设的思考[J].西安体育学院学报,2023,40(6):641-649.

[108] 郑文祥,翟伟,胡燕双.以体育高质量发展助推体育强国建设路径研究[J].运动精品,2024,43(1):80-82.

[109] 代志新,程鹏,杨素,等.体育强国建设助推经济高质量发展的基本逻辑与路径选择[J].上海体育学院学报,2023,47(11):35-45,56.

[110] 杨桦.以高质量发展加快建设体育强国[J].武汉体育学院学报,2022,56(12):5-9.

[111] 刘珊珊,陈信华,廖智兴.地方特色文化高质量发展背景下广东省职教城高校参与清远瑶族文化"活化"利用的路径研究[J].清远职业技术学院学报,2024,17(3):22-27.

[112] 姚晨雨.以文化高质量发展助推精神生活共同富裕的实现路径[J].现代商贸工业,2024,45(12):21-23.

[113] 庹祖海.文化高质量发展的三重维度及其评估现状论析[J].学术论坛,2024,47(2):102-110.

[114] 黄永林,傅明.中国式现代化背景下文化产业供需双向升级和高质量发展[J].福建论坛(人文社会科学版),2023(6):31-43.

[115] 陈志良.以文化创新创造赋能高质量发展[J].唯实,2024(5):26-29.

[116] 袁贵纯,李孝敏.乡村振兴背景下河南农村公共文化服务高质量发展探析[J].中共郑州市委党校学报,2022(3):85-89.

[117] 司蒙蒙,孙宁,陈雅.长三角公共文化服务高质量发展逻辑与路径研究[J].新世纪图书馆,2022(6):63-69.

[118] 彭国强,杨国庆."十四五"时期中国竞技体育的发展战略与创新路径[J].首都体育学院学报,2021,33(3):257-267.

[119] 彭国强.国家生命周期视角下美国竞技体育强国的成长历程、特征及启示[J].体育科研,2022,43(2):13-22.

[120] 任波.中国体育产业助力体育强国建设的战略导向、作用机制与实施路径:基于《体育强国建设纲要》的政策解读[J].南京体育学院学报,2022,21(2):1-10,87.

[121] 陈怀蒙,于鹏.后疫情时代高校体育教学改革的实践与探索:以自编操《一起向未来》为例[J].青少

年体育,2022(12):112-114.

[122] 于素梅,许弘.《〈体育与健康〉教学改革指导纲要(试行)》解读[J].首都体育学院学报,2021,33(4):371-377.

[123] Wang B J, Li X H, Sun Y. BP neural network model-based urbanization process traditional sports cultural development exploration[J]. The Open Cybernetics & Systemics Journal, 2015, 9(1): 3005-3010.

[124] 张兴持,熊焰,贾文杰.中国现代化式的竞技体育文化研究[C]//第十三届全国体育科学大会论文摘要集:墙报交流(体育史分会).苏州市工业园区景城学校,广州大学体育学院,山东华宇工学院,2023:381-383.

[125] Blecking D. Historia sportu na tle rozwoju kultury fizcznej: History of sport against the background of the development of physical culture[J]. Sport in History, 2016, 36(2): 244-245.

[126] 孙蛟,杨少雄.对南京殷巷石锁的传承与保护研究[J].武术研究,2021,6(10):124-127,131.

[127] 贺城姣,李健,王家桥."一带一路"倡议下民族传统体育文化交流研究[J].运动,2017(23):144-145.

[128] 周俊.新时代云南面向南亚东南亚体育文化交流合作多元途径研究[J].文体用品与科技,2024(11):64-66.

[129] 李琳芝,魏鹏娟,李强.新时代社会体育组织参与竞技体育后备人才培养的价值、困境与路径[C]//第二届陕西省体育科学大会论文摘要集(墙报).西安:西安体育学院,2024:131-132.

[130] 宋灵,卫才胜.中华体育精神铸牢中华民族共同体意识的价值意蕴与实践路径[J].学校党建与思想教育,2024(10):50-52.

[131] 张宗豪.江南船拳文化研究[D].苏州:苏州大学,2014.

[132] 安鹏飞.单县农村群众体育与学校体育发展现状与对策研究[D].哈尔滨:哈尔滨师范大学,2023.

[133] 王健,崔耀民,刘玉财.加快建设体育强国的战略选择:优先发展学校体育[J].天津体育学院学报,2023,38(1):1-8,16.

[134] 习近平.高举中国特色社会主义伟大旗帜为全面建设社会主义现代化国家而团结奋斗:在中国共产党第二十次全国代表大会上的报告[J].党史博采,2023(20):13.

[135] 时磊,陆小黑,陈连朋.民族传统体育文化历史演变的内在逻辑与价值意蕴研究:以龙舟文化为例[J].天津体育学院学报,2023,38(4):468-474.

[136] 马兆森,尚晓娟.江苏省体育裁判员队伍发展现状与对策研究[J].南京体育学院学报(自然科学版),2013,12(3):37-41.

[137] 姜熙.新修订《体育法》"竞技体育"章的条文解读、立法评析和配套立法完善[J].武汉体育学院学报,2022,56(9):45-55.

[138] 杨国庆,方泰,林郁箐,等.新阶段我国竞技体育高质量发展的法治保障:基于新版《体育法》竞技体育部分内容的分析[J].北京体育大学学报,2023,46(10):99-110.

[139] 孙国民,黄华明,朱玉霞.区域竞技体育竞争优势的形成:以江苏省为例[J].体育成人教育学刊,2013,29(6):26-29.

[140] 曹宇,李芳馨.元宇宙赋能竞技体育的生成逻辑、现实困境与发展路径[J].青少年体育,2023(5):60-62,69.

[141] Sun F C. Using Tai Chi and Eight Extremities as a medium-Liaoning university of international business and economics actively promotes traditional Chinese sports culture[J]. Journal of Natural Science Education, 2024, 1(4): 28-31.

[142] 王欣. 当代竞技体育中的科技伦理问题研究[J]. 体育科技文献通报,2014,22(4):119,131.

[143] 刘宏亮,尤传豹. 南京青奥会文化教育活动的社会价值探讨[J]. 南京体育学院学报(自然科学版),2014,13(6):86-89.

[144] 魏铭鑫. 新城镇背景下江苏省公共体育服务实施路径研究[J]. 辽宁体育科技,2015,37(6):1-4.

[145] 刘红建. 新时代江苏群众体育强省建设路径研究[J]. 体育学研究,2019,33(6):15-22.

[146] 何杰明. 体育产业与群众体育联动逻辑与立体化路径[J]. 中国体育科技,2015,51(4):111-116.

[147] 张松奎,曹原. 江苏省公共体育服务创新发展路径及启示研究[J]. 山东体育科技,2015,37(6):107-111.

[148] 王林庆. 江苏省实施全民健身服务体系调查研究[J]. 体育世界(学术版),2018(8):5,72.

[149] 张松珍,杨会珍. 全媒体时代背景下高校体育文化有效传播路径探析[J]. 当代体育科技,2024,14(1):127-129.

[150] Piepiora P A, Bagińska J, Piepiora Z N. Perspective on solving the problem of declining interest in physical activity in Poland[J]. Frontiers in Sports and Active Living,2024,6:1-5.

[151] 储亚娟. 全媒体时代高校体育文化传播路径研究[J]. 四川体育科学,2022,41(2):120-123,139.

[152] 陈志华,封彬. 体教融合视域下高校体育文化及其建设[J]. 中国高校科技,2024(1):121.

[153] 孙正,方新普. 社会转型期学校体育文化的内涵探析[J]. 商丘师范学院学报,2015,31(6):107-109.

[154] 李成梁,朱旺,牟柳. 新时期深化我国体校体教融合改革与发展的研究[J]. 沈阳体育学院学报,2023,42(3):1-8.

[155] 吴楚楚,胡孝乾,吴南宁. 体教融合背景下我国地方青少年竞技体育后备人才培养协作治理体系研究:基于江苏省A市的案例分析[J]. 体育科学,2024,44(2):24-37.

[156] 董国永,杜鹏宇,崔耀民,等. 新课标实施背景下我国体育中考改革的现实困囿与纾解路径[J]. 体育学刊,2024,31(4):113-119.

[157] 黄河,杜长亮,刘东升,等. 学生运动员的成长:兼论体教融合的路径创新[J]. 体育科学,2022,42(10):87-97.

[158] 胡冬临,孙景召,李岩飞. 南京理工类高校大学生体育文化培养研究:以南京农业大学工学院为例[J]. 当代体育科技,2015,5(15):109-110.

[159] 李方. 民族传统体育的文化内涵与价值[J]. 文体用品与科技,2024(16):75-77.

[160] 杨家颖,隋红. 文化润疆背景下新疆民族传统体育文化建设与发展研究[J]. 武术研究,2024,9(9):116-118,123.

[161] 宋晓燕. 文化自信背景下民族传统体育文化的传承与发展[J]. 当代体育科技,2024,14(23):122-124.

[162] Chen L, Wang S P, Gong Y, et al. Research on the integrated development of traditional sports and cultural activities of the yi nationality and community tourism industry in Liupanshui under the background of rural revitalization[J]. Journal of Humanities, Arts and Social Science,2024,8(5):1248-1252.

[163] Xu J W. Integration of vocational physical education and sports culture to promote community sports and mass fitness[J]. Journal of Human Movement Science,2024,5(1):127-131.

[164] 李晖. 供给侧改革背景下体育文化产业发展的路径创新[J]. 西南民族大学学报(人文社会科学版),2018,39(9):161-166.

[165] 姜同仁,郭振,王松,等. 中国体育产业发展回顾与"十四五"前景展望[J]. 天津体育学院学报,2022,37(1):51-59.

[166] 翁建锋,高利华,高慧林.中国体育赛事IP运营研究[J].体育文化导刊,2021(1):97-103.

[167] 戴瑞磊.体育赛事IP深度挖掘与媒体价值重新分配[J].新闻战线,2017(18):63-64.

[168] 陈玉萍,郭修金.我国竞技体育与群众体育和谐共生研究[J].体育文化导刊,2019(9):20-25.

[169] 杨铭.黄河口地区"文体旅"深度融合发展的理论内涵与实现路径研究[J].体育与科学,2022,43(1):104-112.

[170] 陆林,李天宇,任以胜,等.乡村旅游业态:内涵、类型与机理[J].华中师范大学学报(自然科学版),2022,56(1):62-72,82.

[171] 梁华伟.地方特色体育文化资源开发与品牌战略研究:兼论焦作市太极文化产业发展[J].广州体育学院学报,2011,31(2):44-47.

[172] 王真,董海军.体育产业品牌推广的跨文化研究[J].广州体育学院学报,2021,41(5):12-14,18.

[173] 潘凯凡,沈克印.以数字新质生产力推动体育产业高质量发展的内在机理、阻滞因素与推进策略[J].体育学刊,2024,31(2):7-14.

[174] 王永杰,刘青.数字经济赋能体育竞赛表演业高质量发展:生成逻辑、阻滞困境与实践进路[J].沈阳体育学院学报,2024,43(3):114-121.

[175] 杨凤英,崔晓嵩,王文龙,等.新质生产力驱动体育产业高质量发展的逻辑与路径[J].体育学刊,2024,31(2):1-6.

[176] 赵晓琳,竺大力.新时期传媒对体育文化产业的影响分析[J].广州体育学院学报,2018,38(2):28-31,47.

[177] 赵晓琳,竺大力.媒介深度参与与国外体育文化产业发展经验探析[J].广州体育学院学报,2019,39(1):57-59,73.

[178] 曹秀玲.我国体育文化产业发展的限制因子及生态化策略[J].广州体育学院学报,2015,35(3):6-9.

[179] 钟秉枢,张建会."十四五"时期体育人文交流面临的挑战及实现路径[J].体育学研究,2021,35(2):1-10.

[180] 苟明,杨辉.体育强国背景下提升体育文化整体实力的路径研究[J].成都体育学院学报,2016,42(1):18-22.

[181] 任海.聚焦生活,重塑体育文化[J].体育科学,2019,39(4):3-11.

[182] 孟国正,王博.以中华体育精神驱动体育文化产业发展:认知、耦合与转化的三重分析[J].北京体育大学学报,2024,47(1):132-143.

[183] 赵铁龙,史小强,赵剑缘.体育协同社会主义文化建设的内在逻辑、战略定位与实现路径[J].北京体育大学学报,2022,45(11):97-109.

[184] 张婧.解读江苏体育文化的影响力[J].文化产业,2024(8):25-27.

[185] 李发军,刘治国."互联网+教育"时代的学校体育发展路径探析[J].青少年体育,2017(2):56-57.

[186] 隋晓航.南阳理工学院学生体育社团特色发展策略研究[J].当代体育科技,2022,12(20):66-69.

[187] 顾宁.加快落实体教融合[EB/OL].(2024-01-18)[2024-06-28].https://www.sport.gov.cn/n20001280/n20067626/n20067766/c27387419/content.html.

[188] 宋明奇.江苏省乒乓球队人才培养运行机制研究[D].南京:南京体育学院,2023.

[189] 杨兰.江阴市中小学校啦啦操发展的SWOT分析及对策研究[D].苏州:苏州大学,2022.

[190] 傅潇雯.江苏瞄准率先建成体育强省目标全面加强体育人才队伍建设[EB/OL].(2024-11-05)[2024-12-30].https://www.sport.gov.cn/n315/n20066836/c28230922/content.html.

[191] 江苏省体育局.对省十四届人大一次会议第4143号建议的答复[EB/OL].(2023-06-20)[2024-

08-24]. http://jsstyj.jiangsu.gov.cn/art/2023/6/20/art_79485_10928501.html.

[192] 刘敏.江苏省群众体育工作会议召开[EB/OL].(2024-04-26)[2024-06-28]. https://www.sport.gov.cn/n20001280/n20001265/n20067533/c27674192/content.html.

[193] 江苏省体育局.省体育局关于印发《体育强省建设三年行动计划（2023—2025年）》的通知[EB/OL].(2023-09-05)[2024-10-24]. http://jsstyj.jiangsu.gov.cn/art/2023/9/5/art_79487_11005468.html.

[194] 陈少军.完善全民健身公共服务体系筑牢人民健康根基[J].群众,2024(19):6-7.

[195] 江苏省体育局.2022年度江苏省城乡居民体育消费统计调查主要数据[EB/OL].(2023-11-22)[2024-10-12]. http://jsstyj.jiangsu.gov.cn/art/2023/11/22/art_79626_11077944.html.

[196] 江苏省体育局.2023年江苏省体育场地统计调查数据[EB/OL].(2024-04-02)[2024-10-20]. http://jsstyj.jiangsu.gov.cn/art/2024/4/2/art_79626_11208540.html.

[197] 张继华.健身气功与太极拳异同之研究[J].武术研究,2017,2(9):72-74,78.

[198] 中国农民体育协会.洛社"凤羽龙"振翅舞乾坤[J].农民科技培训,2017(12):49.

[199] 盛昌繁,孙贵英.健康中国背景下山东省农村全民健身现状调查分析[J].临沂大学学报,2022,44(4):55-64.

[200] 潘俊锟.基层公共文化服务体系视域下文化传播经验的启示[J].歌海,2020(4):129-134.

[201] 王健,陈元欣.我国学校体育场地设施现状、制约因素与发展对策[J].上海体育学院学报,2015,39(2):86-89.

[202] 周建林.江苏省中学"体教结合"现状与发展对策的研究[D].苏州:苏州大学,2006.

[203] 李兵,王茹月,王月华.文化自信自强视域下中华体育精神的价值逻辑、困境探赜与实践方略[J].沈阳体育学院学报,2024,43(2):124-130.

[204] 王光元.我国高校校园体育文化建设的问题与对策研究[J].开封文化艺术职业学院学报,2020,40(11):101-103.

[205] 中华人民共和国体育法[Z].全国人大常委会,2022.

[206] 张慧颖,王耀东.后奥运时代冰雪运动助力我国学校体育高质量发展的机遇、挑战与对策[C]//2023年首届国际体育科学大会论文集.北京:中国矿业大学(北京),2023:1246-1253.

[207] 李鹏程,程传银.对江苏省奥运争光战略的回顾与展望[J].辽宁体育科技,2011,33(6):1-4.

[208] 杨昊月,陈照明,陈力.新质生产力赋能文化产业高质量发展:基于TOE的分析框架[J].重庆理工大学学报(社会科学),2024,38(9):65-76.

[209] 陈丛刊,陈宁.构建更高水平全民健身公共服务体系:基础、重点与实践[J].上海体育大学学报,2024,48(7):43-55,65.

[210] 刘应福.美国中学体育发展趋向对我国中学体育发展的启示[C]//2024第二届四川省体育科学大会论文报告会论文集(2).成都:成都体育学院,2024:333-334.

[211] 朱小燕,岳晓燕,付佳.《美国CSPAP计划》解读及对提升我国青少年体育素养的启示[C]//第十三届全国体育科学大会论文摘要集:墙报交流(学校体育分会)(五).新乡:河南师范大学,2023:130-132.

[212] 龚腾云,汪君民.张謇的大众体育思想研究[J].南通大学学报(社会科学版),2017,33(6):138-143.

[213] 杨飞.大运河文化带建设背景下宿迁市民俗体育文化旅游开发路径研究[J].武术研究,2022,7(6):91-94.

[214] 江苏省体育局.江苏体育亮点·城市巡礼——徐州:聚力蓄力为体育筑梦[EB/OL].(2024-01-

11)[2024-09-06]. http://jsstyj.jiangsu.gov.cn/art/2024/1/11/art_90064_11122596.html.

[215] 关雨,张中江,沈杰,等.我国普通大学生参与课外体育竞赛的调查研究[J].文体用品与科技,2022 (16):122-124.

[216] 中华人民共和国中央人民政府.中共中央关于进一步全面深化改革 推进中国式现代化的决定 [EB/OL].(2024-07-21)[2024-08-25]. https://www.gov.cn/zhengce/202407/content_6963770.htm.

[217] 江苏省体育局.省体育局关于印发江苏竞技体育发展"十四五"规划的通知[EB/OL].(2022-01-04)[2024-06-24]. http://jsstyj.jiangsu.gov.cn/art/2022/1/4/art_79489_10276885.html.

[218] 张玉超,马金凤.江苏省建设体育强省的内涵及实施措施研究[J].山东体育学院学报,2012,28 (5):27-32.

[219] 江苏省体育局.2008年江苏十大体育新闻揭晓[EB/OL].(2009-01-07)[2024-09-10]. https://jsstyj.jiangsu.gov.cn/art/2009/1/7/art_40686_3517263.html.

[220] 江苏省体育局.省体育局领导走进"中国江苏"网在线访谈介绍我省奥运健儿征战情[EB/OL]. (2012-08-27)[2024-10-27]. https://jsstyj.jiangsu.gov.cn/art/2012/8/27/art_40686_3515558.html.

[221] 江苏省体育局.江苏健儿征战2016巴西奥运会[EB/OL].(2016-07-22)[2024-06-24]. https://jsstyj.jiangsu.gov.cn/col/col40570/index.html?uid=180169&pageNum=2.

[222] 江苏省体育局.我省运动员陈若琳夺得里约奥运女子双人十米跳台冠军[EB/OL].(2016-08-10)[2024-10-26]. https://jsstyj.jiangsu.gov.cn/art/2016/8/10/art_40815_3079901.html.

[223] 江苏省体育局.我省运动员惠若琪.张常宁和龚翔宇获得里约奥运女排冠军[EB/OL].(2016-08-22)[2024-10-26]. https://jsstyj.jiangsu.gov.cn/art/2016/8/22/art_40815_3079915.html.

[224] 江苏省体育局.我省运动员赵帅跆拳道58公斤夺冠 夺中国男子首金创历史[EB/OL].(2016-08-18)[2024-10-26]. https://jsstyj.jiangsu.gov.cn/art/2016/8/18/art_40815_3079912.html.

[225] 江苏省体育局.东京奥运会闭幕 江苏体育健儿赛场绽放最美姿态[EB/OL].(2021-08-13)[2024-06-24]. https://jsstyj.jiangsu.gov.cn/art/2021/8/13/art_83216_9973763.html.

[226] 江苏省体育局.摘得4金5银7铜,江苏健儿巴黎奥运交出精彩答卷[EB/OL].(2024-08-12) [2025-05-21]. https://jsstyj.jiangsu.gov.cn/art/2024/8/12/art_40686_11321753.html.

[227] 江苏省体育局.江苏体育健儿广州亚运会参赛成绩全面超上届 多项指标超历史[EB/OL].(2010-12-02)[2024-10-26]. https://jsstyj.jiangsu.gov.cn/art/2010/12/2/art_40686_3515076.html.

[228] Wu Q, Ma W H. Research on the development and innovation path of physical education culture in primary schools in the new era[J]. World Education Forum,2024,2(2):14-16.

[229] Moon B R, Lee H Y, Seo W J. Exploring future of sports cultural contents[J]. The Journal of Sport and Applied Science,2020,4(3):1-10.

[230] 郭奕海.探索体育发展路径构建多元文化体系:评《当代体育文化多维探索与研究新思路》[J].山西财经大学学报,2021,43(11):129.

[231] 林兆木.中国经济高质量发展的内涵和要义[J].西部大开发,2018(Z1):111-113.

[232] 张军扩.加快完善高质量发展的体制环境[N].中国经济时报,2018-12-11(01).

[233] Liu X. China new pattern urbanization process medium and small towns sports culture development strategy research[J]. BioTechnology:An Indian Journal,2014,10(8):2704-2713.

[234] Jing J K. Taijiquan course construction in colleges and universities promotes the public psychology of

sustainable development of traditional sports culture[J]. Psychiatria Danubina,2021,33(8):443-445.

［235］徐耀新.江苏地域文化述论[J].艺术百家,2017,33(4):1-6,132.

［236］钟敏.新时代我国群众体育发展的时代特征及推进策略[J].文体用品与科技,2024(10):1-3.

［237］Meng Y P. AHP method-based university taijiquan course construction and traditional sports cultural development research[J]. Journal of Computational and Theoretical Nanoscience,2016,13(12):9746-9750.

［238］Billings A C,Hardin M. Sports issues for the ages：Life span and career span narratives ingrained in sports culture[J]. Communication & Sport,2024,12(5):751-753.

［239］尧学慧.媒体融合背景下高校全媒体传播矩阵的构建[J].西部广播电视,2022,43(12):75-77.

［240］孙哲,王松."双减"政策助推学校体育教学高质量发展的多维逻辑、时代价值与实践向度[J].教育科学,2024,40(1):57-63.

［241］白晋湘.交流与互鉴:交相辉映的中华传统体育文化与奥林匹克精神[J].西安体育学院学报,2024(3):281-285.

［242］李鹏.体育文化产业刍议[J].体育文化导刊,2011(9):86-87.